spirallo
REISEFÜHRER

VENEDIG

Falk Verlag

Inhalt

Autorin: Sally Roy
»Wohin zum ...?« Carla Capalbo
Redaktion: Nia Williams
Design: Nautilus Design (UK) Limited
Lektorat: Susie Boulton
Register: Marie Lorimer

ISBN 3-8297-3219-8

Unsere Autoren haben nach bestem Wissen recherchiert. Trotzdem schleichen sich manchmal Fehler ein, für die der Verlag keine Haftung übernehmen kann. Hinweise, Verbesserungsvorschläge und Korrekturen sind jederzeit willkommen.
Spirallo Reiseführer, Falk Verlag, Postfach 3151, D-73751 Ostfildern, E-Mail: spirallo@mairs.de

Deutsche Ausgabe: CLP • Carlo Lauer & Partner, Aschheim
Übersetzung: Dr. Marion Pausch, Hannover

Farbauszug: Leo Reprographics
Druck und Bindung: Leo Paper Products, China

Das Magazin

Gondeln und Vaporetti

Theoretisch ist natürlich jedem klar, dass Kanäle Venedigs Stadtbild bestimmen, doch erst nach und nach begreifen viele, dass hier wirklich alles – Menschen, Lebensmittel, Baustoffe, Fisch, Fleisch, Obst und Gemüse, Möbel, Geschirr, Kleider, Bücher, Bilder, Pflanzen, Wein und Wasser – mit dem Schiff transportiert wird. Wie jeder Donna-Leon-Fan weiß, fahren die Polizisten mit dem Boot, Gleiches gilt für Feuerwehr und Ambulanz und natürlich die Verstorbenen, die auf diese Weise ihre letzte Ruhestätte erreichen. Jeder Dienstleistungsbereich verfügt über spezielle Boote – eingefleischte Eisenbahn- und Autoliebhaber können da nur staunen.

Königin der Kanäle ist und bleibt die *gondola* (Gondel), eines der elegantesten Wasserfahrzeuge der Welt. Schon seit rund 1000 Jahren gibt es die langen, schmalen Gondeln, die dank ihres geringen Tiefgangs auch die engsten und flachsten Kanäle befahren können. Der Steuermann, der im hinteren Teil des asymmetrisch geformten Bootes steht, sorgt für das Gleichgewicht. Die Gondeln sind genau 10,87 Meter lang und messen an der breitesten Stelle 1,42 Meter. 1562 beschloss der Rat von Venedig Gesetze gegen die übermäßige Prachtentfaltung innerhalb der Stadt. Seit dieser Zeit sind

»Die Gondel – Königin der Kanäle«

Rechtzeitig zur Kirche – natürlich mit der Gondel!

So lernen Sie Venedig kennen

alle Gondeln schwarz, wenn sie nicht für ganz besondere Anlässe hergestellt wurden. Die 280 beim Bau einer Gondel verwendeten Teile bestehen aus bis zu acht unterschiedlichen Holzarten. Eine besonders wichtige Funktion hat die *forcola*, die Riemengabel aus Walnussholz, mit deren Hilfe der *gondoliere* den Riemen in acht verschiedene Positionen bringen kann. *Forcola* und *ferro*, ein Metallschnabel mit sechs Zinken am Bug, gehören zu den Merkmalen der venezianischen Gondeln.

Während die Gondeln majestätisch durch die Kanäle gleiten und eher für Vergnügungsfahrten dienen, erledigen *vaporetti* und Kähne die Arbeit. 1881 fuhr der erste *vaporetto*, eine dampfgetriebene Barkasse. Der Schiffstyp selbst existiert längst nicht mehr, doch bezeichnet sein Name heute sämtliche Boote des öffentlichen Transportsystems.

Mit den Kähnen kommen Touristen seltener in Berührung, obgleich sie zu den faszinierendsten Wasserfahrzeugen Venedigs gehören.

Daneben gibt es noch eine Vielzahl traditioneller Boote für alle möglichen Gelegenheiten, die wie die Gondel mit einem Riemen im Stehen vorwärts bewegt werden. Der elegante kleine *sandolo*, der noch immer zum Fischen und als Transportmittel verwendet wird, fährt bereits seit 1292 durch die Kanäle Venedigs. Der Name des noch heute vorzugsweise von Frauen genutzten *mascareto* bezieht sich auf die maskierten Damen, die im 18. Jahrhundert damit zum Stelldichein gelangten. Der stromlinienförmige *gondolino* ist zwar leicht und schnell, dafür aber schwierig zu manövrieren. Neulinge im Geschäft kommen mit dem *pupparino* meist besser zurecht. In der Lagune kann man auch *topi*, flache hölzerne Segelboote, sowie schwere *caorline* mit sechs Riemen und einem kleinen Segel beobachten.

Gondel (19. Jahrhundert) mit der typischen *felze*, der überdachten Kabine

Privatgondel

Wenn Ihnen ein Original zu teuer ist, können Sie bei **Gilberto Penzo** (San Polo 2681, Calle II dei Saoneri, Tel. (041) 71 93 72) einen Bausatz für eine Modellgondel erwerben.

Nur Stehplatz auf der Linie 1

Hinter den Kulissen

tet sich unter diesen Umständen natürlich viel komplizierter als andernorts. Die Hausfrauen müssen ihre prall gefüllten Einkaufstüten durch enge Gassen, über Brücken und Stufen oder mit dem *vaporetto* nach Hause bringen, ein störrisches Kleinkind oder gar ein Kinderwagen machen die Sache nicht leichter. Auch die Müllberge der Konsumgesellschaft müssen irgendwie aus der Stadt verschwinden: Die Plastiksäcke werden vor die Tür gestellt oder zur nächsten *fondamenta* (Kai) geschafft, dort abgeholt und mit dem Kahn zu einer der großen Deponien am Rand der Lagune gebracht.

Wenn Sie Venedigs Schönheit einige Tage lang mit glänzenden Augen bewundert haben, möchten Sie vielleicht mehr über die Menschen und das Leben in der Stadt erfahren.

Wasser überall

Alles, was Sie in Venedig zu sich nehmen, ist auf dem Wasserweg dorthin gekommen. Über Straßen und Schienen gelangen die Güter bis zur Lagune, an unterschiedlichen Stellen des geschäftigen und wenig romantischen Piazzale Roma werden sie auf Kähne verladen. Diese bahnen sich ihren Weg durch Haupt- und Seitenkanäle bis zu ihrem Ziel am nächstgelegenen Kai. Zu Fuß oder mit dem Handwagen bringen die Lieferanten die Waren von dort aus in Geschäfte, Büros oder Privathäuser. Ein Umzug oder eine einfache Reparatur gestal-

Müllsäcke am Rio San Barnaba

Totenschiffe früher und heute

Wasser, Licht, Wärme und Stein

Wasser strömt aus der Dusche jedes Hotelzimmers, Lampen spenden abends Licht, und über das Zimmertelefon können Sie Ihre Lieben zu Hause anrufen – Selbstverständlichkeiten, über denen man leicht vergisst, dass Telefonkabel, Trinkwasser- und Stromleitungen vom Festland mühsam über die Lagune verlegt werden müssen. Die sanitären Anlagen lassen angesichts dieses Aufwandes oft zu wünschen übrig, und Schmutzwasser fließt geradewegs in den nächsten Kanal ab. Dort vermischt es sich mit dem Schlick und Schlamm, der sich stetig in der Lagune anhäuft und im Sommer oder bei Niedrigwasser unappetitlichen Gestank verbreitet. Die Seitenkanäle werden regelmäßig gereinigt, indem man sie auf beiden Seiten sperrt, trockenlegt und anschließend säubert. Alle Gebäude ruhen auf acht Meter langen Holzpfeilern, die durch Schlamm und Tonerde getrieben werden, damit ein stabiles Fundament entsteht. Dieses hält zwar mehrere Jahrhunderte, muss aber irgendwann erneuert werden, eine Zeit raubende, unangenehme und teure Arbeit.

Notfälle

Am schwersten hat es – man möchte es nicht glauben – die Feuerwehr Venedigs. Brände stellten immer eine große Gefahr dar, und bei einigen Feuersbrünsten züngelten die Flammen sogar über den Canal Grande. Heute löschen die *vigili del fuoco* mit ihren Booten pro Jahr rund 300 Brände. Da es nicht möglich ist, vom Schiff aus Leitern auszufahren, müssen die Feuerwehrleute versuchen, die Flammen mit Kanalwasser von unten zu löschen. Ernsthafte Probleme entstehen, wenn der am nächsten gelegene Kanal gerade trockenliegt, weil er gereinigt wird – dies war etwa beim Brand der Oper im Jahre 1996 (▶ 168) der Fall.

»300 Löscheinsätze pro Jahr«

Die Polizei verfügt über eine eigene Motorbootflotte mit Blaulicht. Ambulanzschiffe sind weiß und mit Tragen ausgerüstet. Sie bringen die Patienten zu einem eigenen Anleger des Hauptkrankenhauses an den Fondamente Nuove.

Schiff mit Waren für Läden in Cannaregio

Links: Venezianisches Ambulanzschiff

Schnittiges Polizeiboot

Aufstieg und Fall Venedigs

Einer Legende zufolge wurde Venedig am Mittag des 25. März 421 gegründet. Fest steht, dass der letzte Doge am 12. Mai 1797 abdankte. Dazwischen spannt sich der Bogen der fast 1400-jährigen Geschichte, in der Venedig entstand, seine Machtposition Zug um Zug ausbaute und allmählich wieder an politischer Bedeutung verlor. Dessen ungeachtet gehört die Lagunenstadt heute zu den beliebtesten Touristenzielen in Europa.

Zuflucht am Wasser

Nackte Angst führte zur Gründung Venedigs. Als das Römische Reich unter dem Ansturm der Barbaren zusammenbrach und das Ende der Zivilisation gekommen schien, flohen die Bewohner des Festlandes in ihrer Furcht vor Hunnen und Ostgoten an die Lagune und gründeten Gemeinden auf den sumpfigen Inseln im Wasser. Vieler Hände Arbeit war nötig, um den Schlamm zu befestigen und Häuser darauf zu errichten, die Flüsse, die Schlick in die Lagune trugen, zu kontrollieren und den Gezeitenstand so zu regulieren, dass die frühen Siedlungen

Oben: Das Mosaik an der Fassade von San Marco zeugt von Reichtum und Macht

Oben rechts: Fialettis Venedigkarte aus dem 17. Jahrhundert

Links: Marmorstatue des Dogen Antonio Venier mit Dogenmütze

nicht überschwemmt wurden. Stets stand ein gleich bleibender Wasserstand im Zentrum aller Bemühungen und Sorgen um Venedig. Nachdem sie die schwierigsten Hürden genommen hatten, gelangten die Bewohner der Stadt allmählich zu Wohlstand, der ihre politische Macht stärkte und sich auch auf die Entwicklung von Kunst und Architektur auswirkte.

Macht, Reichtum, Habgier

Im Jahre 552 gehörte Venedig nominell zum Byzantinischen Reich, jenem Staat, der aus dem östlichen Teil des Römischen Reiches hervorgegangen war. 697 wählten die Venezianer ihren ersten Herzog, Doge genannt. Im 9. Jahrhundert begannen sie mit dem Bau der Basilica di San Marco und des Dogenpalastes. Zu diesem Zeitpunkt hatten sie durch den Handel zur See bereits große Reichtümer erworben. Die Zimmerleute machten aus der Not eine Tugend und entwickelten sich zu begabten Schiffskonstrukteuren. Wer aber Schiffe besaß, konnte reisen; wer in der Welt herumkam, konnte Handel treiben. Die günstige Lage der Stadt zwischen Abend- und Morgenland trug ebenfalls dazu bei, dass Venedig im 9. Jahrhundert Verbindungen zum östlichen Mittelmeerraum, nach Nordafrika und Asien unterhielt. Nach und nach gründeten die Venezianer Niederlassungen in weit entfernten Ländern, um ihre Handelsrouten zu sichern und Konkurrenten auszuschalten. Zu allen Zeiten blieb Venedig in erster Linie eine Handelsmacht, eine Metropole der Kaufleute, Bankiers und Geldverleiher. Wie auch immer venezianische Diplomaten und Politiker ihre Beschlüsse be-

Der Dogenpalast – ein Traum in Rosa und Weiß

Mitte: Aus Stroh geflochtener Sommerhut des Dogen

gründeten – der Profit stand stets im Mittelpunkt des Interesses.

Die Beteiligung der Stadt an den Kreuzzügen mag hierfür als Beispiel dienen. Der Transport von Kreuzfahrern ins Heilige Land erwies sich als einträgliches Geschäft, gleichzeitig konnten die Stadtväter sich auf diese Weise als Vorkämpfer des Glaubens präsentieren, ohne sich selbst übermäßig in Gefahr zu begeben. Andererseits profitierten die Venezianer von ihren waffenstarrenden Begleitern und konnten mit ihrer Hilfe neue Besitzungen erobern. Im Jahre 1204 leiteten die Venezianer gegen den Willen des

Papstes den Vierten Kreuzzug nach Konstantinopel um (► 15). Die Kreuzritter plünderten und brandschatzten die Stadt, viele bedeutende Kunstschätze gelangten nach Venedig. Nach dem Fall Konstantinopels erhob Venedig Anspruch auf die an der Handelsroute zum Schwarzen Meer gelegenen Inseln und Hafenstädte und sicherte sich die Kontrolle über die Landwege nach China und Russland. Die Blütezeit der Serenissima, der Republik Venedig, hatte begonnen.

Blüte und Niedergang

Politische Stabilität und ökonomischer Wohlstand kennzeichneten die frühe Republik. Venedig war zu jenem Zeitpunkt eine der größten Städte Europas, und der Lebensstandard der Bewohner versetzte ausländische Besucher in Erstaunen. Überall standen prächtige *palazzi*, riesige Kirchen und imposante öffentliche Gebäude; die Bürger trugen herrliche Gewänder und wertvollen Schmuck, die Frauen schminkten sich und dufteten angenehm.

»Venedig feiert sich zu Tode«

Nach und nach entwickelte sich der politische Apparat, der die Geschicke der Stadt lenkte. Besonders bemerkenswert war der Versuch, die Macht der verschiedenen Institutionen auf ein gewisses Maß zu beschränken. Der Große und der Kleine Rat, der Senat und der Rat der Zehn, die Vorsitzenden des Obersten Gerichtshofes, Beamte und Kleriker besaßen genau geregelte Funktionen und Befugnisse. Über allem thronte der auf Lebenszeit gewählte Doge, dessen Machtbefugnisse jedoch im Laufe der Jahrhunderte mehr und mehr eingeschränkt wurden. Tatsächlich funktionierte das System lange Zeit recht gut – jedenfalls gab es in Venedig keine Alleinherrscher.

Die erstarkte Republik bemühte sich, ihren Erzrivalen Genua zu schwächen, eroberte Verona und errichtete Niederlassungen auf der *terra firma* (dem Festland). Leider übersa-

Oben: Venezianische Galeeren bringen Kreuzfahrer ins Heilige Land

Links: Beute aus Konstantinopel – byzantinisches Weihrauchgefäß (11. Jahrhundert)

hen die Venezianer, dass von den Osmanen in Kleinasien und am Schwarzen Meer eine echte Gefahr ausging.

1453 eroberten die Türken Konstantinopel und blockierten die östlichen Handelsrouten. 1487 umrundete Vasco da Gama das Kap der Guten Hoffnung und öffnete auf diese Weise einen Seeweg nach Indien. Die Venezianer, die an Bedrohungen von außen längst nicht mehr gewöhnt waren, erkannten den Ernst der Lage viel zu spät. Im 16. Jahrhundert begann der unaufhaltsame Niedergang der Stadt. Die Venezianer feierten sich zu Tode, während die Türken ihre Macht ausdehnten und die Seefahrer zu neuen Ufern aufbrachen. Zu Beginn des 18. Jahrhunderts waren die Staatsschatullen leer, und das Meer drohte die Stadt zu verschlingen.

1797 musste der letzte Doge abdanken, der Rat löste die Republik auf, und nacheinander marschierten Franzosen und Österreicher ein. 1866 wurde Venedig ins geeinte Italien eingegliedert.

Der Doge Leonardo Loredan (1501–21), porträtiert von Giovanni Bellini

***Die Tetrarchen*, eine Porphyrgruppe (4. Jahrhundert) aus Ägypten, stehen in der Basilica di San Marco**

Wie überall, so gab es auch in Venedig Wohltäter und Schurken, die die Geschichte beeinflussten, ganz gleich, ob sie aus der Stadt stammten, sie als Aufenthaltsort wählten oder eher zufällig dort landeten.

San Marco

Der Evangelist Markus lebte im 2. oder 3. Jahrhundert. Das Patronatsfest des venezianischen Schutzheiligen wird am 25. April gefeiert; der geflügelte Löwe ist sein Symbol (► 51).

Carlo Goldoni

Venedigs bekanntester Bühnendichter (1707–93) schrieb zahlreiche Komödien in italienischer Sprache und venezianischem Dialekt. Eine Goldoni-Statue steht auf dem Campo San Bartolomeo am Rialto.

Links: Carlo Goldoni

Venedigs Heilige

Richard Wagner

Richard Wagner (1813–83) verbrachte den Winter 1858/59 im Palazzo Giustinian am Canal Grande und komponierte dort Teile seiner Oper *Tristan und Isolde*. Angeblich inspirierte ihn der Ruf eines Gondoliere zu seinem Hornpräludium vor dem dritten Akt.

Robert Browning

Der englische Dichter Robert Browning (1812–89) starb in der Ca' Rezzonico, dem Haus seines Sohnes, am Canal Grande.

Giovanni Battista Tiepolo

Der letzte große Meister der venezianischen Malerei (1696–1770) stammte aus Venedig und verbrachte hier den größten Teil seines Lebens. Der Schüler von Lazzarini und Ricci schuf herrliche Wand- und Deckengemälde in Kirchen und Palästen, z. B. in der Scalzi-Kirche oder im Palazzo Labia in Venedig. Zwischen 1750 und 1753 entstanden die

Oben: Richard Wagner

Ganz oben: Markuslöwe auf der Piazzetta

berühmten Tiepolofresken im Würzburger Schloss.

Enrico Dandolo
Im Alter von 88 Jahren führte Dandolo (1116–1205) als Doge den Vierten Kreuzzug an. Zuvor hatte der Rat von Venedig beschlossen, die Kreuzfahrer ins Heilige Land zu bringen. Da sie zu wenig Geld für die Überfahrt besaßen, überredete Dandolo sie, stattdessen das näher gelegene Konstantinopel zu erobern. Mit Dandolo an der Spitze plünderten und brandschatzten die Kreuzritter das christliche Konstantinopel. Fortan war der Doge »Herr über ein Viertel und ein halbes Viertel des Römischen Reiches«.

Lord Byron
Der englische Dichter und Weltenbummler Lord Byron (1788–1824) kam 1816 nach Venedig, wo er zwar nur wenige Werke schuf, dafür aber umso mehr Aufsehen erregte. Mit seinem Hund, nem Affen, einem Fuchs, einem Wc 14 Dienern wohnte er im Palazzo Mocenigo am Canal Grande. Als seine temperamentvolle Geliebte Margarita Cogni ihn einmal mit der Gabel stach, warf er sie hinaus, woraufhin sie vom Balkon in den Kanal sprang. Byron war ein hervorragender Schwimmer und schwamm einmal sogar vom Lido bis zum Rialto. Abends schwamm er oft durch die Kanäle nach Hause, wobei er ein Brett mit einer brennenden Kerze vor sich herschob, um den Weg zu beleuchten.

Oben: Lord Byron – in Venedig verpönt

Unten: Federico Fellinis Casanova

und Sünder

Giacomo Casanova
Casanova (1725–98) stammte ebenfalls aus Venedig. In die Geschichte ging er vor allem als Frauenheld ein. Seine schillernde Lebensgeschichte – er führte unter anderem die Lotterie in Frankreich ein, wurde der Gotteslästerung und Zauberei bezichtigt und floh aus den Bleikammern Venedigs – verliert sich leider hinter dem Image des ewigen Verführers. In seinen postum veröffentlichten Memoiren erzählt Casanova von seinen Reisen, Affären und Verführungskünsten und entwirft ein überaus detailgenaues Sittengemälde seiner Heimatstadt und der dekadenten Atmosphäre des späten 18. Jahrhunderts.

»Welch ein Verführer!«

Venedig feiert!

Meisterhaft fing Canaletto die Stimmung während dieser großen Regatta ein

Feste

Regatten, Feste und Feiern standen schon in den frühen Tagen der Republik auf dem Programm. Sie stärkten das Ansehen der Mächtigen, hoben das kulturelle Erbe der Stadt hervor und sollten die Venezianer friedlich stimmen.

»Über und unter den Brücken«

Bis auf den heutigen Tag feiern die Venezianer ihre Feste in erster Linie für sich selbst, wenngleich Besucher natürlich willkommen sind. Viele bekannte Feste finden im Sommer statt, doch auch in den übrigen Monaten ist immer etwas los. Zahlreiche Urlauber reisen ausschließlich wegen eines bestimmten Festes an.

Karneval

Eine uralte Tradition lebt fort – mit Kostümen, Masken, Spiel und Bühnenzauber in der ganzen Stadt.

Februar/März, je nach Datum des Osterfestes in den zehn Tagen vor Fastnachtsdienstag

Su e zo per i ponti

Marathonähnlicher Lauf durch Venedig (»die Brücken hinauf und hinunter«). Besorgen Sie sich auf der Piazza San Marco eine Karte mit der Route, und steuern Sie einige *bàcari* (► 26) am Weg an, von denen aus Sie dem Treiben zusehen können (weitere Infos: Tel. (041) 590 47 17).

Ende März/Anfang April, vierter Sonntag der Fastenzeit

Festa di San Marco

Das Fest zu Ehren des venezianischen Stadtpatrons beginnt

Die vergoldete Galeere erinnert an vergangene Zeiten

»Venedig feiert die Vermählung mit dem Meer«

Unten: Die *Regata Storica*, eine Parade in historischen Kostümen

mit einer feierlichen Messe in der Basilika. Dann folgt ein Gondelwettfahren, das von der Insel Sant'Elena zur Punta della Dogana an der Einfahrt zum Canal Grande führt. An diesem Tag schenken Männer ihren Ehefrauen oder Freundinnen einen Strauß roter Rosen.
25. April

Festa e Regata della Sensa

Bei diesem Fest, das Venedigs Vermählung mit dem Meer mit zahlreichen Symbolhandlungen feiert, warf früher der Doge einen goldenen Ring in die Adria. Heute übernimmt der Bürgermeister von Venedig diese Aufgabe, und ein Lorbeerkranz ersetzt den Goldreif. Nach der eigentlichen Zeremonie vor San

Nicolò am Lido folgt eine Gondelregatta mit kostümierten Gondolieri.
Sonntag nach Himmelfahrt

Vogalonga

Nahezu jeder Venezianer, der die 33 Kilometer lange Strecke zwischen der Stadt und der Lagune rudernd bewältigen kann, nimmt an dieser Regatta teil. Suchen Sie sich einen Platz am Canale di Cannaregio oder Canal Grande, und schauen Sie dem Defilee der Boote zu.
Mai, zweiter Sonntag nach Himmelfahrt (variierendes Datum)

Festa di San Pietro

Typisch italienischer Jahrmarkt auf dem Platz vor der Kirche San Pietro in Castello.
Woche um den 29. Juni

Festa del Redentore

Mit dem Fest zu Ehren des Erlösers erinnert Venedig an das Ende der verheerenden Pestepidemie und den Bau der Erlöserkirche (► 135) auf der Insel Giudecca im Jahre 1576. Über den Giudecca-Kanal spannt sich zu diesem Anlass eine Pontonbrücke, über die man in die Kirche gelangt. Am Samstagabend findet ein großes Fest statt, und Hunderte von Familien rudern mit Picknickkörben in die Lagune hinaus, um von dort aus das spektakuläre Abschlussfeuerwerk zu betrachten.
Drittes Wochenende im Juli

Mostra Internazionale d'Arte Cinematografica

Das internationale Filmfestival (► 42) gehört zu den wichtigsten Veranstaltungen der Filmszene. Regisseure, Stars und Journalisten finden sich dann in Venedig ein. Auf dem Lido werden Filmszenen gezeigt, und jeder versucht, eine Einladung zu den prestigeträchtigsten Partys zu bekommen.
Zwölftägiges Festival, Ende August bis Anfang September

Regata Storica

Die *Regata Storica*, das größte Wasserfestspiel Venedigs, beginnt mit einer Parade von wunderbar geschmückten historischen Booten über den Canal Grande. Dann beginnen die eigentlichen Regatten mit hohen Geldpreisen für die Sieger. Es gibt jeweils gesonderte Rennen für Jugendliche, für Frauen, für *caorline* (lange, kanuähnliche Boote) und für spezielle Renngondeln.
Erster Sonntag im September

Festa della Madonna della Salute

Auch dieses echt venezianische Fest erinnert an das Ende einer Pestepidemie, diesmal jene von 1631. Eine Pontonbrücke spannt sich von der Chiesa della Salute (► 134) über den Canal Grande. Am Markusplatz beginnt eine Prozession, die in der Kirche mit dem Entzünden von Kerzen endet.
21. November

L'amore **– Liebesglück auf dem Boot**

Mehr als ein Maskenball –

Karneval

Im Mittelalter feierte man überall in Europa ausgelassen Karneval – kurz vor Beginn der langen Fastenzeit waren Völlerei, Tanz und tolle Späße einige Tage lang ausdrücklich erlaubt.

Auch die Venezianer verstanden es zu feiern und brachten religiöse Prozessionen, sportliche Wettkämpfe und rauschende Bälle unter einen Hut. Während des Niedergangs der Stadt im 18. Jahrhundert wurde der Karneval immer ausschweifender und dauerte schließlich den ganzen Winter lang. Die Bürger trugen farbenprächtige Kostüme, weite Mäntel und wundervolle Masken; überall fanden Bälle und Feste statt, und an jedem Eck standen Gaukler, Musiker oder Buden mit Speisen und Getränken. Alles schien erlaubt. Als 1797 die napoleonischen Truppen einmarschierten und die Republik aufgelöst wurde, erwachte Venedig aus seinen Träumen und sah sich mit einer schmerzvollen Realität konfrontiert.

Neues Erwachen

Erst Ende der Siebzigerjahre versuchten einige Venezianer, die alte Tradition des Karnevals (➤ 16) wieder zu beleben, nicht zuletzt, um während der Nebensaison Touristen in die Stadt zu locken. Tatsächlich erwies sich der Karneval bald als echter Publikumsmagnet, denn Tausende von Besuchern reisen alljährlich aus aller Welt an. Der Karneval beginnt heute zehn Tage vor Fastnachtsdienstag mit Konzerten, Darbietungen, Umzügen und Straßenfesten sowie Masken-

Ein Blick, der mehr sagt als tausend Worte

Viel Zeit und Arbeit stecken in aufwändigen Kostümen wie diesem

bällen in historischen *palazzi* am Canal Grande. Den absoluten Höhepunkt bilden die Parade der Gondeln und das Abschlussfeuerwerk.

Das Gesicht hinter der Maske

Wichtigster Bestandteil eines jeden Kostüms ist die Maske, die nicht nur die Identität des Trägers verbirgt, sondern die Verkleidung auch geheimnisvoll macht und ihr Glanz verleiht. Ursprünglich trugen nur Adlige Masken, wenn sie sich in *casini* und Theatern unter das einfache Volk mischten. Als Vorbilder für die schlichten, meist weißen Masken dienten die Charaktere der *Commedia dell'Arte*. Das Stegreiftheater entwickelte sich in Italien ab Mitte des 16. Jahrhunderts und verband Schauspiel, Gesang und Akrobatik. Auf der Grundlage einiger festgelegter Handlungsschemata improvisierten die Darsteller die Dialoge und das weitere Geschehen. Die Maskentradition wurzelt in der venezianischen Geschichte; jede hat ihre eigene Form, und die schönsten sind echte Kunstwerke. Mit Hilfe eines Modells aus gebranntem Ton stellen die Maskenmacher zunächst eine Gipsmaske her, die sie anschließend mit Papiermaché beschichten, polieren und bemalen. Natürlich gibt es überall in Venedig importierte Billigmasken. Für eine qualitativ annehmbare Maske müssen Sie mindestens 80 Euro veranschlagen.

»Völlerei, Tanz und tolle Späße«

Zum Karneval nach Venedig

In der Regel findet der Karneval in der zweiten Februarhälfte oder der ersten Märzwoche statt. Details erfahren Sie über den **Assessorato al Turismo** (Tel. (041) 274 77 62) oder **APT** (Piazza San Marco 71F, Tel. (041) 529 87 40). Kostüme verleiht das **Atelier Pietro Lunghi** (San Polo 2604/b, Rio Terrà Frari, Tel. (041) 71 44 78). Originalmasken gibt es bei **MondoNovo** (Dorsoduro 3063, Rio Terrà Canal, Tel. (041) 528 73 44) oder bei **Tragicomica** (San Polo 2800, Calle dei Nomboli, Tel. (041) 72 11 02).

Masken als Blickfang vor berühmten Bauwerken

Farbe und Schnitt machen den individuellen Reiz jedes Kostüms aus

STEIN, FARBE & WASSER

Wer zum ersten Mal nach Venedig reist, lässt sich in der Regel zunächst von visuellen Eindrücken leiten. Die einzigartige Verbindung von Wasser und Stein zieht jeden Besucher in ihren Bann, doch bald darauf möchten die meisten mehr über die Gebäude und Kunstwerke erfahren, die ihnen begegnen.

Byzantinische Ära und Barock

Geografische Gegebenheiten und eine lange Geschichte haben die Architektur Venedigs geprägt. Die Stadt, die zugleich nach Osten und nach Westen blickte, griff zunächst den byzantinischen Stil auf, der sich später mit abendländischen Elementen mischte und zu einer ganz besonderen Form der Gotik mit eigentümlich geformten Bogen, Maßwerk und Fialen ver-

Um 1465 schuf Antonio Vivarini seinen *Liebesgarten*

schmolz. Im 15. Jahrhundert entwickelte Venedig den Stil der toskanischen und lombardischen Renaissance weiter, behielt aber dabei trotzdem gewisse traditionelle gotische Elemente bei.

Hundert Jahre später breitete sich der Stil der römischen Hochrenaissance nach Norden aus. Der berühmte italienische Baumeister Palladio (➤ 166) schuf in Venedig einige seiner klassizistischen Meisterwerke. An manchen Orten entdeckt man auch heute noch einen Abglanz der strengen, schlichten Fassaden, wenngleich vielerorts barocker Dekor dominiert.

Venezianische Malerei

Die ältesten venezianischen Bilder sind Mosaiken aus dem 11. und 12. Jahrhundert, mit denen die Kirche den überwiegend analphabetischen Gläubigen Szenen aus der Bibel näher bringen wollte. Ähnlich wie bei frühen Ikonen heben sich rote, grüne und blaue Steine vom goldenen Hintergrund ab. Viele Künstler zeigten sich von den Kleiderstoffen beeindruckt, die aus dem Fernen Osten nach Venedig gelangten, und stellten sie auf ihren Gemälden dar.

Während der Renaissance differenzierte sich das Raumverständnis aus. Erstmals

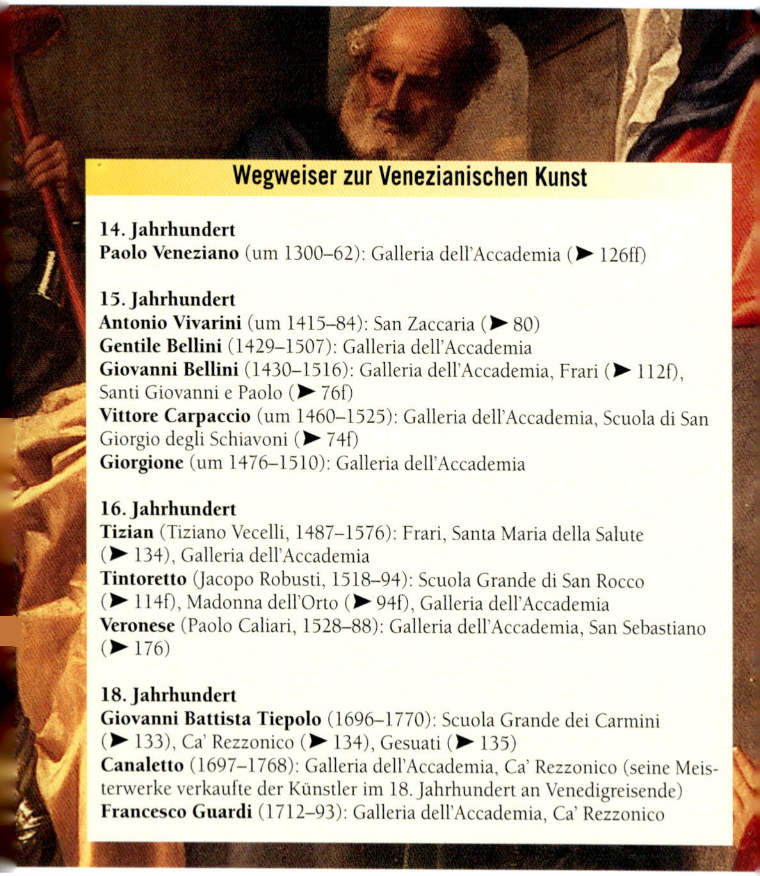

Wegweiser zur Venezianischen Kunst

14. Jahrhundert
Paolo Veneziano (um 1300–62): Galleria dell'Accademia (➤ 126ff)

15. Jahrhundert
Antonio Vivarini (um 1415–84): San Zaccaria (➤ 80)
Gentile Bellini (1429–1507): Galleria dell'Accademia
Giovanni Bellini (1430–1516): Galleria dell'Accademia, Frari (➤ 112f), Santi Giovanni e Paolo (➤ 76f)
Vittore Carpaccio (um 1460–1525): Galleria dell'Accademia, Scuola di San Giorgio degli Schiavoni (➤ 74f)
Giorgione (um 1476–1510): Galleria dell'Accademia

16. Jahrhundert
Tizian (Tiziano Vecelli, 1487–1576): Frari, Santa Maria della Salute (➤ 134), Galleria dell'Accademia
Tintoretto (Jacopo Robusti, 1518–94): Scuola Grande di San Rocco (➤ 114f), Madonna dell'Orto (➤ 94f), Galleria dell'Accademia
Veronese (Paolo Caliari, 1528–88): Galleria dell'Accademia, San Sebastiano (➤ 176)

18. Jahrhundert
Giovanni Battista Tiepolo (1696–1770): Scuola Grande dei Carmini (➤ 133), Ca' Rezzonico (➤ 134), Gesuati (➤ 135)
Canaletto (1697–1768): Galleria dell'Accademia, Ca' Rezzonico (seine Meisterwerke verkaufte der Künstler im 18. Jahrhundert an Venedigreisende)
Francesco Guardi (1712–93): Galleria dell'Accademia, Ca' Rezzonico

Detail aus Tizians *Madonna di Ca' Pesaro* in der Kirche Santa Maria Gloriosa dei Frari

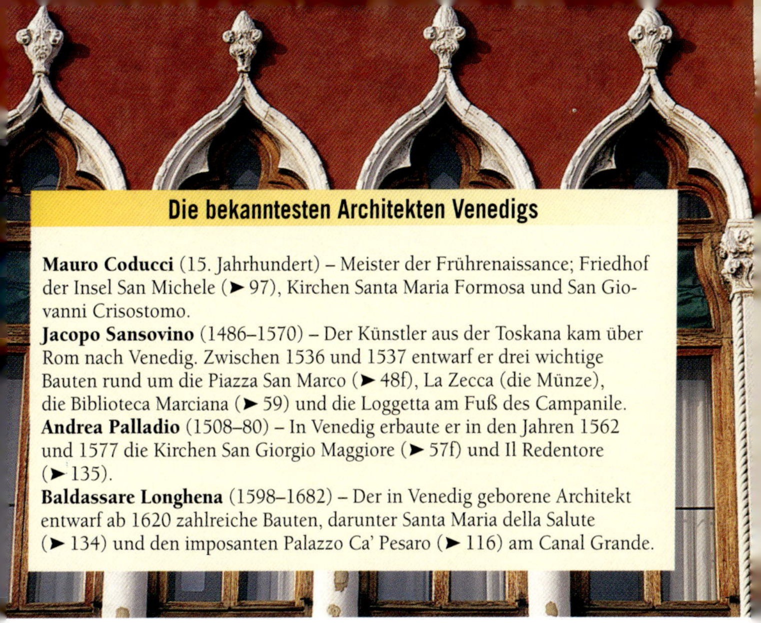

Die bekanntesten Architekten Venedigs

Mauro Coducci (15. Jahrhundert) – Meister der Frührenaissance; Friedhof der Insel San Michele (➤ 97), Kirchen Santa Maria Formosa und San Giovanni Crisostomo.
Jacopo Sansovino (1486–1570) – Der Künstler aus der Toskana kam über Rom nach Venedig. Zwischen 1536 und 1537 entwarf er drei wichtige Bauten rund um die Piazza San Marco (➤ 48f), La Zecca (die Münze), die Biblioteca Marciana (➤ 59) und die Loggetta am Fuß des Campanile.
Andrea Palladio (1508–80) – In Venedig erbaute er in den Jahren 1562 und 1577 die Kirchen San Giorgio Maggiore (➤ 57f) und Il Redentore (➤ 135).
Baldassare Longhena (1598–1682) – Der in Venedig geborene Architekt entwarf ab 1620 zahlreiche Bauten, darunter Santa Maria della Salute (➤ 134) und den imposanten Palazzo Ca' Pesaro (➤ 116) am Canal Grande.

vermochten Künstler nun auch Gebäude in den richtigen Proportionen abzubilden. Mit den neu entwickelten Ölfarben konnten die Maler auch das Spiel von Licht und Schatten besser gestalten.

Um die gleiche Zeit befassten sich Kunst und Wissenschaft verstärkt mit der Anatomie des Menschen und perfektionierten die Methoden perspektivischer Darstellung. Im 16. Jahrhundert bildeten Genie, Material und Technik eine so gelungene Synthese, dass die venezianische Malerei ihre bis dahin höchste Vollendung erreichte und ihre schönsten Meisterwerke hervorbrachte.

Gotische Fenster im *piano nobile* (ersten Stock) eines venezianischen Palastes

Lichtreflexion auf einem Balkon in Cannaregio

Die wichtigsten Architekturstile

Byzantinisch: San Marco (➤ 48f), Santa Maria Assunta (➤ 97), Santa Fosca (➤ 149)
Mittelalter: San Nicolò dei Mendicoli (➤ 175), Ca' Loredan (gotisches Stadthaus aus dem 12. Jahrhundert am Canal Grande mit säulengestützten Bogenfenstern im 1. Stock)
Gotik: Palazzo Ducale (➤ 53ff), Ca' d'Oro (➤ 90f), Frari (➤ 112f), Santi Giovanni e Paolo (➤ 76f)
Frührenaissance: San Zaccaria (➤ 80), San Michele (➤ 97), Santa Maria dei Miracoli (➤ 98)
Hochrenaissance: Biblioteca Marciana (➤ 59), Procuratie Vecchie (➤ 48), San Giorgio Maggiore (➤ 57f), Redentore (➤ 135), Rialtobrücke (➤ 108f)
Barock: Santa Maria della Salute (➤ 134), Santa Maria del Giglio, San Moisè (➤ 168), Gesuati (➤ 135)
Neoklassizismus: La Pietà (➤ 72), Ala Napoleonica (➤ 48)

Venezianisches Glas

Im Mittelalter aßen die meisten Europäer mit den Fingern aus Tongeschirr oder von Holztellern. In Venedig legte man schon damals Wert auf gehobene Esskultur und reichte die Speisen auf zarten Glasplatten.

Jahrhundertelang war Venedig das Zentrum der europäischen Glasproduktion, denn nur wenige Menschen wussten, wie sie Sand und Quarz, Natron und Kalium in durchscheinendes, feines Glas verwandeln konnten. Fenster und Spiegel, Trinkbecher und Karaffen, Lüster und Augengläser gelangten seit dem 13. Jahrhundert von Venedig aus ins übrige Europa.

Bei Ausgrabungen förderten die Archäologen auf den Inseln der Lagune Glasscherben aus der römischen Zeit zu Tage. Sie gehen davon aus, dass Flüchtlinge, die sich nach dem Fall des Römischen Reiches auf den Inseln niederließen, das Geheimnis der Glasherstellung kannten. Die nötigen Rohstoffe stammten aus dem Fernen Osten, mit dem venezianische Kaufleute Handel trieben, sowie aus dem in der Lagune reichlich vorhandenen Sand und aus Wasserpflanzen. Ab dem 12. Jahrhundert produzierten die Glasbläser Fensterglas; im 14. Jahrhundert gelang auch die Herstellung von Spiegelglas. 1291 mussten die Glashütten nach einem verheerenden Brand in der Stadt auf die Insel Murano übersiedeln. Damit das Geheimnis bewahrt blieb, kamen die Glasbläser zwar in den Genuss aller möglichen Privilegien, durften die Insel jedoch nicht mehr verlassen. Wer floh und sein Wissen preisgab, wurde verfolgt und häufig sogar getötet.

Glaskunst

Im 15. Jahrhundert beherrschten die Glasbläser aus Murano Techniken, die sie zu den unbestrittenen Meistern ihres Faches erhoben. Angelo Barovier etwa stellte mehrfarbige Glasobjekte her, indem er

Ausgefallene Glaskaraffe im Glasmuseum der Insel Murano

Jeder Glasbläser greift auf eine jahrhundertealte Tradition zurück

mit Hilfe der *murrine*-Technik verschiedenfarbige Glasmassen aneinander schmolz. Damit begann ein neues Zeitalter der Farb- und Formgebung, das seine höchste Vollendung im venezianischen Lüster erreichte, einem bis heute von sämtlichen Glashütten gehegten Prunkstück. Besondere Kunstfertigkeit erfordert das Faden- oder Filigranglas, bei dem weiße Glasfäden komplizierte, netzartige Muster in der Glasmasse bilden. Mit Hilfe eines Diamanten kann man auch Muster ins Glas schneiden (*vetro graffito*). Das weißliche Milchglas erinnert an Porzellan, während das extrem teure Aventurin-Glas durch die Beimischung von Kupferpartikeln golden schimmert. Im 17. Jahrhundert konnte man von Glasbläsern angefertigte Glassteine kaum von echten Edelsteinen unterscheiden. Schließlich verbot ein Gesetz den Handel mit falschem Schmuck.

Glas einkaufen

Sie müssen nicht nach Murano fahren, um gutes venezianisches Glas zu finden. Hier einige Läden im Zentrum:

Pauly
✉ Castello 4391A, Calle Larga San Marco ☎ (041) 520 98 99

Venini
✉ Piazza San Marco 314 ☎ (041) 522 40 45

Ars Cenedese Murano
✉ San Marco 40/41, Piazza San Marco ☎ (041) 73 91 01

FGB
✉ San Marco 2514, Santa Maria del Giglio
☎ (041) 523 65 56

Die besten Glasbläsereien auf Murano ➤ 155.

Moderne Glasindustrie

Industriell hergestelltes Glas versetzte der venezianischen Glasmanufaktur im 19. Jahrhundert den Todesstoß. Lange Zeit stellten die Glasbläser überwiegend Glasperlen für den Export nach Afrika und Asien her. Erst als im 20. Jahrhundert mehr und mehr Touristen nach Venedig kamen, erlebte Murano einen erneuten Aufschwung. Die meisten Glasobjekte stammen aus kleinen Hütten mit einem Meister und wenigen Mitarbeitern. Allein der Anblick der Gegenstände in den unterschiedlichsten Farben und Formen ist faszinierend. Wenn Sie auf Murano einkaufen, erwerben Sie mit Sicherheit ein hochwertiges Produkt. Über Geschmack lässt sich bekanntlich nicht streiten, doch wenn Sie lange genug suchen, finden Sie vielleicht das Stück Ihrer Träume, in dem jahrhundertelange Erfahrung und modernes Design eine kongeniale Synthese bilden.

Moderne Glasobjekte erfordern hohes technisches Können und Kreativität

So schmeckt Venedig

Da immer mehr venezianische Restaurants sich an den Bedürfnissen kulinarisch wenig anspruchsvoller Durchschnittstouristen orientieren, findet man immer weniger Lokale mit typisch venezianischer Küche. Andererseits geben sich die alteingesessenen Bürger natürlich nicht mit internationalem Einerlei zufrieden. Die Märkte auf dem Rialto regen Appetit und Phantasie an.

Spaghetti alle vongole – venezianische Spezialitäten im Herzen der Stadt

Appetithäppchen

Erste Erfahrungen mit der venezianischen Küche sollten Sie in einem *bàcaro*, einer traditionellen Weinstube, sammeln. Hier können Sie Kleinigkeiten kosten, ohne allzu tief in die Tasche greifen zu müssen. Die *bàcari* sind eine feste Institution, und selbst die neueren wirken, als hätten sie vor Jahrhunderten eröffnet. Zur klassischen *ombra* (einem Glas Wein) gehören die *cicheti*, ein kleiner Imbiss, der aus mundgerecht geschnittenem Tintenfisch, Cocktailtomaten oder *sopressa* (Salami) und Brot bestehen kann. Sie können an der Bar stehen bleiben oder an einem der langen Holztische Platz nehmen und einen Teller Risotto oder Nudeln essen. Wundern Sie sich nicht, wenn ihr Nachbar einen *spritz* verlangt. Mit den österreichischen Besatzern kam im 19. Jahrhundert kohlensäurehaltiges Mineralwasser nach Venedig, das die Einheimischen mit Weißwein und Aperitifgetränken wie Campari, Cynar, Aperol oder Select mischen. Ein *spritz* löscht den Durst, aber spätestens das zweite Glas steigt zu Kopf.

» Tintenfisch, Cocktailtomaten und *sopressa* «

Schalen, Schuppen, Gräten

Wenigstens einmal sollten Sie während Ihres Aufenthaltes ein gutes Fischrestaurant aufsu-

chen, selbst wenn die Rechnung Ihren Geldbeutel strapaziert. Auf der Karte werden Sie neben einer Fülle von Fischgerichten auch Meeresfrüchte wie *granceola* (Seespinne), *capelunghe* (Stabmuscheln) oder *schie* (winzige Garnelen) finden, die Sie vielleicht noch nie zuvor gekostet haben. Suchen Sie zwischen internationalen Fischgerichten nach lokalen Spezialitäten wie *sarde in saor* (marinierte Sardinen). Völlig unbesorgt können Sie auch einen *fritto misto* bestellen, eine Mischung aus Garnelen, Tintenfisch und Oktopus, die leicht frittiert wird und niemals fetttriefend daherkommt.

Naschkatzen aufgepasst!

Wer die Auslagen traditioneller venezianischer *pasticcerie* betrachtet, glaubt sich ins Land der Zuckerbäcker versetzt: Gehaltvolle, mit kandierten Früchten belegte Kuchen, mit Mandeln verzierte Torten und knallbunt gefärbte Meringen entsprechen genau dem italienischen Geschmack. Probieren Sie interessehalber zwei klassische Gebäcksorten, *baicoli* und *busolai*. *Baicoli* sind leichte, trockene Gewürzkekse, deren Form entfernt an den gleichnamigen Fisch erinnert. Man isst sie am besten zum Eis oder tunkt sie in süßen Dessertwein. *Busolai* sind sehr süße, S-förmige Plätzchen mit einem Hauch Anis. Viele *pasticcerie* backen auch lecker gefüllte Teilchen und natürlich köstliche *brioscia*, leichte Blätterteighörnchen, die bei keinem Frühstück fehlen dürfen.

Pasticcio d'oca, Gänseleber in Aspik – eine Vorspeise der Sonderklasse

Unten: Traditionelle Kuchen und Gebäck im Schaufenster einer _pasticceria_

Beliebte *Pasticcerie*

Al Boscolo
Cannaregio 1818, Campiello de l'Anconeta (041) 720 731
1, San Marcuola

Gobbetti
Dorsoduro 3108B, Rio Terra Canal (041) 528 90 14 1, Ca' Rezzonico

Marchini
San Marco 2769, Ponte San Maurizio; Castello 5991, Ponte de le Paste
(041) 522 91 09; (041) 522 58 89 1, Santa Maria del Giglio

Rosa Salva
Castello 6779, Campo Santi Giovanni e Paolo (041) 522 79 49
41, 42, 51, 52, Fondamenta Nove

Venedigs Zukunft

Das Leben in Venedig ist teuer und kompliziert, weshalb immer mehr Bürger aufs trockene Festland jenseits der Lagune abwandern. Im Jahre 2000 lag die Einwohnerzahl bei rund 67 000, die der Touristen erreicht stolze 13 Millionen. Die Bevölkerung ist überaltert, das Wasser in der verdreckten Lagune steigt. Venedig ist vom Untergang bedroht.

Schlamm, Schmutz, Gestank

Die Lagune und das Netz der Kanäle, die sich bei Flut mit frischem Wasser aus der Adria füllen, bilden ein fragiles Ökosystem. Die mit den Flüssen angeschwemmten Schlammmassen bedrohen das natürliche Gleichgewicht, das die Venezianer seit Jahrhunderten aufrechtzuerhalten versuchen. Zunächst leiteten sie Flüsse um und konstruierten Dämme, Maßnahmen, die bis zum 20. Jahrhundert gute Erfolge brachten. Nach dem Zweiten Weltkrieg begann mit dem Bau von Tiefwasserkanälen, die den Zugang zu den Raffinerien von Porto Marghera ermöglichten, eine neue Ära. Zeitgleich entstanden neue künstliche Inseln, die sich über nahezu ein Drittel des Feuchtgebietes ausbreiteten. In der Folge überschwemmte im Winter mehrfach das *acqua alta* (Hochwasser) die Stadt, bis die Politiker den Ernst der Lage erkannten. Die verschmutzte Luft, die vom Festland herüberweht, richtete an Gebäuden und Monumenten schwere Schäden an; viele Venezianer leiden unter Atembeschwerden und Bronchialkrankheiten. Fachleute entwickelten verschiedene Modelle zur Kontrolle der Gezeiten, die aber bislang nicht umgesetzt wurden. Immerhin bemüht sich die Stadtverwaltung, eine weitere Beschädigung der unter Wasser liegenden Stützpfeiler zu verhindern, und hat

Ganz oben links: Hochwasser an der Bushaltestelle

Oben links: Das Entfernen vermoderter Stützpfeiler kostet Zeit, Geld und Kraft

Mitte: Die Ölraffinerien von Mestre liegen dicht bei Venedig

zu diesem Zweck Geschwindigkeitsbeschränkungen für Motorboote verhängt. Unter Strafe steht auch der Ausstoß verbotener Emissionen, was der Luft- und Wasserqualität in der Lagune zugute kommt.

Ökologisches Gleichgewicht

Angesichts all dieser Probleme fällt es schwer, die Stadt am Leben zu erhalten. Viele Menschen haben Venedig bereits verlassen, und immer mehr Läden und Handwerksbetriebe schließen. Umso stärker ist die Kommune auf die Einnahmen aus dem Tourismussektor angewiesen. Die Besucherströme verursachen jedoch neue Probleme. Viele Urlauber kommen nur für einen Tag und lassen fast kein Geld in der Stadt, belasten dafür aber die Infrastruktur und die Umwelt. Der Massentourismus schreckt wiederum die traditionellen Gäste ab, die früher für volle Kassen sorgten. Bislang konnten sich die Stadtoberen noch nicht für eine der beiden Gruppen entscheiden und fahren einen halbherzigen Schlingerkurs, der hohe Besucherzahlen halten soll, ohne die wohlhabenden Venedigreisenden zu vertreiben. Derzeit sind eine Besucherabgabe und hohe Tarife für Verkehrsmittel im Gespräch – möglicherweise ein Schritt in die richtige Richtung. Ob Venedig auf lange Sicht als Freilichtmuseum endet oder eine Stadt für die dort lebenden Menschen bleibt, vermag erst die Zukunft zu sagen.

Mitte oben: Auf den *passarelle* (Laufstegen) kommt man nur mühsam voran

Ganz oben: Eine Kanalreparatur bringt Dreck und Gestank mit sich

Oben: Die verschmutzte Luft greift in Venedig viele Gebäude an

Mitte unten: Abseits der Touristenströme verfallen viele Häuser

Highlights auf einen Blick

Romantischste Orte

- zu zweit in der Gondel
- Punta della Dogana (➤ 122) – nachts bei leisem Wellenschlagen mit Blick auf die erleuchtete Stadt
- die *fondamente* bei Giudecca (➤ 135) – tagsüber mit Blick auf den Giudecca-Kanal und die Stadt
- die Calle Mocenigo Vecchia am Canal Grande – Sackgasse mit Blick auf den Kanal
- Mazzorbo (➤ 147) – guter Ort zum Picknicken oder Spazierengehen, von Burano aus über eine Brücke erreichbar

Beste Aussicht

- von der Spitze des Campanile hinunter auf die Stadt (➤ 48f)
- vom Campo San Giorgio über die Insel San Giorgio Maggiore (➤ 57f)
- vom Ponte Accademia auf Santa Maria della Salute (➤ 134f)
- von der Lagune bei den Fondamente Nuove auf die Stadt
- vom Campo del Redentore auf Giudecca auf die Häusersilhouette von Dorsoduro

Lohnendste *vaporetto*-Strecken

- Nr. 1 vom Bahnhof nach San Marco oder umgekehrt
- Nr. 82 vom Bahnhof über Giudecca zum Lido
- Nr. 71 von San Zaccaria nach Murano
- Nr. 14 von San Zaccaria über den Lido nach Burano und Torcello

Schönste Grünanlagen

- Parco delle Rimembranze auf Sant'Elena (➤ 180) – beliebt bei Einheimischen, mit vielen Bänken und schattigen Bäumen
- Parco San Giacomo an der Südspitze von Giudecca – schöner Blick auf die Lagune, beliebt bei älteren Damen und Müttern mit Kindern
- Giardino Papadopoli am Piazzale Roma – Entspannung in einem geschäftigen Viertel der Stadt

Beste *campi* – Venedigs schönste Plätze

- Campo Santa Margherita
- Campo Santo Stefano
- Campo San Polo
- Campo Santa Maria Formosa

Das Beste für Kinder

- *vaporetti*, Wassertaxis, Gondeln
- Tauben jagen auf der Piazza San Marco
- ein Badetag auf dem Lido

Beste Eiscreme

- Paolin, San Marco 2962, Campo Santo Stefano
- Causin, Dorsoduro 2996, Campo Santa Margherita
- Nico, Dorsoduro 922, Zattere ai Gesuati
- Boutique del Gelato, Castello 5727, Salizzada San Lio

Erster Überblick

Ankunft

Aeroporto Marco Polo

Venedigs Flughafen (Tel. (041) 260 61 11/260 92 60) wickelt Linienflüge aus dem In- und Ausland ab.

- Von mehreren deutschen Flughäfen aus gibt es **Direktverbindungen** zum Flughafen Marco Polo. Fluggäste aus dem außereuropäischen Ausland müssen gegebenenfalls in Mailand oder Rom umsteigen.
- Einige Charter- und Billigflüge landen auch auf dem **Angeli-Flughafen in Treviso** (Tel. (0422) 31 51 31), 30 Kilometer nördlich von Venedig.

Vom Flughafen in die Stadt

Der Flughafen Marco Polo liegt in Tessera, zehn Kilometer von Venedig entfernt. Das Stadtzentrum können Sie auf dem Land- und Wasserweg erreichen.

- **Die *taxi acquei*, die venezianischen Wassertaxis** (Tel. (041) 96 61 70/541 50 84), sind schnell, aber auch teuer. Die Fahrt ins Zentrum kostet ca. 78 Euro. Fordern Sie ein Wassertaxi im Büro links vom Ausgang des Ankunftsbereichs an. Handeln Sie den Preis vor der Abfahrt aus.
- **Die Boote von Alilaguna** (Tel. (041) 523 57 75) fahren zwischen 6.15 und 0.05 Uhr **stündlich** vom Flughafen Marco Polo ins Stadtzentrum. Sie halten auf Murano, am Lido, am Arsenale, bei San Marco und an den Zattere und benötigen für die gesamte Strecke etwa 1 Stunde 20 Minuten. Zwischen 10.35 und 18.35 Uhr verkehren auch Boote, die nur die Fondamente Nuove, die Riva degli Schiavoni und San Marco ansteuern. Die Fahrt nach San Marco kostet etwa 9 Euro, zu den Fondamente Nuove 4,50 Euro.
- **Busse** fahren vom Flughafen über den Damm zum Piazzale Roma. Von hier aus können Sie zu Ihrem Hotel laufen oder mit dem Boot fahren. Busse der **ATVO** (Tel. (041) 520 55 30) verkehren zwischen 8.30 Uhr und Mitternacht. Die Fahrt dauert 25 Minuten und kostet ca. 2,50 Euro. Zwischen 4.10 Uhr und 0.10 Uhr fährt die Buslinie 5 der **ACTV** (Tel. (041) 528 76 86) im Halbstundentakt vom Flughafen zum Piazzale Roma. Die 40-minütige Fahrt kostet knapp 1 Euro.
- **Mit dem Taxi** gelangen Sie in etwa 30 Minuten für rund 25 Euro zum Piazzale Roma.

Treviso Angeli-Flughafen

• **Charter- und Billigflüge** landen auf dem Angeli-Flughafen in Treviso (Tel. (0422) 31 51 31). Busse der **ATVO** (Tel. (041) 520 55 30) fahren von hier aus zum Piazzale Roma. Die Buslinie 6 pendelt zwischen dem Flughafen und dem Zentrum von Treviso (inklusive Bahnhof).

Ankunft mit dem Zug

- Venedigs **Bahnhof Santa Lucia** ist über einen Damm mit dem Festland verbunden. Steigen Sie keinesfalls in Venezia Mestre aus.
- Einige Züge fahren allerdings nur bis Mestre, wo Sie für das letzte Stück **umsteigen** müssen. Die Lokalzüge verkehren in der Regel im Fünfminutentakt.
- **Außerhalb des Bahnhofs führen Stufen** zum Canal Grande und zum *vaporetto*-Anleger hinunter. Die Boote steuern von hier aus verschiedene Teile der Stadt an. Die Linien 1 und 82 fahren den Canal Grande hinunter, die Linien 51 und 52 umrunden die Stadt. Auch Wassertaxis und Gondeln legen beim Bahnhof an.

Ankunft mit dem Auto

- Am nächsten zum Stadtzentrum liegen die **Parkplätze** am Piazzale Roma (Autorimessa Comunale, Tel. (041) 272 73 01) und Rio Terrà Sant'Andrea (Garage San Marco, Tel. (041) 520 62 35). Sie sind jedoch meistens überfüllt, sodass Sie besser gleich den großen Parkplatz auf der Insel Tronchetto (Autorimessa Tronchetto, Tel. (041) 520 75 55) ansteuern. Von dort aus erreichen Sie das Stadtzentrum mit dem *vaporetto*.
- Die **Parkplatzgebühren** liegen bei 13 bis 18 Euro pro Tag und 4 bis 5 Euro für zwei Stunden.
- Die **Parkplätze in Mestre** oder **Fusina** (auf dem Festland) sind billiger. Von Mestre aus können Sie mit dem Bus oder Zug nach Venedig fahren.

Mietwagen

Wenn Sie von Venedig aus weiterreisen, können Sie am Flughafen Marco Polo oder am Piazzale Roma einen Wagen mieten. Für Ausflüge ins Umland (► 158ff) nehmen Sie besser den Zug.

Avis
✉ Piazzale Roma 496G ☎ (041) 522 58 25
✉ Ankunftshalle, Aeroporto Marco Polo ☎ (041) 541 50 30

Hertz
✉ Piazzale Roma 496E ☎ (041) 528 35 24
✉ Ankunftshalle, Aeroporto Marco Polo ☎ (041) 541 60 75

Europcar
✉ Piazzale Roma 540 ☎ (041) 523 86 16
✉ Ankunftshalle, Aeroporto Marco Polo ☎ (041) 541 56 54

Büros der Touristeninformation

APT (Azienda di Promozione Turistica)
✉ Piazza San Marco 71f ☎ (041) 529 87 40 🕐 Mo–Sa 9.30–15.30 Uhr
✉ Aeroporto Marco Polo ☎ (041) 541 58 87 🕐 Mo–Sa 9.30–15.30 Uhr
✉ Bahnhof Santa Lucia ☎ (041) 529 87 27 🕐 Mo–Sa 8–18 Uhr
✉ Palazzina del Santi, Giardinetti Reali, San Marco ☎ (041) 522 51 50
🕐 Mo–Sa 10–12 und 14–16 Uhr
✉ Viale Santa Maria Elisabetta 6/a, Lido ☎ (041) 526 57 21
🕐 April–Sept. tägl. 10–13 Uhr

Unterwegs in Venedig

Innerhalb Venedigs müssen Sie entweder zu Fuß gehen oder mit dem Boot fahren. Um rasch von einem Ort zum anderen zu gelangen, kombinieren Sie am besten beide Möglichkeiten.

Bootsverkehr

- Die **ACTV** (Azienda Cosorzio per il Trasporto di Venezia, Piazzale Roma, Tel. (041) 528 78 86, geöffnet 7.30–20 Uhr) betreibt die **Boote** in der Stadt und der Lagune sowie die **Busse** auf dem Lido und dem Festland im Umkreis von Venedig. Sie fahren zwischen fünf Uhr früh und Mitternacht, danach verkehren stündlich **Nachtboote**.
- Es verkehren unterschiedliche **Schiffstypen**: Die großen und recht langsamen *vaporetti* bieten Sitzplätze im Freien, viele Stehplätze und ausreichend Stauraum. Die kleineren und schnelleren *motoscafi* verfügen über wenige

Sitzplätze auf dem Hinterdeck; die *motonavi* sind Doppeldecker und verkehren im Bereich der Lagune.

- Auch an jedem ***pontile*** **(Anleger)** hängen Fahr- und Routenpläne aus. Die Liniennummer befindet sich auf den Seiten eines jeden *vaporetto*.
- Die meisten Touristen fahren **auf den Hauptstrecken,** entweder mit der Linie 1 (➤ 170ff), die vom Piazzale Roma den Canal Grande hinunter und bis zum Lido fährt, oder mit der Linie 82, die vom Piazzale Roma kanalabwärts bis zum Lido und zurück über Giudecca und Tronchetto führt.
- Es gibt mehrere ***giro città*** **(Rundstrecken)**, die auch Ziele außerhalb der Stadt ansteuern. Die Linien 41 und 42 halten auf Murano, die Linien 51 und 52 am Lido. **Durch die Lagune** fahren die Linien 6, 12 und 14 (Burano und Torcello).
- Mit den ***traghetti*** **(Gondelfähren)**, die an verschiedenen Stellen die Ufer des Canal Grande miteinander verbinden, können Sie viel Zeit sparen. Die *gondolieri* setzen die Passagiere in der Regel von 8 bis 13 oder bis 18 Uhr über. Grüne Schilder markieren die Anlegestellen. Bezahlt wird beim Einsteigen (knapp 1 Euro), gewöhnlich bleiben die Passagiere stehen.
- Mehrere Gesellschaften betreiben die schnellen und sündhaft teuren **Wassertaxis**, die Sie telefonisch bestellen können (Tel. (041) 522 23 03; (041) 71 62 85; (041) 523 05 75; (041) 522 97 50; (041) 522 85 38; (041) 522 42 81). Der Grundtarif liegt bei 14 Euro für die ersten sieben Minuten, danach klettert das Taxameter alle 15 Sekunden um 25 Cent. Dazu kommen zahlreiche Sondertarife.
- Überall in der Stadt befinden sich Gondelanleger. Sie können auch eine Gondel bestellen: **Calle Vallaresso** (Tel. (041) 520 61 20), **Ferrovia** (Tel. (041) 71 85 43), **San Marco** (Tel. (041) 520 06 85) oder **Rialto** (Tel. (041) 522 49 04). Eine 50-minütige Fahrt mit sechs Personen kostet etwa 62 Euro, für weitere 25 Minuten erhöht sich der Betrag um 31 Euro.

Inselbusse

- **Busse** fahren am Lido, und zwar am nördlichen (Route A) und am südlichen (Route B) Abschnitt. Die Linie 11 (stündlich ab Viale Santa Maria Elisabetta am Lido) setzt mit der Fähre nach Pellestrina über und fährt dort weiter zur Fähre nach Chioggia.

Behinderte Reisende

- Wenden Sie sich an **Informahandicap** (Via Catalani 9a, Mestre, Tel. (041) 97 64 35), einen Informationsservice der Stadt Venedig.
- Auf einigen Stadtplänen sind **Routen für Rollstuhlfahrer** eingezeichnet.
- Einige Brücken verfügen über **automatische Rampen**, Schlüssel bekommen Sie in den APT-Büros.

Fahrscheine

- Die ACTV bietet **Einzelfahrscheine** für ein bis fünf Personen, außerdem Gruppen- und Rückfahrscheine. Darüber hinaus gibt es ***biglietti a tempo***: Tages-, Dreitages- und Wochenkarten zu 9 Euro, 18 Euro und 31 Euro. Die Fahrkarten sind in allen Verkehrsmitteln der ACTV gültig und an den ACTV-Schaltern sowie in *tabacchi* (Tabakläden) erhältlich.
- In der Regel müssen Sie Ihren **Fahrschein** vor Fahrtantritt im gelben Kasten am Anleger **entwerten**.

Eintrittspreise

Die Eintrittspreise für die im Text genannten Museen und Sehenswürdigkeiten sind nach Preiskategorien geordnet. Ab Januar 2002 müssen Sie mit Euro-Banknoten und -Münzen bezahlen (➤ 183).

Preiswert: unter 2,50 Euro **Mittel**: 2,50–5 Euro **Teuer**: über 5 Euro

Übernachten

Wenn Sie vom Blick auf einen ruhigen Kanal oder den blühenden Garten eines venezianischen *palazzo* träumen, müssen Sie tief in die Tasche greifen. Wie alles in Venedig, so kosten auch Hotelzimmer deutlich mehr als auf dem Festland, und für Sonderwünsche wird ein saftiger Aufpreis berechnet.

Tipps

- **Buchen Sie Hotels lange im Voraus**, vor allem in der Hauptsaison.
- Viele Hotels **senken ihre Zimmerpreise außerhalb der Hauptsaison** drastisch.
- Wenn Sie **günstiger wohnen** möchten, sollten Sie ein Zimmer in Mestre reservieren. Mit dem Nachtbus und -*vaporetto* kommen Sie jederzeit zurück.
- Auch **innerhalb eines Hotels weichen die Zimmerpreise häufig deutlich voneinander ab**.
- Weisen Sie gegebenenfalls deutlich darauf hin, dass Ihnen **ein Zimmer ohne Ausblick** genügt. Sie können dadurch viel Geld sparen.
- **Einige Hotels bieten *semi-pensione* (Halbpension)** mit Frühstück und Abendessen. Außerhalb der Hotels ist das Essen jedoch meist besser und abwechslungsreicher.
- **Bestätigen Sie Ihre Buchung nach Möglichkeit per E-Mail**, und bitten Sie um eine Rückbestätigung. In der Regel müssen Sie eine Kreditkartennummer angeben.
- Bedenken Sie beim Kofferpacken, dass Sie Ihr **Gepäck über eine größere Distanz tragen** müssen. Es existiert kein Taxidienst mit Haus-zu-Haus-Service.
- Sie können Ihr Gepäck allerdings einem Träger anvertrauen. Der Preis richtet sich nach der **Zahl der Gepäckstücke** und der **Entfernung**. Vorbestellungen bei **Cooperativa Trasbagagli** (Tel. (041) 520 30 70, geöffnet 8–18 Uhr).
- Wenn Sie mit Kindern reisen oder abseits der Touristenströme wohnen möchten, sollten Sie ein Zimmer **am Lido** in Erwägung ziehen. Hier gibt es schöne Hotels dicht am Strand, und mit dem *vaporetto* gelangen Sie rasch ins Stadtzentrum.

Information

- Ein vollständiges Verzeichnis aller Hotels in Venedig erhalten Sie im Büro des **venezianischen Fremdenverkehrsamtes**. In dieser Liste finden Sie auch Campingplätze, Apartments, Frühstückspensionen und Jugendherbergen: Azienda Promozione Turistica Venezia, Tel. (041) 529 87 11; Fax (041) 523 03 99; www.provincia.venezia.it/aptve.
- **Frühstückspensionen:** Associazione Vacanze in Famiglia, Tel. (041) 93 28 39; E-Mail margherit@tin.it.

Hotels in Venedig

In Venedig stehen einige der schönsten Luxushotels der Welt, doch gibt es auch kleine, intime Unterkünfte in engen Gassen an stillen Seitenkanälen.

Kategorien

- Die nachfolgende Liste enthält einfache Unterkünfte ebenso wie Luxushotels. Abgesehen von den einfachsten Hotels, dürfen Sie überall ein eigenes Bad im Zimmer erwarten. Auch elegante Hotels bieten jedoch oft nur ein Bad mit Dusche *(doccia)*, Badewannen *(vasca)* bilden die Ausnahme.
- Lassen Sie sich immer mehrere Zimmer zeigen.
- Die Preiskategorien (➤ 36) beziehen sich auf ein Doppelzimmer mit Bad und Frühstück.

Hotelpreise

Preise für ein Doppelzimmer mit Bad:
€ unter 100 Euro | €€ 100–180 Euro
€€€ 180–385 Euro | €€€€ über 385 Euro

Hotel Cipriani €€€€

Das Hotel, eine Oase der Ruhe im überfüllten Venedig, liegt inmitten üppigen Grüns und blickt über das Wasser auf San Marco. Sobald Sie das Boot am privaten Anleger verlassen haben, befinden Sie sich in einer anderen Welt: Weitläufige Gärten, elegant ausgestattete Räume, perfekter Service, ein international bekanntes Restaurant (► 137) und ein riesiger Pool kennzeichnen das Cipriani, in dem Sie sich in entspannter und zugleich intimer Atmosphäre erholen.

197 bei E1 Giudecca 10
(041) 520 77 44; Fax (041) 520 77 45; E-Mail cipriani@gpnet.it
Zitelle

Hotel Danieli €€€€

Das Danieli gehört zu den berühmtesten Hotels der Welt. Schon das aufwändig dekorierte Gebäude in phantastischer Lage ist ein Erlebnis für sich, auch wenn die Roben der Bewohner des 17. Jahrhunderts längst Anzügen und sogar Jeans gewichen sind. Üppig ausgestattete Räume, schön gestaltete Säle und ein perfekt-diskreter Service, ein wunderbarer Ausblick und ein ausgezeichnetes Restaurant gehören zum Angebot.

200 B3
Castello 4196, Riva degli Schiavoni
(041) 522 64 80; Fax (041) 520 02 08; www.luxurycollection.com/danieli
San Zaccaria

Hotel Colombina €€€

Das hübsche kleine Hotel, das nach einer Figur der Commedia dell'Arte benannt wurde, liegt am Ponte del Remedio, nur 150 Meter von San Marco entfernt. 17 der 32 Zimmer blicken auf den Kanal und die Seufzerbrücke. Zum Hotel gehört ein privater Anleger. In dem alten, komplett sanierten und mit geschmackvollen venezianischen Möbeln, Murano-Lüstern und Damaststoffen eingerichteten *palazzo* herrscht eine freundliche Atmosphäre. Die Gemeinschaftsräume sind klein, jedoch ebenfalls schön gestaltet. Alle Zimmer mit Klimaanlage und Bad.

200 A4
Castello 4416, Calle del Remedio
(041) 277 05 25; Fax (041) 277 60 44; E-Mail hotelcol@tin.it
San Zaccaria

Hotel Concordia €€€

Als einziges Hotel der Stadt bietet das Concordia in 20 seiner 57 Zimmer den Blick auf San Marco. Die Räume in dem Gebäude aus dem 17. Jahrhundert sind recht klein, dafür aber mit Antiquitäten und einigen modernen Accessoires ausgestattet. Marmorbäder, Klimaanlage, Lärmschutz und professioneller Service verheißen Entspannung. Vom Frühstückssaal aus schaut man auf die Basilika.

199 F4
San Marco 367, Calle Larga San Marco
(041) 520 68 66; Fax (041) 520 67 75; www.hotelconcordia.it
Vallaresso (San Marco)

Hotel Metropole €€€

Viele der 72 Zimmer blicken auf das San-Marco-Becken, andere auf den schattigen Innenhof. Das preisgekrönte Hotel liegt unweit der Kirche La Pietà. Möbel aus der persönlichen Antiquitätensammlung des Besitzers füllen die Räume, im komfortablen venezianischen Salon wird zwischen Marmorstatuen Tee serviert, und die Zimmer sind jeweils mit Antiquitäten einer bestimmten Epoche eingerichtet. Der Service ist freundlich und professionell. Im Sommer werden die üppigen Frühstücks- und Abendbüfetts (auch für Nichthotelgäste) im Garten aufgebaut.

200 C3
Castello 4149, Riva degli Schiavoni
(041) 520 50 44; Fax (041) 522 36 79; www.hotelmetropole.com
San Zaccaria

Hungaria Palace Hotel – Venice Lido €€€

Wenn Sie Jugendstilbauten mögen, sind Sie in diesem Hotel an der richtigen Adresse. Es liegt an der Hauptstraße des Lido, zwischen dem Strand und der *vaporetto*-Haltestelle. Die mit Majolikakacheln verzierte Fassade können Sie unmöglich übersehen. Die geräumigen Zimmer und das Jugendstilmobiliar wurden aufwändig restauriert, dabei legte man auch viele Fresken frei.

202 bei C1
Gran Viale Santa Maria Elisabetta 28, Lido
(041) 242 00 60; Fax (041) 526 41 11; www.hungaria.it Lido

Agli Alboretti €€

Unweit der Accademia liegt das Hotel in einer ruhigen, von Bäumen gesäumten Straße. Wenn Sie Kunst mögen und sich entspannen möchten, sollten Sie eines der 25 eher kleinen, aber schön eingerichteten Zimmer mit Blick auf den Garten oder die Straße wählen. Alle verfügen über Dusche oder Bad, Klimaanlage und TV; es gibt keinen Aufzug.

198 A2
Dorsoduro 884, Rio Terrà Antonio Foscarini
(041) 523 00 58; Fax (041) 521 01 58; E-Mail alborett@gpnet.it
Accademia

Casa Martini €€

Gäste, die die persönliche Atmosphäre eines Privathauses schätzen, fühlen sich hier gut aufgehoben. Die fünf Doppelzimmer mit Bad, Klimaanlage und Parkettboden sind geschmackvoll mit Antiquitäten eingerichtet. Im zweiten und dritten Stock eines *palazzo* in einer Wohnstraße gelegen, geben sie den Blick über Dächer und Gärten frei. Man frühstückt in der antik ausgestatteten Küche. Kein Aufzug.

191 E4
Cannaregio 1314, Calle del Magazen, bei Rio Terrà San Leonardo
(041) 71 75 12; Fax (041) 275 83 29; www.casamartini.it
San Marcuola

Locanda Casa Querini €–€€

Die sechs Zimmer mit Bad befinde sich in einem umgebauten Privathau in einer ruhigen Gegend unweit des Zentrums. Die Zimmer sind klein und blitzsauber, die Atmosphäre ist freundlich und familiär.

200 B4
Castello 4388, Campo San Giovanni Novo
(041) 241 12 94; Fax (041) 241 42 31
San Zaccharia

Locanda San Barnaba €€

Das attraktive kleine Hotel in einem umgebauten *palazzo* aus dem 16. Jahrhundert liegt abseits der Touristenrouten, in einer schmalen Straße zwischen dem Campo San Barnaba und dem *vaporetto*-Anleger Ca' Rezzonico. Jedes der 14 Zimmer steht unter einem Motto und ist individuell mit Antiquitäten, Fresken und Parkettboden ausgestattet. Alle Zimmer mit Klimaanlage und Bad.

197 F3
Dorsoduro 2486, Calle del Traghetto
und Fax (041) 241 12 33; www.locanda-sanbarnaba.com
Ca' Rezzonico

Pensione La Calcina €€

Das freundliche Hotel in schöner Lage mit Blick auf den Canale della Giudecca strahlt noch den Charme des 19. Jahrhunderts aus. Das Frühstück können Sie auf der Terrasse am Wasser einnehmen, auf dem Dach stehen Liegen für ein Sonnenbad. Die 19 Zimmer sind in unterschiedlichen Stilrichtungen. Ohne TV und Minibar.

198 A1
Dorsoduro 780, Zattere ai Gesuati
(041) 520 64 66; Fax (041) 522 70 45; E-Mail la.calcina@libero.it
Zattere

Pensione Seguso €€

Der eindrucksvolle venezianische *palazzo* ist an der ockerbraunen Fassade, den grünen Fensterläden und den Balkonen mit Blick auf den Canale della Giudecca leicht zu erkennen. In den Empfangsräumen stehen antike Möbel; ein Stilmix kennzeichnet die Zimmer, die nicht alle über ein Bad verfügen. Dafür blicken viele auf den

nachte

…n Sie lange im Voraus. …anlage und TV.

…rsoduro 779, Zattere ai Gesuati
…und Fax (041) 522 23 40
…geschl. Dez.–Feb. Zattere

197 E2
Dorsoduro 1323, Fondamenta Eremite
(041) 240 97 13; Fax (041) 240 97 12; E-Mail cvenezia@fdcc.org
Ca' Rezzonico

San Zulian €€

Nur zwei Minuten von der Piazza San Marco entfernt, liegt das Hotel in einer ruhigen Straße. Die 19 Zimmer sind mit Parkettboden, Holzbalken unter der Decke, venezianischen Möbeln und Perserteppichen ausgestattet. Alle Zimmer mit Bad und Klimaanlage.

199 F4
San Marco 534/5, beim Campo San Zulian
(041) 522 58 72; Fax (041) 523 22 65; www.hotelsanzulian.com
Vallaresso, San Zaccaria

Istituto Canossiano €

Der älteste Teil des Klosters stammt aus dem Jahre 1460, und bis heute bewirtschaften Nonnen das Gebäude in dem hübschen Wohnviertel hinter der Ca' Rezzonico. Vom Flügel mit den Privatzimmern blickt man auf den Kreuzgang, den Reisende während der Schulferien betreten dürfen. Die Einzel-, Doppel- und Dreibettzimmer sind einfach, aber gemütlich. Es gibt kein Frühstück. Das Preis-Leistungs-Verhältnis stimmt, allerdings sollten Sie beachten, dass das Hotel zwischen 22 und 24 Uhr für die Nacht schließt. Wer zu spät kommt, muss draußen bleiben.

Locanda Fiorita €

Einfaches, aber hübsches Hotel an einem schönen kleinen Platz, wenige Minuten von San Marco entfernt. Die neun kleinen Zimmer (acht mit Bad) sind rasch ausgebucht.

198 B4
San Marco 3457; Campiello Nuovo
(041) 523 47 54; Fax (041) 522 80 43; E-Mail locafior@tin.it
Sant'Angelo, San Samuele

PADUA

Hotel Europe €€

Das Hotel mit 64 Zimmern liegt in der Nähe des Bahnhofs und zugleich im Stadtzentrum. Komfortabel, üppiges Frühstücksbüfett, Restaurant mit guter Regionalküche.

Largo Europa 9, Padua
(049) 66 12 00; Fax (049) 66 15 08

VERONA

Hotel Martini & Piccolo €–€€

Im Stadtzentrum von Verona befinden sich unweit des Bahnhofs die beiden durch eine zentrale Rezeption verbundenen Hotelgebäude. Modern, aber gemütlich ist das Martini eingerichtet, das Piccolo stammt aus den Sechzigerjahren.

Via Camuzzoni 3, Verona
(045) 56 94 00; Fax (045) 57 76 20

Essen und Trinken

Venedig bietet alles – vom schlichten Imbiss am Tresen einer Bar bis hin zu eleganten Restaurants der Luxusklasse. Zu den Spezialitäten gehören natürlich frischer Fisch und Meeresfrüchte aus der Lagune, aber auch Gemüse und typische Beilagen wie Polenta und Reis, die nach alter Tradition zubereitet werden.

- Typisch venezianische Atmosphäre erleben Sie in einem ***bàcaro*** (► 40).
- Einige Restaurants bieten Einheimischen preisgünstigere Mahlzeiten als Touristen. 14 bekannte venezianische Lokale haben sich deshalb zur Gruppe der **Ristoranti della Buona Accoglienza** zusammengeschlossen. Sie servieren jedermann gutes, frisches Essen zu angemessenen Preisen.

Essenszeiten und Menüs

- Zwischen 12.30 und 14.30 Uhr servieren venezianische Restaurants Mittagessen, danach sind nur noch wenige Küchen geöffnet. Abendessen gibt es zwischen 19.30 und 21.30 Uhr. Manche Restaurantküchen bleiben mittlerweile abends länger geöffnet.
- **Am Nachmittag** bekommen Sie höchstens in einer Bar ein einfaches Essen.
- Die Italiener bestellen in der Regel **drei bis vier Gänge:** *antipasto* (Vorspeise), *primo* (Reis, Nudeln oder Suppe), *secondo* (Fleisch oder Fisch) mit *contorno* (Beilage) sowie *dolce* (Dessert). Bei Touristen akzeptiert der Kellner auch drei oder zwei Gänge.
- Einige Restaurants bieten ein ***menu degustazione*** **(Probiermenü)**. In guten Restaurants können Sie auf diese Weise Spezialitäten eines jeden Ganges zu einem festgelegten Preis kosten.

Venezianische Spezialitäten

- Seit dem 17. Jahrhundert kommt im Veneto **Polenta** auf den Tisch, ein grobkörniger, gelber **Maisbrei**, der heiß und cremig oder gegrillt in Scheiben Gemüse, Fisch und Fleisch ergänzt.
- Berühmt ist Venedig auch für seine ***risotti*** mit Meeresfrüchten oder Gemüse. ***Risi e bisi***, ein typisch venezianisches Frühjahrsgericht, besteht aus frischen Erbsen und Reis.
- Pasta steht auf jeder Karte, Tradition hat im Veneto aber nur das Gericht ***pasta e fagioli***, eine kräftige Suppe mit Nudeln und weißen Bohnen.
- Auf einigen Laguneninseln gedeiht **köstliches Gemüse**, darunter kleine bittere *(castraure)* oder große Artischocken, von denen man nur das Herz serviert. Auch *zucca* (Kürbis) und *radicchio* kommen oft auf den Tisch.
- Die Lagune, die Adria und das Tyrrhenische Meer bringen eine breite Auswahl an **Meeresfrüchten** hervor.
- **Typische Fische und Meeresfrüchte sind:** *schie* (fingernagelgroße Garnelen), *sarde* (frische Sardinen, die nichts mit ihren Kameraden aus der Büchse gemein haben), *gamberi* (größere Garnelen), *cannocchie* (Heuschreckenkrebse), *seppie* (Tintenfisch), *calamaretti* (kleiner Tintenfisch), *capesante* oder *canestrelli* (Jakobs- oder Kammmuscheln), *granceola* (Seespinne), die am besten schmeckt, wenn sie gekocht und mit Olivenöl beträufelt in ihrer Schale serviert wird, außerdem *moleche* oder *moeche* (Weichschalenkrebse, nur wenige Wochen im Jahr), *caparozzoli* (Venusmuscheln), *capelunghe* (Stabmuscheln), *peoci* (Miesmuscheln), *polipo* (Oktopus), *tonno* (Thunfisch), *sampietro* (Petersfisch), *gò* (Meergrundel), *branzino* (Seebarsch) und *sfogi* (Babyseezungen).
- **Aus Nordeuropa** stammt der in Venedig sehr beliebte ***baccalà*** **(Stockfisch)**.
- Typisch für die venezianische Küche sind ferner Gewürze, die einst die Kaufleute mitbrachten. Auf diese Weise entstand die **reiche Palette unverwechselbarer Gerichte**, vom schlichten Eintopf bis zum exotischen Gourmetmenü.

Getränke – *ombra, spritz* und *Wein*

- Unter einer ***ombra*** versteht der Venezianer ein einfaches Glas Wein, wie es vor allem die *bàcari* servieren.
- Der ***spritz*** gehört zu den beliebten Aperitifs. Er besteht aus Wein, Sprudelwasser und einem Schuss Bitter oder Schnaps.
- Wenn Sie **Weine der Region** probieren möchten, sollten Sie gute Tropfen aus dem Veneto und Friuli-Venezia Giulia (Friaul-Julisch-Venezien) wählen. Dazu gehören Bardolino, Bianco di Custoza, Breganze, Pinot Grigio, Prosecco di Conegliano-Valdobbiadene, Recioto-Weine, Ribolla Gialla, Soave, Tocai und Valpolicella.
- Der vorliegende Band weist auf **Restaurants mit guten oder umfangreichen Weinkarten** hin.

Restauranttypen

Viele Urlauber sind verwirrt angesichts der vielen italienischen Restauranttypen. In Venedig gibt es neben den üblichen Lokalen auch noch den *bàcaro*.

Bàcari

- **Der *bàcaro* ist typisch für Venedig:** In der kleinen Bar bekommen Sie offene Weine glasweise *(un'ombra)* und dazu eine Auswahl an Häppchen *(cicheti)*.
- **Die Italiener essen immer etwas zum Wein**. In den *bàcari* erhalten Sie in der Regel gute Qualitätsweine aus Italien und den Nachbarregionen.

Bars

- Bars bieten **Kaffee, Getränke und Kleinigkeiten** zu essen.
- In den Bars bekommen Sie den **besten Kaffee**, vom schlichten *caffè* oder *espresso* über *caffè macchiato* (*espresso* mit einem Tropfen heißer Milch) und *caffè corretto* (*espresso* mit einem Schuss Grappa oder Weinbrand) bis hin zum *caffè lungo* oder *americano* (mit heißem Wasser verdünnt) und natürlich dem *cappuccino* (*espresso* mit geschäumter Milch).

Enoteche

- Eine *enoteca* ist eine Weinstube; **in vielen gibt es auch Essen**.
- Einige *enoteche* verkaufen **Flaschenweine zum Mitnehmen**.

Gelaterie

- Typische **Milcheissorten** sind *cioccolato* (Schokolade), *caffè* (Mokka), *nocciola* (Haselnuss), *gianduia* (Schokolade mit Haselnuss) und *crema* (Sahne). Der Preis beinhaltet in der Regel zwei Sorten. *Cono* bedeutet Waffel, *coppa* Becher.
- **Fruchteis** wird aus frischen Früchten hergestellt, kann aber Milchanteile enthalten.
- Trägt eine *gelateria* den Zusatz ***artigianale***, muss das Eis aus eigener Herstellung sein. In der Regel enthält es keine oder wenige chemische Zusätze.

Osterie

- Ursprünglich servierten die *osterie* nur Wein, Bier und Spirituosen.
- Heute gibt es auch **einfache Hausmannskost**, meist an hölzernen Tischen.

Ristoranti

- In beliebten Restaurants sollten Sie **rechtzeitig vorbestellen**. Viele Gaststuben und Küchen venezianischer Lokale sind sehr klein.
- Die **Italiener ziehen sich immer gut an**, erst recht, wenn sie schick ausgehen. Packen Sie Jackett und Krawatte ein.

Trattorie

- Die *trattoria* ist der typisch italienische **Familienbetrieb**.
- Hier erhalten Sie **große Portionen** beliebter italienischer Gerichte.

Einkaufen

Einkaufen gehört in Venedig neben Sightseeing zu den beliebtesten Beschäftigungen der Touristen. An jeder Ecke warten Verkäufer auf Kunden, und einige versuchen natürlich, kitschige Souvenirs zu gesalzenen Preisen an den Mann zu bringen. Daneben gibt es aber auch echtes Kunsthandwerk und typisch venezianische oder italienische Produkte.

Typische Souvenirs

- **Karnevalsmasken:** Viele Papiermachémasken werden noch von Hand bemalt.
- **Papierwaren:** Besonders schön sind Artikel mit farbenprächtigen, handbedruckten Papiereinbänden.
- **Muranoglas:** Die Auswahl reicht von einfachen, preiswerten Glasperlen und Schmuck über dekorative Gläser bis hin zu zertifizierten Gläsern in Museumsqualität. Die Produkte der Glasfabriken auf Murano sind in der Regel teuer.
- **Gondelaccessoires:** Wenn Sie einen Strohhut, ein gestreiftes Hemd oder eine echte Riemengabel kaufen möchten, sind Sie bei **Emilio Ceccato** (San Polo 1617, Sottoportico di Rialto, Tel. (041) 522 27 00) an der richtigen Adresse.
- **Haushaltswaren:** Espressokocher, Parmesanreiben aus Olivenholz, Nudelhölzer und italienische Tischwäsche sind besonders beliebt.
- **Spezialitäten:** An den Italienaufenthalt erinnern eine Flasche kaltgepresstes Olivenöl, ein Paket frisch geröstete Espressobohnen, ein Päckchen Kräuter- oder Blumensamen, ein Paket Nudeln, ein Stück vakuumverpackter Parmesankäse, ein Glas Honig oder eine Dose venezianisches Gebäck.
- Halten Sie Ausschau nach den preiswerten, typisch venezianischen ***friulani*** **(Espadrillen)**. Die rutschfesten Sohlen bestehen aus recycelten Fahrradreifen. Die farbenfrohen Modelle kosten etwa 13 bis 15 Euro.

Märkte

- In den Straßen rund um den Campo San Giacomo di Rialto und den Campo della Pescaria findet montags bis samstags von 7 bis 13 Uhr (Fischmarkt montags geschlossen) ein farbenprächtiger, lebendiger **Markt für Fisch, Blumen, Obst und Gemüse** statt. Die nächste *vaporetto*-Haltestelle ist Rialto.
- Auf vielen venezianischen Plätzen, etwa auf dem Campo Santa Maria Formosa, dem Campo Santa Margherita und dem Campiello dell'Anconetta, sowie auf Booten, die am Ponte dei Pugni an der Fondamenta Gerardini und am Rio della Tana vertäut sind, findet außerdem ein **Obst- und Gemüsemarkt** statt.

Lebensmittel kaufen

- **Obst und Gemüse** werden nach Gewicht (*un chilo* = 1 Kilo; *un etto* = 100 g) oder pro Stück (*il pezzo*) verkauft.

Mode – *Alta Moda*

- Die Läden der meisten **bekannten italienischen Designermarken** konzentrieren sich auf das Gebiet um die Piazza San Marco (Adressen ➤ 65).

Kaufhäuser

- Die **großen Kaufhäuser** befinden sich auf dem Festland rund um Mestre.
- **COIN** (Salizzada San Giovanni Crisostomo, nahe dem Campo San Bartolomeo) und **La Standa** (Campo San Luca) sind mit kleinen Filialen in Venedig vertreten.

Öffnungszeiten

- Die meisten italienischen Läden **schließen mittags** zwischen 12.30 oder 13 Uhr und 15.30 oder 16 Uhr.
- Dafür sind sie **abends länger**, bis etwa **19.30 Uhr**, geöffnet.
- Die meisten Läden bleiben **sonntags** sowie montagvormittags oder mittwochnachmittags **geschlossen**.
- Typische Touristenläden sowie Kaufhäuser und Modeboutiquen sind oft **über Mittag und sonntags geöffnet**.
- **Kleinere Läden** öffnen um 9.30 oder 10 Uhr; Lebensmittelläden sind von 8 oder 8.30 bis 13 Uhr und von 16 bis 19 oder 19.30 Uhr geöffnet.

Ausgehen

Venedig bietet kein rauschendes Nachtleben, doch besteht die Möglichkeit, ein Konzert zu besuchen oder den Abend nach dem Essen in einer Pianobar ausklingen zu lassen. Fast gratis können Sie Venedig erleben, wenn Sie durch die autofreien Straßen bummeln. Unvergesslich bleibt auch eine nächtliche Fahrt über den Canal Grande oder mit dem *vaporetto* zum Lido.

Information

- Beachten Sie Plakate, oder schauen Sie in die Zeitung, wenn Sie **eine Veranstaltung** besuchen möchten.
- An allen Kiosken erhalten Sie das Veranstaltungsmagazin ***Venezia News***. Auch die Beilagen der Zeitungen geben Auskunft über ***spettacoli***.
- In vielen Hotellobbys liegt die kostenlose Broschüre ***Un Ospite di Venezia (Zu Gast in Venedig)*** mit Veranstaltungshinweisen aus.
- Das Internet bietet zahlreiche **Websites** über Venedig, darunter www.provincia.venezia.it und www.turismovenezia.it.
- Karten können Sie bei folgenden Agenturen reservieren: **Intras City Service**, Piazza San Marco 146, Tel. (041) 522 48 70; **Agenzia Kele & Teo**, San Marco 4930, Ponte dei Bareteri, Tel. (041) 520 87 22.

Veranstaltungen

- Die **Mostra Internazionale d'Arte Cinematografica**, das venezianische Filmfest, gehört zu den bedeutendsten Filmfestivals der Welt (➤ 18). Palazzo del Cinema (Lido), Tel. (041) 526 01 88. Informationen erhalten Sie bei der Società di Cultura, La Biennale di Venezia, Tel. (041) 521 88 78, Fax (041) 522 75 39.
- In ungeraden Jahren findet zwischen Juni und November in den Giardini Pubblici die **Biennale Internazionale d'Arte** statt.
- In geraden Jahren wird stattdessen die **Biennale d'Architettura** veranstaltet (*vaporetto*: Giardini). Informationen bei der Società di Cultura, La Biennale di Venezia, Tel. (041) 521 87 11; www.labiennale.org.

Casinò Municipale

- **Hauptsitz des Kasinos** ist der Palazzo Vendramin-Calergi (➤ 102); es gibt auch eine Dependance unweit des Flughafens (Via Triestina 222, Ca' Noghera, Mestre).

Theater und Konzerte

- Das **Teatro La Fenice** ist seit dem Brand 1996 geschlossen (➤ 168). Opern, Ballett- und Theateraufführungen finden bis zur Wiedereröffnung im Palafenice auf der Isola Nuova del Tronchetto (Tel. (041) 520 40 10/521 01 61, *vaporetto*: Tronchetto) statt. Sie können mit dem Sonderboot ab San Marco oder mit der Linie 82 ab Rialto und Ferrovia fahren.

Kinos

- Fast alle ausländischen Filme werden in italienischer Fassung gespielt.

Schwule und Lesben

Am Campo Santa Margherita befinden sich einige bei Schwulen beliebte Bars: **Bar Da Franco** (Dorsoduro 3112, Tel. (041) 528 52 79) und **Marguerite Duchamps** (Dorsoduro 3019, Tel. (041) 528 62 55). Kontaktieren Sie für weitere Informationen **Arcigay Arcilesbica Nove** (Santa Croce 1507, Campo San Giacomo dell'Orio, Tel. (041) 72 11 97, geöffnet 18–24 Uhr).

San Marco & San Giorgio Maggiore

Erste Orientierung

San Marco, einst das politische Zentrum der Stadt, ist heute der Touristenmagnet Venedigs und deshalb der überlaufenste der sechs *sestieri* (Stadtbezirke). Die weiträumige Piazza San Marco, die Kuppeln und Mosaiken der Basilika und die hoch aufragende Silhouette des Campanile sind überall auf der Welt bekannt, und die meisten Venedigbesucher steuern den Platz zielstrebig an, um hier ihre Besichtigungstour zu beginnen. Manche Urlauber nehmen sich nur Zeit für die Hauptsehenswürdigkeiten und versäumen dabei die reizvollen Straßen, Brücken und Kanäle, Läden, Cafés und Restaurants hinter der Piazza, die das eigentliche Flair Venedigs ausmachen.

Die Touristengruppen versammeln sich stets auf der Piazza San Marco. Von dort aus blicken die Menschen auf den Canale di San Marco und die Einfahrt zum Canal Grande, der sich, von mächtigen *palazzi* gesäumt, westwärts am *sestiere* entlangzieht. Von der eigentlichen Piazza gelangt man zu Fuß nordwärts durch die kleinen *mercerie* (Einkaufsstraßen) zum Rialto oder in westlicher Richtung über die größeren Straßen und Brücken zur Accademia. Der Weg führt vorbei an einigen der eindrucksvollsten *campi* (Plätze) Venedigs, in deren Umfeld sich weitere Läden mit Antiquitäten, Glas, Porzellan und farbenprächtiger Keramik, handmarmoriertem Papier und natürlich modischen Kleidungsstücken und Accessoires befinden. Wenn Sie nicht mit dem Strom der Tagesbesucher schwimmen möchten, sollten Sie ein Boot besteigen und durch das viel befahrene Bacino di San Marco (San-Marco-Becken) zur ruhigen Insel San Giorgio Maggiore fahren.

Vorherige Seite: Mosaiken zieren den Innenraum der Basilica di San Marco

★ Nicht verpassen!

1 **Piazza San Marco & Campanile** ➤ 48

4 **Basilica di San Marco** ➤ 50

6 **Palazzo Ducale (Dogenpalast)** ➤ 53

7 **San Giorgio Maggiore** ➤ 57

Nach Lust und Laune!

2 Museo Civico Correr ➤ 59

3 Caffè Florian ➤ 60

5 Piazzetta San Marco ➤ 60

8 Torre dell'Orologio ➤ 60

9 Mercerie ➤ 61

10 Campo Santo Stefano ➤ 61

11 Harry's Bar ➤ 62

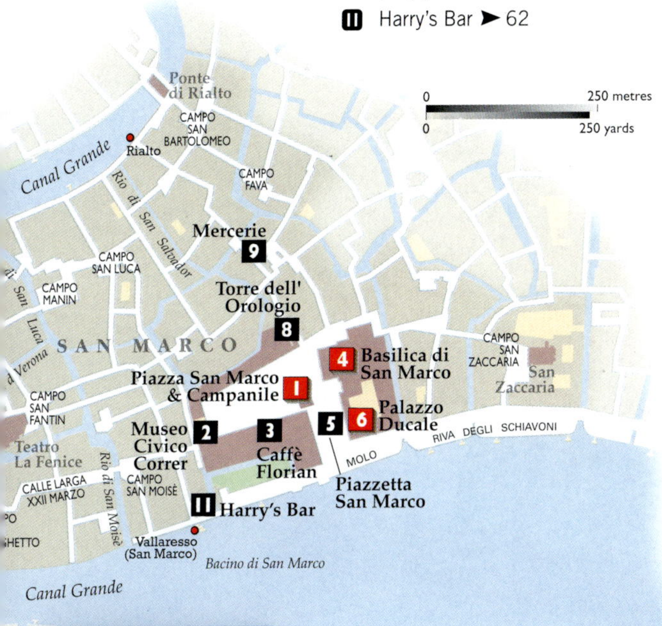

Selbst Hauptstraßen sind in Venedig schmale Gassen

Diese Tagestour führt zu den architektonischen Meisterwerken im Stadtzentrum, lässt aber auch Zeit für eine entspannende Bootsfahrt und kulinarische Genüsse.

San Marco & San Giorgio Maggiore an einem Tag

9 Uhr

Kommen Sie zeitig zur **Piazza San Marco** (➤ 48f), um sie in ihrer ganzen Pracht zu erleben, bevor die Massen sie belagern. Fahren Sie als einer der Ersten zur Aussichtsplattform des **Campanile** (➤ 48f), und genießen Sie den Blick.

10 Uhr

Besichtigen Sie die **Basilica di San Marco** (➤ 50ff), die zu den schönsten Kirchen Italiens zählt und im venezianisch-byzantinischen Stil ausgestattet ist. Steigen Sie unbedingt zur Empore hinauf, denn von hier aus sehen Sie die berühmten Bronzepferde (links) besonders gut.

11 Uhr

Schlendern Sie über die Piazzetta zum Ufer und zum Eingang des **Palazzo Ducale** (rechts, ➤ 53ff), dem alten Machtzentrum der Stadt und Wohnsitz des Dogen.

13 Uhr

Wenn Sie nicht die Traditionscafés Florian (➤ 60) oder Quadri (➤ 64) bevorzugen, sollten Sie von der Piazza Richtung Accademia gehen. In und um die Calle Larga XXII Marzo gibt es genügend Auswahl an Lokalen. Testen Sie das Vino Vino (San Marco 2007a, Calle del Cafetier, Tel. (041) 523 70 27), eine der schönsten Weinstuben Venedigs.

14.30 Uhr

Laufen Sie zurück in Richtung Osten, und fahren Sie mit dem *vaporetto* über das Bacino di San Marco zur Insel **San Giorgio Maggiore** mit der gleichnamigen, von Palladio errichteten Kirche (rechts, ➤ 57f).

16 Uhr

Kehren Sie nach San Marco zurück, und spazieren Sie an der **Torre dell'Orologio** (➤ 60f) vorbei zu den Läden der **Mercerie** (➤ 61). Wenn Sie eine der kleinen Straßen einschlagen, die nach Westen zum Campo Manin abbiegen, entkommen Sie den Touristenscharen. Wandern Sie von dort aus gemütlich zum **Campo Santo Stefano** (➤ 61f), vorbei an Antiquitätenläden, Boutiquen und Geschäften mit feinen Papierwaren.

18 Uhr

Auf dem Campo Santo Stefano, einem der schönsten Plätze der Stadt, sollten Sie sich Zeit für einen Aperitif nehmen oder bei Paolin ein Eis essen und dabei die Leute auf der Piazza beobachten.

20 Uhr

Rund um San Marco können Sie überall gut essen, danach sollten Sie jedoch unbedingt auf die Piazza zurückkehren, die im Sommer zur Abendzeit so recht Napoleons Bild vom »elegantesten Salon Europas« gerecht wird. An Winterabenden strahlt der dann leere und stille Platz eine ganz andere Atmosphäre aus.

Piazza San Marco & Campanile

An der Piazza San Marco schlägt das Herz Venedigs. Architektonische Meisterwerke säumen den weltberühmten Platz, den jeder Venedigreisende aufsucht. Oft müssen die Einheimischen sich mühsam ihren Weg durch die Touristenscharen bahnen. Lassen auch Sie sich vom Charme der Piazza mit ihren berühmten Bauten aus unterschiedlichen Epochen verzaubern.

Links: Musik in einem Café an der Piazza San Marco

Am Ostrand der Piazza erhebt sich die prachtvolle Fassade der **Basilica di San Marco** (➤ 50ff), an die nach Süden hin der **Palazzo Ducale** (➤ 53ff) grenzt. Auf der anderen Seite liegt die Piazzetta dei Leoncini, ein kleiner Platz, der von der **Torre dell'Orologio** (➤ 60f) beherrscht wird. Der Name des Platzes bezieht sich auf die beiden dort stehenden Marmorlöwen, die besonders bei Kindern sehr beliebt sind. Arkadenverzierte Bauten säumen den Platz. Den nördlichen Abschluss bilden die **Procuratie Vecchie**, auf der gegenüberliegenden Seite stehen die **Procuratie Nuove**. Erstere beherbergten ab dem 16. Jahrhundert die Prokuratoren San Marcos, die höchsten Verwaltungsbeamten der Republik. Ein Jahrhundert später entstanden die Neuen Prokuratien, deren Architektur sich am Stil der benachbarten Biblioteca Marciana an der **Piazzetta San Marco** (➤ 60) orientiert. Nach der Auflösung der Republik im Jahre 1797 dienten sie als kaiserliche Residenz, dann ließ Napoleon einen weiteren Arkadenbau, die Ala Napoleonica, errichten, um sie mit den Alten Prokuratien zu verbinden. Heute ist dort das **Museo Civico Correr** (➤ 59) untergebracht. Sie können auf drei Seiten unter den Arkaden um den Platz schlendern, die schicke Läden und teure historische Cafés bergen.

Im Karneval tummeln sich farbenprächtige Masken auf der Piazza

Der **Campanile (Glockenturm)**, Venedigs bekanntestes Wahrzeichen, steht der Basilika genau gegenüber. Bereits im 9. Jahrhundert gab es hier einen Glockenturm, der Entwurf für die heutige Form mit Turmspitze und vergoldetem Engel stammt aus dem Jahre 1514. Im Juli des Jahres 1902 fiel der gesamte Turm plötzlich in sich zusammen. Zum Glück wurde außer Sansovinos Loggetta kein Gebäude beschädigt, und als einziges Op-

fer war die Katze des Küsters zu beklagen. Man baute den Turm wieder auf und setzte die Loggetta wieder zusammen. Ein Aufzug fährt zur Plattform hinauf, die herrliche Blicke über die Stadt und die Lagune bis hin zu den Alpen freigibt.

Die Piazza nach dem Einsturz des Campanile

KLEINE PAUSE

Legen Sie eine Pause in einem der Cafés am Platz ein – im **Florian** (➤ 60), im **Lavena** (➤ 63) oder im **Quadri** (➤ 64).

---

199 F3 ✉ Piazza San Marco ☎ Campanile: (041) 522 40 64 ⏲ tägl. 9.30–19.30 Uhr ⛴ 1, Vallaresso (San Marco) ✋ Campanile: mittel

PIAZZA SAN MARCO & CAMPANILE: INSIDER-INFO

Top-Tipps: Besuchen Sie die Piazza frühmorgens **vor Ankunft der Tagestouristen**.
- Fahren Sie an einem **klaren Tag** zur Aussichtsplattform des Campanile hinauf. Hitze und Nebel beeinträchtigen die Sicht.
- Besorgen Sie sich in der **Touristeninformation** unter den Arkaden am Südwesteck der Piazza (Piazza San Marco 71f, Tel. (041) 529 87 40, geöffnet Mo–Sa 9.30–15.45 Uhr) einen Stadtplan und Infos.
- In den Cafés Florian, Lavena und Quadri zahlen Sie einen **Aufschlag**, wenn das Orchester spielt.

Geheimtipp: Besichtigen Sie die **meteorologischen Instrumente** – Chronometer, Thermometer und ein Gezeitenkalender – an der Nordwand des Campanile.

4

Basilica di San Marco

Die Markuskirche ist schummrig und überfüllt. Gleichwohl gehört das geistliche Zentrum Venedigs zu den schönsten mittelalterlichen Bauten der Welt. Errichtet wurde die Kirche für die Reliquie des hl. Markus, des Schutzpatrons der Stadt. Die Basilika entstand zwischen 1063 und 1094.

Fünf von Säulen gestützte Bogen bilden den Eingang zum **Atrium**, in dem Mosaiken aus dem 13. Jahrhundert Szenen aus dem Alten Testament zeigen. Der düstere **Innenraum** hat die Form eines griechischen Kreuzes; über jedem der fünf Teile wölbt sich eine Kuppel (11. Jahrhundert). Die Mosaiken in den Kuppeln und an den Wänden bedecken eine Fläche von insgesamt 4000 Quadratmetern, die im Lauf von fast 600 Jahren entstanden sind. Viele finden die ältesten venezianisch-byzantinischen Mosaiken am schönsten. Zu ihnen gehören die mit Engeln verzierte Pfingstkuppel, die Hauptkuppel mit der Himmelfahrt und der Leidensweg Christi im westlichen Gewölbe. Der mächtige Christus Pantokrator über der Apsis entstand im 16. Jahrhundert als Kopie des byzantinischen Originals. Der **Hochaltar** im byzantinischen Stil steht hinter der Iko-

Venedig und der hl. Markus

Das erstarkende Venedig wünschte sich einen viel bekannteren Schutzpatron als den hl. Theodor, den über die Stadtmauern hinaus kaum jemand kannte. Angeblich hatte ein Krokodil den Heiligen angefallen; es ist noch am Fuß einer Säule mit dem Heiligen auf der Piazzetta zu sehen. Im Jahre 829 stahlen zwei Venezianer die Gebeine des hl. Markus aus dessen Grab in Alexandria, verbargen sie unter einem Berg gepökeltem Schweinefleisch vor ihren muslimischen Verfolgern und brachten sie in ihre Heimatstadt. Um den Anspruch auf den Heiligen zu bekräftigen, erfand man die Geschichte von einem Schiffbruch und errichtete die Basilika als letzte Ruhestätte. Das Symbol des Evangelisten, der Löwe, wurde zum Wahrzeichen Venedigs; er findet sich überall in der Stadt und deren früherem Einflussbereich.

Links: Die prachtvolle Fassade von San Marco

Unten: Das einfallende Licht verleiht den Mosaiken erst den rechten Glanz

nostase, einer fein gearbeiteten Marmorschranke. Unter dem Hauptaltar liegt der Sarkophag mit den Gebeinen des hl. Markus, dahinter erhebt sich die **Pala d'Oro**, ein reich mit Gold, Edelsteinen und Email verzierter Altaraufsatz aus Konstantinopel (976). Links davon gelangt man in die Kapelle der **Madonna Nicopeia** mit der gleichnamigen, hochverehrten byzantinischen Ikone aus dem 10. Jahrhundert. Im **Tesoro**, der Schatzkammer, kann man weitere byzantinische Arbeiten bewundern.

Den besten Gesamtüberblick bietet die Empore, zu der man vom Atrium aus über eine steile Treppe gelangt. Auf dem Weg kann man die Mosaiken aus der Nähe betrachten und dann von der Loggia aus die Piazza und natürlich die berühmten

Bronzepferde in Augenschein nehmen, die zusammen mit den Löwen zu den Wappentieren Venedigs gehören. Die Originale stehen heute im Innern der Kirche. Sie entstanden vermutlich im 2. Jahrhundert in Rom und haben als einzige antike Quadriga die Zeiten überdauert. 1204 raubten die Venezianer sie aus Konstantinopel, während der napoleonischen Ära standen sie einige Zeit in Paris auf dem Arc de Triomphe, ehe sie nach Venedig zurückkehrten.

San Marco richtig kennen lernen

Die langen Schlangen vor dem Eingang und die Menschenmassen im Innern schrecken viele Besucher ab, zumal man im Sommer nach gut einstündiger Wartezeit innerhalb von zehn Minuten durch die Basilika geschleust wird. Lernen Sie daher die Stadt ein wenig kennen, ehe Sie die Kirche in Angriff nehmen, und besuchen Sie sie dann mehrfach, zu unterschiedlichen Tageszeiten und am besten auch einmal zur Messe, wenn sie ihrem eigentlichen Zweck dient.

KLEINE PAUSE

Ganz gleich, welches Café an der Piazza oder der Piazzetta Sie wählen, gute Aussicht und hohe Preise sind garantiert.

---

200 A3 Piazza San Marco
Pala d'Oro und Schatzkammer: (041) 522 56 97; Loggia: (041) 522 52 05
Basilika, Tesoro und Pala d'Oro: April–Okt. Mo–Sa 9.45–17, So 14–17 Uhr; sonst Mo–Sa 9.45–16.30, So 14–16.30 Uhr. Loggia: April–Okt. tägl. 9.45–17 Uhr; sonst 9.45–16.30 Uhr
1, Vallaresso (San Marco) Tesoro, Pala d'Oro und Loggia: preiswert

Farbige Mosaikböden gehören zu den Schätzen San Marcos

BASILICA DI SAN MARCO: INSIDER-INFO

Top-Tipps: Die Seitenpforte an der Piazzetta dei Leoncini wird für Gläubige **früher geöffnet** als der Haupteingang.
- Gehen Sie im Sommer **sofort die Stufen zur Loggia** hinauf, der vorgegebene Weg führt kein zweites Mal an ihnen vorbei.
- **Lassen Sie Ihren Augen Zeit**, sich an das Dämmerlicht zu gewöhnen.
- Sie besichtigen eine Kirche: Tragen Sie **keine kurzen Hosen und Röcke oder ärmellose Tops**.

Nicht verpassen! Die **wunderbar gemusterten Fußböden** aus Marmor, Porphyr und Glasmosaiksteinen.

6

Palazzo Ducale (Dogenpalast)

Im mittelalterlichen Europa erregte der Dogenpalast unerhörtes Aufsehen. Der imposante Komplex mit Höfen und Korridoren, Ratssälen und Geheimzimmern diente als Residenz des Dogen und Schaltzentrale der venezianischen Macht. Noch heute zieht die reiche Ausstattung des Gebäudes mit Gemälden, blanken Marmorböden und vergoldeten Holzpaneelen jeden Besucher unweigerlich in ihren Bann.

Briefkasten für anonyme Denunziationen aus der Zeit der Serenissima

Während die meisten italienischen Renaissancebauten mit ihren Türmen und dicken Mauern eher Festungen glichen, wirkt der Dogenpalast **von außen** leicht und luftig. Die dem Wasser zugewandte Fassade geht auf das 14. Jahrhundert zurück, die zur Piazzetta gerichtete Fassade entstand im 15. Jahrhundert. Beide umfassen eine Reihe schöner gotischer Säulen aus istrischem Stein, die das Dach der Arkaden im Erdgeschoss stützen. Direkt darüber befindet sich eine geschlossene Loggia mit reich verzierten Säulen. Der größte Teil des Palastes besteht aus rosafarbenem Marmor aus Verona, in den gotische Fenster gesetzt wurden. In den Jahren 1574 und 1577 richteten Feuersbrünste schwere Schäden an, doch wurde das **Innere** stets ähnlich dem Originalzustand wiederhergestellt, sodass der Palast heute durchaus noch so wirkt wie im 16. Jahrhundert. Der Haupteingang, die **Porta della Carta** aus dem 15. Jahrhundert, liegt rechts von der Basilika. Durch sie gelangt man in den Hof gegenüber der **Scala dei Giganti (Treppe der Giganten)**. Auf dieser von Antonio Rizzo um 1440 erbauten Treppe fand die Krönungszeremonie für die Dogen statt. Über die Treppe gelangt man in die **Loggia** im ersten Stock, die rings um den Hof verläuft. Der Weg für Besucher führt über die reich verzierte **Scala d'Oro (Goldene Treppe)** von Jacopo Sansovino (➤ 23) zu den **Gemächern des Dogen** im ersten Stock.

Der Doge wurde – meist in hohem Alter – auf Lebenszeit gewählt und bezog dann die prachtvollen und dennoch gemütlichen Räume, in denen er auch wichtige Ratsmitglieder und

Wussten Sie das?
Pro Jahr besuchen rund 13 bis 14 Millionen Menschen Venedig. Über 80 Prozent der Besucher verbringen weniger als acht Stunden in der Stadt und geben in dieser Zeit weniger als 15 Euro aus. Über 90 Prozent besichtigen ausschließlich die Piazza San Marco. Es verwundert kaum, dass der Stadtrat die Zahl der Tagesgäste gern beschränken möchte.

ausländische Botschafter empfing. Am interessantesten ist die **Sala dello Scudo**, in der Karten aus dem 16. Jahrhundert die zu jener Zeit bekannte Welt zeigen. In diesen Sälen finden häufig sehenswerte Wechselausstellungen statt.

Im zweiten Stockwerk folgen mehrere phantastisch verzierte Hallen, jede üppiger ausgestattet als die vorangegangene. Hier hängen Gemälde nahezu aller bedeutenden Künstler, die im 16. Jahrhundert in Venedig wirkten. Die **Sala delle Quattro Porte**, der **Anticollegio** und der **Collegio** dienten zu verschiedenen Epochen als Antichambre für Botschafter und als Sitzungssäle

Blick vom Wasser auf die Riva degli Schiavoni, den Palazzo Ducale und den Campanile

Oben rechts: Vergoldete Deckengemälde in der Sala del Maggior Consiglio verherrlichen Venedig

des Collegio, der die inneren Angelegenheiten des Staates regelte. Veronese und Tintoretto hinterließen hier ihre Spuren und schufen Deckengemälde, die Venedig verherrlichten. Die Decke der **Sala del Senato**, in der rund 200 Senatoren über die Innen- und Außenpolitik der Republik debattierten, malte Tintoretto (➤ 22) mit Szenen der Geschichte Venedigs aus.

Der Weg führt weiter zur **Armeria**, einer reich bestückten Sammlung herrlicher Schwerter, Rüstungen und Kriegsmaschinen, und dann zurück zur **Sala del Maggior Consiglio**, dem größten Raum des Palastes. An der Decke feiern allegorische

Figuren den Ruhm Venedigs, die Ostwand des Saales gestaltete wiederum Tintoretto, der mit seinem *Paradiso* eines der größten Gemälde der Welt schuf. In dem Saal tagte der Große Rat der Republik, dem im 16. Jahrhundert über 2000 Mitglieder angehörten. An den Wänden sind 76 Dogen Venedigs porträtiert; das geschwärzte Bild zeigte einst Marin Falier, der 1356 wegen Hochverrats hingerichtet wurde. An einer der Wände befindet sich ein Balkon, von dem aus man über das San-Marco-Becken blickt.

In der **Sala della Quarantia Criminal** fanden Gerichtsverhandlungen statt. In einem kleinen Raum hängen einige flämische Gemälde, darunter die surreal wirkende *Hölle* von Hieronymus Bosch (1450–1516). Wenn das Gericht sein Urteil verkündet hatte, wurden die Verurteilten auf direktem Weg über den **Ponte dei Sospiri (Seufzerbrücke)** in die **Prigioni Nuove (Neuen Gefängnisse)** gebracht. Ihren Namen erhielt die Brücke allerdings erst während der Romantik im 19. Jahrhundert, als man sich das Leid der Menschen auf dem Weg zum Kerker ausmalte. Die berühmten Bleikammern unter dem Dach waren weit weniger schrecklich, als man lange Zeit annahm. Schwerverbrecher warf man denn auch in die *pozzi*, modrige Kerker im Kellergeschoss des Palastes. In dem 1589 angebauten Flügel befand sich auch ein Hof, in dem Hinrichtungen durchgeführt wurden. Der Rundgang führt zurück über die Seufzerbrücke und endet in der **Avogaria**, den Räumen für die Anwälte des Gerichtshofes.

KLEINE PAUSE

Im unteren Stockwerk des Palastes befindet sich ein hübsches **Café**.

200 A3 Piazzetta San Marco (041) 522 49 51 April–Okt. tägl. 9–19 Uhr; sonst 9–17 Uhr; letzter Einlass 90 Min. vor Schließung 1, Vallaresso (San Marco) teuer

PALAZZO DUCALE: INSIDER-INFO

Zugang: Haupteingang für Besucher ist die **Porta del Frumento** an der Wasserseite des Palastes.

• Die **Eintrittskarte** für den Palast gilt auch für das Museo Civico Correr (➤ 59), den Palazzo Mocenigo (➤ 116), das Museo Vetrario auf Murano (➤ 144f) und die Scuola di Merletti auf Burano (➤ 147).

• Während der Hochsaison sollten Sie den Palazzo **direkt nach der Öffnung**, vor Ankunft der Reisegruppen, besichtigen.

Top-Tipps: Es lohnt sich, an der Kasse eine **Audio-Führung** mit Kassettengerät auszuleihen, die wichtige Einzelheiten zu den Räumen erläutert.

• Überall im Gebäude hängen **mehrsprachige Informationstafeln**.

• Im Sommer ist es im Palast heiß und stickig, im Winter feucht und kalt. Wählen Sie Ihre Kleidung entsprechend, und ziehen Sie **bequeme Schuhe** an.

• Stellen Sie sich darauf ein, dass Teile des Palastes nicht für Besucher zugänglich sind, da fast immer irgendwo **Restaurierungsarbeiten** stattfinden.

• Der **Buchladen** im Palast verkauft ausgezeichnete Reiseführer, Postkarten, Poster und hochwertige Souvenirs.

Geheimtipp: Im Rahmen einer 75-minütigen Führung lernen die Besucher ***itinerari segreti* (geheime Wege)** und verborgene Kammern des Palastes kennen und erfahren allerlei Wissenswertes über den geheimen Machtapparat des Staates. Melden Sie sich bei Interesse rechtzeitig an der Kasse an.

7

San Giorgio Maggiore

Dem Dogenpalast gegenüber steht auf der anderen Seite des San-Marco-Beckens die mächtige Kirche San Giorgio Maggiore, ein Meisterwerk von Andrea Palladio. Die perfekt proportionierte Fassade, hinter der sich ein schlanker Glockenturm erhebt, gehört zu den beliebtesten Fotomotiven Venedigs.

Klare klassische Linien und weißer Stuck zeichnen das Innere von San Giorgio Maggiore aus

Mit San Giorgio entwarf Palladio 1565 erstmals eine vollständige Kirche und schuf zugleich einen deutlichen Kontrast zur in Venedig vorherrschenden byzantinischen und gotischen Architektur. Auf geniale Weise löste er das schwierigste Problem, das die Bauherrn der Renaissance im Zusammenhang mit Kirchen beschäftigte, nämlich die Frage, wie man einem Gebäudetyp, den es zur Zeit der Antike noch nicht gegeben hatte, klassische Formen verleihen könne. Palladio vereinte für die **Fassade** zwei Tempelfronten und baute ein **Hauptschiff** mit mächtigen Säulen, die sich über die korinthischen Pfeiler der niedrigeren Seitenschiffe erheben. Im Innern gelten die gleichen Formgesetze. Die Venezianer verwendeten als Erste weißen Stuck zur Ausschmückung ihrer Kirchen, ein Element, das die Architektur von San Giorgio Maggiore perfekt ergänzt. Die meisten Gemälde stammen aus der Werkstatt Tintorettos, eine Ausnahme bildet Jacopo Bassanos *Anbetung der Hirten* über dem ersten Altar auf der rechten Seite. Zwei bedeutende Arbeiten Tintorettos – das *Letzte Abendmahl* und das *Mannawunder* – flankieren den Hauptaltar und unterstreichen die Bedeutung der Eucharistiefeier. Tintorettos letztes Gemälde, die *Kreuzabnahme*, hängt in der **Cappella dei Morti**; angeblich porträtierte sich der Künstler mit dem Bild des bärtigen Christus selbst.

982 stiftete der Doge dem Benediktinerorden auf der Insel San Giorgio ein Kloster. Die Mönche erwarben Grundbesitz und kamen zu Reichtum und Ansehen. 1433 floh Cosimo de'Medici (1389–1464) aus Florenz hierher und ließ während seines Auf-

Die Insel San Giorgio Maggiore liegt dem Dogenpalast gegenüber

enthaltes eine Bibliothek einrichten, die der Barockarchitekt Baldassare Longhena 1614 durch einen eleganten Neubau ersetzte. Ende des 18. Jahrhunderts konfiszierten die Franzosen nach und nach den Klosterbesitz; 1806 wurde der Orden aufgelöst, und im 19. Jahrhundert nutzten die österreichischen Besatzer das Kloster für ihre Zwecke. 1951 erwarb der Italiener Vittorio Cini das Kloster und ließ es restaurieren. Zum Gedenken an seinen Sohn, der 1949 bei einem Flugzeugabsturz ums Leben gekommen war, richtete er dort die Fondazione Giorgio Cini ein. Zwei wunderbare Kreuzgänge – einen davon entwarf Palladio – bilden den Mittelpunkt des Komplexes, zu dem ein 128 Meter langes **Dormitorium**, Longhenas **doppelläufige Treppenanlage** und seine **Bibliothek** sowie das ebenfalls von Palladio geplante **Refektorium** gehören. Die Stiftung befasst sich mit Kunst und Musik und unterhält ein Handwerksatelier.

Vom Campanile bietet sich ein herrlicher Blick auf das Kloster, die Stadt und die Lagune.

200 B1 · Isola di San Giorgio Maggiore · (041) 522 78 27 · April–Sept. tägl. 9.30–12.30 und 14.30–18.30 Uhr; sonst 10–12.30 und 14.30–16 Uhr · 41, 42, 51, 52, 82, San Giorgio · Glockenturm: frei, zurzeit geschlossen

SAN GIORGIO MAGGIORE: INSIDER-INFO

Top-Tipps: Werfen Sie einen Blick auf die **Abfahrtszeiten der *vaporetti***, damit Sie nicht länger als geplant auf der Insel festsitzen.

- Im Teatro Verde auf der Insel finden wunderbare **Sommerkonzerte** statt. Erkundigen Sie sich bei der Touristeninformation von San Marco nach Terminen.
- Wenn Sie sich für Architektur begeistern, können Sie **nach Vereinbarung** die Räumlichkeiten der Fondazione Giorgio Cini besichtigen (Tel. (041) 528 99 00).

Geheimtipp: Schauen Sie sich das bereits beim Bau der Kirche um 1590 entstandene **Chorgestühl** genauer an, es ist mit wunderschönen Holzschnitzereien verziert, die Szenen aus dem Leben des hl. Benedikt zeigen.

Nach Lust und Laune!

2 Museo Civico Correr

Nach etlichen Jahren wurden die Türen geöffnet, die das Museo Civico Correr vom Museo Archeologico (dem Archäologischen Museum) und der Biblioteca Marciana trennten. Heute können Besucher den gesamten Komplex besichtigen, der die oberen Stockwerke der Procuratie Nuove und die Libreria Sansoviniana umfasst (➤ 60). Den Grundstock des Museums bildet Teodoro Corrers Sammlung aus dem 18. Jahrhundert. Sie gibt in erster Linie Auskunft über die Stadtgeschichte Venedigs im 16. und 17. Jahrhundert. Zum Bestand gehören jedoch auch eine Gemäldegalerie im oberen Stockwerk, ein Saal mit Skulpturen von Antonio Canova (1757–1822) und mehrere prachtvolle Räume mit Blick auf die Piazza. Die Ausstellung informiert über die Wahl des Dogen und die Arbeit der venezianischen Werft (Arsenale, ➤ 78f), präsentiert Bronzestatuetten, Münzen, Globen und Kleidungsstücke. Im Obergeschoss illustriert die Quadreria (Gemäldegalerie) die Entwicklung der venezianischen Malerei. Am bekanntesten ist Vittore Carpaccios (um 1460–1525) Bild *Zwei venezianische Damen*, das lange Zeit den Titel *Die Kurtisanen* trug, obgleich es sich um zwei Ehefrauen handelt, die ihre Gatten erwarten.

Es folgen die griechische und die römische Abteilung des Archäologischen Museums und im Anschluss daran die eindrucksvollen Räume der **Biblioteca Marciana**. Eine wunderschöne Decke mit allegorischen manieristischen Gemälden wölbt sich über den alten Handschriften und Büchern.

Der Weg führt zurück ins Museo Correr, das im letzten Teil Ausstellungsstücke zu venezianischen Festen und Spielen sowie Informationen über die Kaufmannsgilden zeigt.

199 E3
Ala Napoleonica, Piazza San Marco
April–Okt. tägl. 9–19 Uhr (letzter Einlass 17.30 Uhr); sonst 9–17 Uhr (letzter Einlass 15.30 Uhr). Biblioteca Marciana und Museo Archeologico: tägl. 9–19 Uhr
1, Vallaresso (San Marco)
teuer

Der Doge Giovanni Mocenigo von Gentile Bellini

3 Caffè Florian

1720 eröffnete Floriano Francesconi unter dem Namen Venezia Trionfante das heutige Caffè Florian. Während der österreichischen Besatzung kehrten die Venezianer gerne hier ein, um nicht mit den feindlichen Offizieren im Caffè Quadri (▶ 64) auf der anderen Seite des Platzes an einem Tisch sitzen zu müssen. Ein Großteil der mit Fresken, hohen Spiegeln und blankem Holz ausgestatteten Räume stammt aus dem Jahr 1859. Marmortische und Polsterstühle stehen auch

Gehobene Kaffeehauskultur im Florian

unter den Arkaden und auf der Piazza, wo ab dem späten Nachmittag ein Orchester aufspielt. Trinken Sie einen Aperitif, einen Cocktail oder eine *cioccolata calda con panna.*

199 F3 · Piazza San Marco 56
(041) 520 56 41
Mai–Okt. tägl. 9.30 Uhr–Mitternacht; sonst Do–Di 9.30 Uhr–Mitternacht
1, Vallaresso (San Marco) · teuer

5 Piazzetta San Marco

Die Piazzetta liegt zwischen der Basilika und der Lagune. Auf dem Höhepunkt der venezianischen Macht gingen hier hochrangige Besucher an Land und erhielten einen ersten Eindruck vom Glanz und der Pracht der Republik. Dem Dogenpalast gegenüber erhebt sich die **Biblioteca Marciana**, die heute zum Museo Civico Correr (▶ 59) gehört. Sie wurde 1537 nach Plänen Sansovinos errichtet, just zu der Zeit, da Venedig sich einen Namen als Druck- und Buchmetropole machte. Die Säulen am Wasser stammen aus dem 12. Jahrhundert, der geflügelte Löwe ist persischer oder syrischer Herkunft. Auf der anderen Säule steht eine Statue des hl. Theodor, des ersten Schutzpatrons der Stadt.

199 F3 · Piazzetta San Marco
Vallaresso (San Marco)

8 Torre dell'Orologio

Zu jeder vollen Stunde versammeln sich Menschenmassen unter dem Renaissance-Uhrturm, der den Eingang zu den Mercerie (▶ 61) bewacht. Der Hauptturm entstand zwischen 1406 und 1506, die Flügel kamen später hinzu. Der Architekt Mauro Coducci platzierte eine Madonna und einen gro-

Für Kinder

Kinder begeistern sich für die **Prigioni Nuove (Neuen Gefängnisse)** im Palazzo Ducale. Wenn Sie die Seufzerbrücke überqueren, können Sie durch die Öffnungen in der Mauer in die düsteren Zellen schauen.

Kleine Kinder **jagen gern die Tauben** auf der Piazza.

Jedes Kind möchte gern einmal auf den **kleinen Marmorlöwen** auf der Piazzetta dei Leoncini reiten.

Die meisten Kinder möchten zum **Campanile** hinauffahren. Die venezianischen Kinder lieben die dritte Säule von links an der Wasserseite des Dogenpalastes. Sie lehnen sich mit dem Rücken an die Säule und versuchen, um sie herumzugehen, ohne auf dem glatten Marmor auszurutschen.

Frühmorgens auf der Piazzetta

ßen goldenen Löwen vor einem mit Sternen verzierten blauen Hintergrund. Darunter befindet sich das Zifferblatt mit Tierkreiszeichen und einem blau-goldenen Mittelteil. In der Regel schlagen zwei riesige Bronzestatuen die Stunde an, doch in der Woche um Himmelfahrt erscheinen aus den Seitentüren Engel und die Weisen aus dem Morgenland.

199 F4 Piazza San Marco
1, Vallaresso (San Marco) frei

9 Mercerie

Seit dem Mittelalter verbindet eine Kette von fünf Straßen die Piazza mit dem Rialto (➤ 108f). Der Name »Mercerie« erinnert daran, dass hier einst Kurzwarenhändler ihre Güter feilboten. Bereits im 17. Jahrhundert beschrieb ein britischer Reisender die Mercerie als eine der herrlichsten Einkaufsstraßen der Welt. Heute reihen sich hier teure Boutiquen an kleine Läden mit Kitsch aller Art. In diesem Shoppingparadies kommt man nur mühsam voran, denn am Durcheinander der Nationen und Sprachen hat sich seit dem Mittelalter nichts geändert.

199 E4 Merceria dell'Orologio, Zulian, San Salvador, 2 Aprile
1, Rialto, Vallaresso (San Marco)
frei

10 Campo Santo Stefano

Der Weg von San Marco zur Accademia (➤ 126ff) führt an einem lang gezogenen Platz mit mehreren Bars und Cafés vorbei, darunter das Paolin (➤ 63) mit der angeblich besten Eiscreme Venedigs. Früher diente der Platz als Stierkampfarena, im Jahre 1802 kamen jedoch mehrere Zuschauer beim Einsturz einer Tribüne ums Leben, und der Sport wurde verboten. Eine Statue erinnert an Nicolò Tommaseo, einen Vorkämpfer des Risorgimento. Am Ostrand des Platzes erhebt sich die Augustinerkirche **Santo Stefano** aus dem 13. Jahrhundert, die im 14. Jahrhundert erneuert und

Sommergefühle auf dem Campo Santo Stefano

im 15. Jahrhundert erweitert wurde. Das Innere mit dem Dach in Form eines Kiels und den farbigen Marmorsäulen, -altären und -böden ist besonders schön. Eine Tafel gedenkt des Dogen Morosini, der die osmanische Pulverkammer in Athen in die Luft sprengen ließ.

198 B3
Chiesa di Santo Stefano
Campo Santo Stefano
(041) 522 50 61
Mo–Sa 8–12 und 16–19 Uhr
Accademia teuer

11 Harry's Bar

In einer schmalen Straße unweit der Piazza liegt eine der berühmtesten Bars Venedigs. Von außen wirkt sie eher unscheinbar, doch auf der Liste der Sehenswürdigkeiten steht sie weit oben. Die meisten Besucher kommen, um die Atmosphäre zu genießen. Wenn Sie schon da sind, sollten Sie auch den Hauscocktail, den berühmten Bellini aus geeistem Pfirsichmus und Prosecco, kosten. Neben Kleinigkeiten wie *polpette* (Frikadellen) steht auch ein Dreigangmenü auf der Speisekarte. Ernest Hemingway verbrachte bei Harry's viel Zeit; Filmstars und andere Berühmtheiten sowie ungezählte Amerikaner und Japaner geben sich die Klinke in die Hand.

199 E3
Calle Vallaresso, San Marco 1323
(041) 528 57 77 tägl. 10–22.30 Uhr
1, Vallaresso (San Marco)
teuer

Harry's Bar bietet dezente Eleganz und natürlich den berühmten Bellini

Venezianische Adressen

Wer in Venedig ein Haus sucht, ohne das Adresssystem zu kennen, ist zu bedauern. Die offizielle Adresse besteht nämlich nur aus dem Namen des *sestiere*, des Stadtteils, und einer Nummer. Nur selten ist eine Straße angegeben. Für das Wort »Straße« existieren die unterschiedlichsten Bezeichnungen. Es gibt nur eine einzige Piazza in Venedig, die Piazza San Marco. Alle übrigen Plätze heißen *campi* (Plural von *campo*), *cortile*, *campielli* (meistens sehr klein) oder *piscine*, wenn sich dort ein Bootsanleger befindet. Straßen heißen *calle*, *ruga* (Einkaufsstraße) oder *salizzada* (Hauptstraße); jedoch *fondamenta*, wenn sie am Wasser entlangführen. Führt eine Gasse unter einem Gebäude durch, nennt man sie *sottoportego*, eine Promenade heißt *riva*, ein aufgeschütteter Kanal *rio terrà*. Ein *rio* ist ein Kanal, ein *ponte* eine Brücke.

Wohin zum …
Essen und Trinken?

Preise
Für ein Essen ohne Getränke:
€ unter 26 Euro **€€** 26–46 Euro **€€€** über 46 Euro

Bàcari, Bars und *Gelaterie*

Agli Assassini €
Der freundliche *bàcaro* eignet sich gut für einen ausgiebigen Imbiss. Auf der Karte stehen venezianische Gerichte sowie *cicheti*. Zu den wechselnden Tagesgerichten gehören Suppen, Hühnchen und Kaninchen, *pasta e fagioli* (Nudeln mit Bohnen), Ochsenmaul und Stockfisch.

198 C4 San Marco 3695, Rio Terrà degli Assassini
(041) 528 79 86
Mo–Fr 11.30–15 und 19 Uhr–Mitternacht, Sa 19 Uhr–Mitternacht
Sant'Angelo

Caffè Aurora €–€€
Das Aurora machte zum Millenniumswechsel Schlagzeilen, als es mit einer jahrhundertealten Tradition brach und eine Frau als Bedienung einstellte. Unabhängig vom Geschlecht, flitzen die Kellner tags wie nachts mit beladenen Tabletts hinaus und hinein.

199 F4
San Marco 48, Piazza San Marco
(041) 528 64 05
Sommer: tägl. 8.30 Uhr–Mitternacht; Winter: Mi–Mo 8.30–19 Uhr
Vallaresso (San Marco)

Caffè Florian €–€€ (➤ 60)

Caffè Lavena €–€€
Das Lavena liegt auf der sonnigeren Seite der Piazza San Marco. Die 250 Jahre alte Innenausstattung mit Spiegeln, Samtstühlen und Murano-Lüstern zieht vor allem Musiker und Liebhaber klassischer Musik an. Auf der Karte stehen Tee, Kaffee, Sandwiches, Kuchen und Kleinigkeiten.

199 F4
San Marco 133, Piazza San Marco
(041) 522 40 70
Sommer: tägl. 8 Uhr–Mitternacht; Winter: Di–So 8 Uhr–Mitternacht
Vallaresso (San Marco)

Paolin Gelateria €
Eine der ältesten und besten *gelaterie* Venedigs mit einer kleinen, aber feinen Auswahl an Eissorten. Das Fruchteis – Aprikose, Melone, Erdbeere, Zitrone – schmeckt erfrischend und nicht zu süß.

198 B3
San Marco 2962/A, Campo Santo Stefano
(041) 522 55 76
Sommer: 8–22.30 Uhr; Winter: Di–So 8–20.30 Uhr
Accademia, San Samuele

Pasticceria Canonica Calussi €
Die traditionsreiche Bäckerei bietet eine gute Auswahl an traditionellem venezianischem Gebäck vom hufeisenförmigen *pan della fortuna* (Glücksbrot) mit Schokoladenstückchen über *zaleti* aus Maismehl und Rosinen bis hin zu den klassischen *baicoli*, die in hübschen Dosen verkauft werden und sich gut als Mitbringsel eignen.

200 B5
San Marco 4324, Campo Santissimi Filippo e Giacomo
(041) 520 85 76
Di–So 9–23 Uhr
San Zaccaria

Rosa Salva €
Im Rosa Salva trinken die Venezianer morgens ihren Cappuccino und essen dazu ihre *brioscia*, ein Stückchen Kuchen oder ein *tramezzino* (dreieckiges Sandwich).

199 D4
San Marco 4589, Campo San Luca
(041) 522 07 10
Mo–Sa 7.40–20.20 Uhr
Rialto

Vitae Bar €

Tagsüber können Sie in der Vitae Bar Kleinigkeiten essen, abends werden Cocktails serviert. Die Sandwiches mit Thunfisch und Oliven, Gorgonzola und *sopressa* (Salami), Krabben und Pilzen schmecken lecker. Es gibt auch Salate und gegrilltes Gemüse, Pasta und größere Gerichte.

199 D4
San Marco 4118, Calle San Antonio
(041) 520 52 05
Mo–Sa 9–2 Uhr
Rialto

Osterie, Pizzerie, Trattorie und *Ristoranti*

Al Bacareto €–€€

Die typische *osteria* bietet Sitzplätze drinnen und im Freien und schöne alte Schwarzweißansichten von Venedig. Kosten Sie *cicheti* wie frittierte Sardinen oder Frikadellen zu einem Glas Wein, oder probieren Sie Pasta – z. B. mit Tintenfisch –, eines der Hauptgerichte und ein Dessert.

199 B3
San Marco 3447, Calle delle Botteghe
(041) 528 93 36
Mo–Fr 8 Uhr–Mitternacht, Sa nur mittags
San Samuele

Antico Martini €€€

Lange Zeit galt das exklusive, teure Antico Martini als Geheimtipp der venezianischen *alta società* (Highsociety), heute kommen auch Gäste aus dem Ausland in das Restaurant mit dem Buona-Accoglienza-Gütezeichen (➤ 38). Sie können Ihr Essen aus der Karte zusammenstellen oder ein Festpreismenü wählen und sich dazu einen hervorragenden Wein servieren lassen. Es gibt regionale Gerichte wie *fegato alla Veneziana con polenta* (Leber auf venezianische Art mit Polenta), aber auch Lachs-Kaviar-Roulade.

199 D3
San Marco 1983, Campo San Fantin
(041) 522 41 21
Do–Mo 12–14.30 und 19–23.30 Uhr, Mi 19–23.30 Uhr; Winter: mittags geschl.
Vallaresso (San Marco)

Fiore €–€€

Das Fiore bietet eine hervorragende Auswahl an *cicheti* – frittierte Sardinen, *baccalà* (Stockfisch), Wurst, Gemüse –, die man bei einem Glas Wein im Stehen am Tresen verzehrt. Sie können auch an einem der Tische Platz nehmen.

199 B3
San Marco 3461, Calle delle Botteghe
(041) 523 53 10
Mi–Mo 11.30–14.30 und 18.30–21.30 Uhr
San Samuele

Harry's Bar €€€ (➤ 62)

Quadri €–€€€

Das Caffè Quadri, ein weiteres berühmtes venezianisches Café an der Piazza San Marco, wurde wieder im Originalstil hergerichtet. Von den Räumen im Obergeschoss blicken Sie auf die Piazza. Das elegante und luxuriöse Restaurant trägt das Buona-Accoglienza-Gütesiegel (➤ 38).

199 F4
San Marco 120, Piazza San Marco
(041) 522 21 05
Caffè: Di–So 9 Uhr–Mitternacht; Restaurant: Di–So 12–14 und 19.15–22 Uhr
Vallaresso (San Marco)

Vino Vino €–€€

Die Weinstube zieht besonders zur Mittagszeit viele Gäste an, denn hier kann man rasch eine Kleinigkeit essen und dazu ein Glas oder eine Flasche Wein trinken. Es gibt ein bis zwei *primi* (Nudeln oder Reis), einige *secondi*, Gemüse und Salat. Die Desserts schmecken sehr lecker. Das Vino Vino hat lange auf, viele Gerichte sind dann aber nicht mehr zu bekommen.

199 D3
San Marco 2007, Campo San Fantin
(041) 523 70 27
Mi–Mo 10 Uhr–Mitternacht
Vallaresso (San Marco)

Wohin zum …
Einkaufen?

Die Straßen rund um San Marco bieten wunderbare Einkaufsmöglichkeiten. Die nächstgelegene *vaporetto*-Haltestelle ist in der Regel Vallaresso.

Kunst, Kunsthandwerk, Antiquitäten

Wenn Sie ein Originalkunstwerk kaufen möchten, sollten Sie Ihr Glück zwischen dem Park und dem Canal Grande (Giardini ex Reali, zwischen Piazza San Marco und ACTV Vallaresso) versuchen, wo viele Künstler ihre Arbeiten ausstellen. **Mirabilia Studio D'Arte** (San Marco 3084, Tel. (041) 523 95 70 oder 0335 20 71 67) zeigt und verkauft nach Terminabsprache kleine Bronzeskulpturen. **Venetia Studium** (San Marco 2403–6, Calle Larga XXII Marzo, Tel. (041) 522 92 81) bietet eine gute Auswahl handbedruckter Seiden- und Samtaccessoires. **Claudio Gianolla** (San Marco 2766, Calle Spezier, Tel. (041) 521 26 52) erinnert an ein Museum. Hier finden Sie hochwertiges und sehr geschmackvolles antikes Glas. **Giocondo Cassini** (San Marco 2424, Via XXII Marzo, Tel. (041) 31 18 15) ist eine Fundgrube für Liebhaber alter Bücher, Drucke und Karten.

Bücher und Papierwaren

Legatoria Piazzesi (San Marco 2511, Campiello della Feltrina, Tel. (041) 522 12 02, *vaporetto:* Santa Maria del Giglio) verkauft außergewöhnlich schöne papierüberzogene Objekte. Handmarmoriertes Papier, Spielkarten, papierüberzogene Objekte und Seidenaccessoires finden Sie bei **Alberto Valese** (San Marco 3331, Salizzada San Samuele, Tel. (041) 520 09 21, *vaporetto*: San Samuele, Sant'Angelo).

Die **Cartoleria Testolini** führt Papierwaren aller Art (San Marco 1744, Bacinorseolo, Tel. (041) 522 30 85), ebenso **A Pietrobon** (San Marco 4233, Campo Manin, Tel. (041) 522 58 27, *vaporetto:* Sant'Angelo), ein Laden mit vernünftigen Preisen.

Bücher über moderne Kunst und Malerei erhalten Sie bei **Fantoni** (San Marco 4119, Salizzada San Luca, Tel. (041) 522 07 00, *vaporetto:* Rialto). Die **Libreria Studium** (San Marco 337, Calle Canonica, Tel. (041) 522 23 82) verkauft Karten, Reiseführer und fremdsprachige Literatur.

Im **APT Venice Pavilion** (San Marco, Giardinetti Reali, Tel. (041) 522 51 50) im Palazzina del Santi gibt es Bücher über Venedig und wunderschönes Kunsthandwerk.

Mode

Ein Bummel durch die Boutiquen Venedigs macht garantiert Spaß, auch wenn Sie nichts kaufen. Hier die Adressen einiger bekannter Marken: **Giorgio Armani Collection** (San Marco 4412, Calle Goldoni, Tel. (041) 523 47 58); **Emporio Armani** (San Marco 989, Calle dei Fabbri, Tel. (041) 523 78 08); **Laura Biagiotti** (San Marco 2400, Calle Larga XXII Marzo); **Fendi** (San Marco 1474, San Moisè, Tel. (041) 520 57 33); **Gucci** (San Marco 258, Merceria dell'Orologio, Tel. (041) 522 91 19); **Bruno Magli** (San Marco 1302, Calle Vallaresso, Tel. (041) 522 72 10); **Mandarina Duck** (San Marco 193, Merceria dell'Orologio, Tel. (041) 522 33 25); **Max Mara** (San Marco 268, Merceria dell'Orologio, Tel. (041) 522 66 88); **Missoni** (San Marco 1312, Calle Vallaresso, Tel. (041) 520 57 33); **Prada** (San Marco 1469, Salizzada San Moisè, Tel. (041) 528 39 66); **Fratelli Rossetti** (San Marco 1477, San Moisè, Tel. (041) 522 08 19); **Valentino** (San Marco 1473, San Moisè, Tel. (041) 520 57 33); **Gianni Versace** (San Marco 1462, Campo San Moisè, Tel. (041) 520 00 57).

Glas, Perlen, Schmuck

L'Isola (San Marco 1468, Campo San Moisè, Tel. (041) 523 19 73; Fax

(041) 522 31 18) führt Glasobjekte von Marlo Moretti in klaren Formen und leuchtenden Farben. **Pauly** (San Marco 73, 77, 316, Piazza San Marco, Tel. (041) 523 98 99) verkauft handgefertigte edle Einzelstücke aus Glas. Besuchen Sie das Lager von Pauly am Ende der Calle Larga San Marco gleich bei der Piazza. **Roby** (San Marco 289–305, Piazza San Marco, Tel. (041) 277 07 39) ist voll mit Glasgegenständen aller Stilrichtungen. **Venini** (San Marco 314, Piazzetta dei Leoncini – Piazza San Marco, Tel. (041) 522 40 45) bietet vor allem Glas in modernem Design.

Perle e Dintorni (San Marco 3748, Calle della Mandola sowie San Marco 5468, Calle della Bissa, Tel. (041) 520 50 68/522 56 24, *vaporetto:* Sant'Angelo) hat die hübschesten Auslagen der Stadt. Sie können fertige Ketten oder einzelne farbige Glasperlen erwerben. **Costantini** (San Marco 2627, Calle Zaguri, Tel. (041) 521 07 89, *vaporetto*: Santa Maria del Giglio) führt eine kleine, aber sehr schöne Auswahl loser Glasperlen.

Haushaltswaren, Tisch- und Bettwäsche

Der bekannteste Wäsche- und Spitzenladen in Venedig ist **Jesurum** (San Marco 4857, Merceria del Capitello, Tel. (041) 520 61 77, *vaporetto:* Rialto). Das **La Fenice Atelier** (San Marco 1862, Calle dei Frati, Tel. (041) 523 05 78, *vaporetto*: Sant'Angelo) verkauft exquisites Leinen aus Umbrien. **Frette** (San Marco 2070/a, Calle Larga XXII Marzo, Tel. (041) 522 49 14) ist bekannt für Badetücher, Bett- und Tischwäsche.

Bei **Domus** (San Marco 4746, Calle dei Fabbri, Tel. (041) 522 62 59, *vaporetto:* Rialto) gibt es wunderschöne italienische Accessoires für Küche und Esszimmer. **Epicentro** (San Marco 932, Calle dei Fabbri, Tel. (041) 522 68 64, *vaporetto:* Rialto) ist der richtige Laden für Fans von Alessi und Illy-Tassen. **Rigattieri** (San Marco 3536, Calle dei Frati, Tel. (041) 523 10 81, *vaporetto:* Sant'Angelo) hat sich auf ausgefallene und teure Tischwäsche und Küchenutensilien spezialisiert.

Wohin zum … Ausgehen?

Ein Besuch der Piazza San Marco lohnt sich auch am Abend, wenn die Orchester der großen Cafés um die Wette spielen.

Wenn Sie spätabends schick essen möchten, empfiehlt sich die **Martini Scala Piano Bar** (San Marco 1983, Campo San Fantin, Tel. (041) 522 41 21, geöffnet Mi–Mo 22–2 Uhr, *vaporetto:* Vallaresso/San Marco). Hier speisen Sie in intimer Atmosphäre.

Weniger elegant geht es bei dennoch guter Musik im **Bàcaro Jazz** zu (San Marco 5546, Salizzada dei Tedeschi, Tel. (041) 528 52 49, geöffnet Do–Di 11–2 Uhr, *vaporetto*: Rialto). Cocktails und Kleinigkeiten gibt es in der **Vitae Bar** (➤ 64), im **Vino Vino** (➤ 64) bekommen Sie eine gute Flasche Wein, bei **Paolin** (➤ 63) ein leckeres Eis als Dessert.

Theaterfreunde können das **Teatro Goldoni** (San Marco 4650, Calle Goldoni, Tel. (041) 520 54 22, *vaporetto:* Rialto) besuchen, Venedigs erste Adresse für italienische und internationale Bühnenstücke in italienischer Sprache. Im **Teatro Verde** auf San Giorgio Maggiore finden während der Biennale Aufführungen statt (Tel. (041) 271 02 06 oder (041) 521 87 11; ➤ 42).

Die **Scuola Grande di San Teodoro** (Salizzada San Teodoro, Tel. (041) 528 65 24, *vaporetto:* Rialto) und die Kirche **San Bartolomeo** (Campo San Bartolomeo, Tel. (041) 277 05 61, *vaporetto:* Rialto) veranstalten klassische Konzerte.

Castello

Erste Orientierung

Castello, der größte *sestiere* Venedigs, zieht sich von San Marco und Cannaregio im Westen bis zu den Inseln San Pietro und Sant'Elena im Osten. Der Name leitet sich vom *castello* ab, der alten Festung, die einst auf San Pietro stand. Bis 1807 bildete die Insel wegen ihrer Kathedrale das religiöse Zentrum der Stadt, seitdem ist jedoch San Marco die katholische Hauptkirche Venedigs. In Castello standen dagegen Industrie und Handwerk im Mittelpunkt, denn auf der großen Werft, dem Arsenale, liefen jahrhundertelang Kriegs- und Handelsschiffe vom Stapel. Heute bietet Castello interessante Sehenswürdigkeiten, historische Kirchen und Museen sowie verträumte Ecken, die einen guten Eindruck vom venezianischen Alltag vermitteln.

An der Riva degli Schiavoni drängen sich Touristen und Souvenirstände. Hier beginnt der lange Kai Castellos, an dem man bis zur ruhigen, grünen Insel Sant'Elena entlangwandern kann. Im östlichen Abschnitt liegt – nach wie vor im militärischen Sperrgebiet – der Arsenale, der nach Osten hin von schmalen Gassen, gen Westen vom Arbeiterviertel rund um die Via Giuseppe Garibaldi begrenzt wird, einem der authentischsten Gebiete Venedigs. Nördlich der Riva führen enge Sträßchen über Brücken und belebte *campi* (Plätze) zur großen Kirche Santi Giovanni e Paolo und den Fondamente Nuove. Von

In Seitenkanälen spiegeln sich die Häuser von Castello

★ Nicht verpassen!

1. **Riva degli Schiavoni ➤ 72**
4. **Scuola di San Giorgio degli Schiavoni ➤ 74**
8. **Kirche und *campo* Santi Giovanni e Paolo ➤ 76**

Seite 67: Festgondel aus Castello

Nach Lust und Laune!

2. Hotel Danieli ➤ 78
3. San Giovanni in Bràgora ➤ 78
5. Arsenale ➤ 78
6. Museo Storico Navale ➤ 79
7. Giardini Pubblici ➤ 79
9. Museo Diocesano d'Arte Sacra ➤ 80
10. San Zaccaria ➤ 80
11. San Giorgio degli Greci ➤ 81

Nachmittagssonne an der breiten Riva degli Schiavoni

dort aus schaut man auf den nördlichen Teil der Lagune. Die Museen und übrigen Kirchen in Castello blicken auf eine lange Geschichte zurück, und noch immer gibt es in dem Bezirk viele alteingesessene Handwerksbetriebe, die einen Erkundungsgang lohnen. Abends können Sie in einem der guten Restaurants essen und danach von der Riva aus den Blick auf die Stadt genießen.

Lernen Sie den venezianischen Alltag in einem weniger überlaufenen *sestiere* kennen, und besuchen Sie interessante Museen.

Castello an einem Tag

9 Uhr

Beginnen Sie Ihren Rundgang an der breiten **Riva degli Schiavoni** (➤ 72f) mit einem Panoramablick über das San-Marco-Becken. Auch die Seufzerbrücke (rechts, ➤ 72) können Sie frühmorgens am besten fotografieren.

10 Uhr

Spazieren Sie von der Riva aus nordwärts über den Campo Bandiera e Moro mit der Kirche San Giovanni in Bràgora, und bewundern Sie die Carpaccio-Gemälde in der **Scuola di San Giorgio degli Schiavoni** (➤ 74f).

11.15 Uhr

Gehen Sie zurück zur Riva, und laufen Sie nach Osten zur Via Giuseppe Garibaldi, einer breiten Straße aus dem 19. Jahrhundert im Herzen von Castello. Schauen Sie sich auf halbem Weg die Garibaldi-Statue an der gleichnamigen Straße an, und schlendern Sie anschließend weiter zu den Marktständen und Gemüsebooten am Kai.

12 Uhr

Machen Sie es wie die Einheimischen, und essen Sie in der Trattoria dai Tosi (Castello 738, Secco Marina, Tel. (041) 523 71 02) zu Mittag. Die beliebte Pizzeria mit Ristorante mitten im Arbeiterviertel bietet eine willkommene Abwechslung zu den üblichen Touristenlokalen.

13.30 Uhr

Legen Sie in den **Giardini Pubblici** (oben, ➤ 79) eine kleine Pause ein. In Teilen des Parks findet im Zweijahresabstand (in ungeraden Jahren) die bekannte Biennale Internazionale d'Arte statt (➤ 42).

14.30 Uhr

Fahren Sie mit dem *vaporetto* von den Giardini um die Ostspitze Castellos herum an den Inseln Sant'Elena und San Pietro vorbei, zwei Vierteln, die durchaus einen Erkundungsgang wert sind. Steigen Sie am Ospedale Civile aus, und gehen Sie nach Süden.

15.30 Uhr

Nehmen Sie sich Zeit für die Dominikanerkirche **Santi Giovanni e Paolo** (➤ 76f), einen imposanten Sakralbau, in dem immerhin 25 Dogen bestattet wurden. Große Grabmäler erinnern an bedeutende venezianische Persönlichkeiten wie Pietro Mocenigo. Auf dem *campo* mit Verocchios Reiterstandbild können Sie sich bei einem Cappuccino entspannen.

17 Uhr

Gehen Sie über den Campo Santa Maria Formosa, den Campo San Zaccaria (➤ 80) und **San Giorgio degli Greci** (➤ 81) zurück zur Riva. Wenn Sie Labyrinthe mögen, werden Sie im Gewirr der Gässchen Ihren Spaß haben.

20 Uhr

Essen Sie in einem der besten Fischrestaurants Venedigs zu Abend, im Corte Sconta (Castello 3886, Calle del Pestrin, Tel. (041) 522 70 24).

Riva degli Schiavoni

Der breite Uferstreifen der Riva degli Schiavoni führt vom Palazzo Ducale aus am San-Marco-Becken entlang zum Rio Ca' di Dio und weiter bis zur Insel Sant'Elena. Nach Osten hin ändert die reizvolle Promenade ihren Namen und wird nacheinander zur Riva di Ca' di Dio, zur Riva San Biagio und Riva dei Sette Martiri. Einheimische und Urlauber frequentieren den Kai, der zu den Verkehrsknotenpunkten der Stadt gehört. Hier legen *vaporetti* ab, die in andere Teile Venedigs oder zu weiter entfernten Inseln fahren. Schlendern Sie an den Souvenirständen vorbei, die allen erdenklichen Kitsch anbieten, schlecken Sie ein – ziemlich überteuertes – Eis, oder genießen Sie einfach einen der besten Panoramablicke auf die Stadt.

Der Name der Riva erinnert an die Slawonier (Schiavoni), die hier in den frühen Tagen der Republik ankamen. Bis 1780 befand sich an der Stelle der heutigen Promenade ein schmaler Kai, an dem zahlreiche Boote und Gondeln anlegten. Nachdem man ihn verbreitert und mit istrischem Stein gepflastert hatte, entwickelte er sich rasch zu einer der beliebtesten Flaniermeilen.

Beginnen Sie Ihren Rundgang an den Stufen des **Ponte della Paglia (Strohbrücke)**, an dem einst schlichte, aus Binsen gefertigte Boote ankerten. Von hier aus blicken Sie genau auf den **Ponte dei Sospiri (Seufzerbrücke)**, der ab dem 17. Jahrhundert den Dogenpalast mit den Prigioni Nuove verband (► 53ff).

Wenn Sie zwei weitere Brücken passiert haben, erreichen Sie die Kirche **La Pietà**, auch Santa Maria della Visitazione oder Vivaldi-Kirche (► Kasten gegenüber) genannt. Nach dem Tod des Komponisten begann man mit dem Bau, der jedoch erst im Jahre 1706 fertig gestellt wurde. Die Fassade wurde 1906 hinzugefügt. Heute dient die Kirche in erster Linie als Veranstaltungsort für Vivaldi-Konzerte. Die weiß-goldene Innenausstattung bildet einen perfekten Rahmen für Tiepolos Deckengemälde *Der Triumph des Glaubens*.

Unten: Die Riva wirkt noch immer so wie auf Canalettos Bildern (18. Jahrhundert)

RIVA DEGLI SCHIAVONI: INSIDER-INFO

Top-Tipps: Den Touristenscharen entkommen Sie nur, wenn Sie die Riva frühmorgens oder spätabends aufsuchen.
- Prüfen Sie sorgfältig Fahrtrichtung und Nummer, bevor Sie einen *vaporetto* besteigen – auf vielen Linien geht es wegen des großen Andrangs hektisch zu.

KLEINE PAUSE

Lassen Sie die überteuerten Bars an der Riva links liegen, und begeben Sie sich in die traditionelle *trattoria* **Alla Rivetta** (Castello 4625, Ponte San Provolo, Tel. (041) 528 73 02).

Santa Maria della Visitazione (La Pietà)

200 C3–201 D3 Riva degli Schiavoni (041) 523 10 96 geöffnet bei Konzerten und im Sommer zuweilen morgens 1, 41, 42, 51, 52, 82, San Zaccaria frei

Auf dem Ponte della Paglia geht es nur langsam voran

Vivaldi und die venezianische Musik

Die Musik Antonio Vivaldis (1678–1741) ist untrennbar mit der Geschichte Venedigs und der Kirche La Pietà verbunden. Der kränkliche Knabe wurde für das Priesteramt ausgebildet und erhielt später wegen seiner roten Haare und seines roten Gewandes den Spitznamen *prete rosso* (roter Priester). Ab 1703 arbeitete er im Ospedale della Pietà, einem Findel- und Waisenheim, als Geigenlehrer. Er schrieb eine Reihe von Stücken für die dort lebenden Mädchen, die diese während der Messen vor einem begeisterten Publikum aufführten. Vivaldi wurde dadurch berühmt und konnte sich fortan ganz dem Komponieren widmen. Er starb 1741 in Wien, blieb der Pietà jedoch bis zu seinem Tod stets verbunden.

4

Scuola di San Giorgio degli Schiavoni

Von den drei venezianischen *scuole* (➤ 114f) mit ihren noch erhaltenen Kunstschätzen ist die Scuola degli Schiavoni mit Sicherheit die schlichteste und zieht vielleicht gerade deshalb so viele Besucher an. Das kleine, innen etwas schummrige, aber sehr anheimelnde Gebäude liegt versteckt neben einer Brücke an einem Seitenkanal. Es birgt einige der schönsten Bilderzyklen des berühmten Renaissancemalers Carpaccio.

Ab 1420 beherrschte Venedig die Region Dalmatien (das heutige Kroatien). Seit jener Zeit lebten viele *schiavoni* in der Lagunenstadt, und schließlich bildeten sie eine so große und wohlhabende Gemeinde, dass sie den Rat baten, eine eigene Bruderschaft gründen zu dürfen, die einzige, der nur Menschen gleicher Herkunft angehören durften. 1451 entstanden die Scuola und ein Versammlungssaal neben der Kirche San Giovanni in Malta. Im Jahre 1502 beauftragte man Vittore Carpaccio (➤ 22), der bereits mit seinem Zyklus zum Leben der hl. Ursula (➤ 127) Berühmtheit erlangt hatte, das Gebäude mit Szenen aus dem Leben der dalmatischen Schutzpatrone, der Heiligen Georg, Trifon und Hieronymus, zu verzieren.

Zwei Bilder widmete der Maler dem **hl. Georg**. Das eine zeigt ihn, wie er inmitten einer von grausig verstümmelten Leichen übersäten Landschaft den Drachen tötet. Vom rechten Bildrand aus blickt die Königstochter zu, die dem Drachen hatte geopfert werden sollen. Vor den Toren der Stadt macht Georg im zweiten Bild der Bestie ein Ende, ehe er die Eltern der Prinzessin durch Taufe zum Christentum bekehrt. Das ***Trifonswunder*** stellt den gleichnamigen Heiligen dar, der seinerseits eine Fürstentochter aus den Klauen eines Teufels in Gestalt eines Furcht einflößenden Basilisken befreit. ***Die Berufung des hl. Matthäus*** und das Bild ***Jesus auf dem Ölberg*** haben keinen Bezug zur dalmatischen Geschichte. Die rechte Wand der Halle widmet sich dem Leben des **hl. Hieronymus**, der zu den Kirchenvätern zählt und die Bibel ins Lateinische übersetzte. Auf dem ersten Bild führt Hieronymus einen Löwen, der sich die Pfote an einem Dorn verletzt hat, ins Kloster, während die übrigen Mönche entsetzt fliehen. Der Legende nach wurde der Löwe zum treuen Gefährten und ständigen Begleiter des Heiligen, nachdem dieser ihn verarztet hatte. Er ist auch auf dem nächsten Gemälde zu sehen, das den Tod des Heiligen zeigt. Auf dem letzten Bild wird Augustinus, der inmitten typischer

Die harmonische Renaissancefassade der Scuola di San Giorgio degli Schiavoni

SCUOLA DI SAN GIORGIO DEGLI SCHIAVONI: INSIDER-INFO

Top-Tipps: **Lassen Sie Ihren Augen Zeit**, sich an das gedämpfte Licht in der Scuola zu gewöhnen.

• Gehen Sie ins **Obergeschoss**, um die typische Scuola-Halle zu betrachten.

Außerdem: Die Bilder hingen ursprünglich im oberen Stockwerk und befinden sich erst seit 1551 an Ort und Stelle. **Ihre Reihenfolge** entspricht nicht der chronologischen Ordnung ihres Entstehens. Die beiden ersten Bilder auf der linken Seite (1507) sind dem hl. Georg gewidmet, dann folgen die ebenfalls 1507 als Letzte gemalten Szenen aus dem Leben des hl. Trifon. Es schließen sich die beiden ältesten Gemälde (1501) an, die Matthäus und Jesus auf dem Ölberg zeigen. Ganz rechts befindet sich der Hieronymuszyklus (1502).

Oben: ***Die Studierstube*** **von Vittore Carpaccio**

Symbole der Renaissancekultur mit seinem kleinen weißen Hund in seinem Studierzimmer sitzt, die Vision vom Tod des hl. Hieronymus zuteil.

Besonders beeindrucken die zahlreichen Details, die jedem Zentimeter der großflächigen Darstellungen eigene Bedeutung und eigenen Charme verleihen. Wer die Bilder einmal gesehen hat, erinnert sich meist noch lange Zeit danach an Einzelheiten.

KLEINE PAUSE

Nehmen Sie im **Alle Alpi** (Castello 2877, Corte Nuova, Tel. (041) 528 51 63), nördlich der Scuola, einen Imbiss ein.

201 D4 Castello 3259, Calle dei Furlani (041) 522 88 28
April–Okt. Di–Sa 9.30–12.30 und 15.30–18.30 Uhr, So 9.30–12.30 Uhr; sonst Di–Sa 10–12.30 und 15–18 Uhr, So 10–12.30 Uhr
1, 41, 42, 51, 52, 82, San Zaccaria preiswert

8

Kirche und *campo* Santi Giovanni e Paolo

Die große gotische Kirche Santi Giovanni e Paolo steht auf einem der weitläufigsten Plätze Venedigs. Von dem wunderbaren, L-förmigen *campo* aus können Sie die Architektur der Kirche und die prachtvolle Renaissancefassade der Scuola Grande di San Marco in Ruhe auf sich wirken lassen. Auch das Reiterstandbild des Söldnerkommandanten Colleoni (unten), die Läden und Bars am Platz und der Kanal, der an einer Seite entlangführt, haben ihren Reiz.

Neben der Frari (➤ 112f) ist Santi Giovanni e Paolo die größte gotische Kirche Venedigs. Sie entstand zwischen 1246 und 1430 für den Dominikanerorden und wird auch »Pantheon Venedigs« genannt, weil hier jahrhundertelang die Totenfeiern für die Dogen stattfanden. Viele Dogen und weitere bekannte Persönlichkeiten wurden hier beigesetzt. Der Blick auf den großen, nur von einigen Säulen untergliederten **Innenraum** ist völlig unverstellt. Grabmäler bedeutender venezianischer Renaissancekünstler säumen die Wände, viele stammen aus der Werkstatt Lombardo. Maler wie Giovanni Bellini (1430–1516), Lorenzo Lotto (1480–1556) und Veronese (1528–88) hinterließen ihre Spuren.

Von der Brücke aus sieht man Santi Giovanni e Paolo am besten

Reiterstandbild von Colleoni

Der *condottiere* (Söldnertruppenführer) Bartolomeo Colleoni (1400–76) vermachte der Republik Venedig seinen gesamten Besitz, forderte dafür jedoch ein Reiterstandbild seiner Person vor der Basilica di San Marco. Die Venezianer freuten sich über das

Andrea Verrocchios Reiterstandbild des Bartolomeo Colleoni

Gedämpft fällt das Licht ins Innere von Santi Giovanni e Paolo

Lebend gehäutet

Schauen Sie sich das Marcantonio-Bragadin-Denkmal an. 1571 musste sich der Venezianer bei Famagusta den Türken ergeben. Sie schnitten ihm die Ohren ab, häuteten ihn bei lebendigem Leibe und trugen die mit Stroh ausgestopfte Hülle seiner Haut durch die Stadt, ehe sie den Leichnam nach Konstantinopel brachten. Schließlich wurde er nach Venedig überführt, wo seine Urne heute steht.

Geld, dachten aber gar nicht daran, einen Ortsfremden auf ihrem Hauptplatz zu würdigen, und stellten die Statue 1496 deshalb nicht vor der Kirche, sondern vor der Scuola Grande di San Marco auf. Das Standbild des stolz und kriegerisch wirkenden Condottiere stammt von dem Florentiner Andrea Verrocchio (1435–88) und gilt als eines der schönsten Norditaliens.

Scuola Grande di San Marco

Die Familie Lombardo schuf den größten Teil der berühmten Fassade der Scuola Grande di San Marco, einer der bedeutendsten *scuole* (► 114f) Venedigs. 1495 entstanden die mächtigen Trompe-l'Œil-Tafeln aus Marmor mit Szenen aus dem Leben des hl. Markus. In den Gebäuden hinter der Fassade befindet sich heute ein Krankenhaus, weshalb permanent Besucher, Patienten, Pfleger und Ärzte ein- und ausgehen.

KLEINE PAUSE

Entspannen Sie sich in einer der Bars am Campo Santi Giovanni e Paolo.

Santi Giovanni e Paolo 194 C2 · Campo Santi Giovanni e Paolo · (041) 523 75 10 · Mo–Sa 9–12.30 und 15.30–18 Uhr, So 15–18 Uhr · 41, 42, 51, 52, 12, 13, Fondamenta Nove; 41, 42, 51, 52, Ospedale · preiswert

KIRCHE UND *CAMPO* SANTI GIOVANNI E PAOLO: INSIDER-INFO

Top-Tipp: Im Innern ist es düster, besuchen Sie die Kirche deshalb lieber an einem **sonnigen Tag**.

Ein Muss:

• Mocenigo-Grabmal • Morosini-Grabmal • Vendramin-Grabmal • Marcello-Grabmal • Eck-Grabmal • *Der hl. Vinzenz Ferrer* von Giovanni Bellini • Deckengemälde von Veronese in der Cappella del Rosario • *Der hl. Antonius Pierozzi verteilt Almosen* von Lorenzo Lotto

Nach Lust und Laune!

Die gotische Fassade des Hotels Danieli

2 Hotel Danieli

Tausende von Touristen gehen täglich am Hotel Danieli (➤ 36) vorbei, doch nur wenige können sich einen Aufenthalt in dem Luxushotel leisten. Die Zimmer sind mit Antiquitäten möbliert, spiegelglatter Marmor bedeckt die Böden, Fortuny-Gobelins hängen an den Wänden. Das Hotel wurde im 19. Jahrhundert im gotischen Palazzo Dandolo eröffnet, an den sich der Name des Hotels anlehnen könnte. Vielleicht bezieht er sich aber auch auf Guiseppe dal Niel, der im 19. Jahrhundert viele besonders illustre Gäste anzog. Dickens, Proust, Georges Sand, Balzac und Wagner übernachteten hier, außerdem natürlich auch Staatsgäste und berühmte Persönlichkeiten aus aller Welt. 1948 entstand – erstmals seit dem 12. Jahrhundert an dieser Stelle – ein nüchterner Anbau aus Stein.

200 B3
Castello 4196, Riva degli Schiavoni
(041) 522 64 80
1, 41, 42, 51, 52, 82, San Zaccaria

3 San Giovanni in Bràgora

An einem ruhigen Platz steht San Giovanni in Bràgora, ein schlichter gotischer Sakralbau, der 1475 an der Stelle einer älteren Kirche entstand. Bekannt wurde San Giovanni als Taufkirche des Komponisten Antonio Vivaldi (➤ 73), dessen Name im Taufregister zu lesen steht. Werfen Sie einen Blick auf die beiden Bilder der Familie Vivarini und die zwei Gemälde von Cima da Conegliano (um 1460–1508), besonders die schöne *Taufe Christi* über dem Altar mit Landschaftsdetails aus der Heimat des Künstlers.

201 D3 **Campo Bandiera e Moro**
(041) 520 59 06
Mo–Fr 8.30–11 und 15.30–18.30 Uhr, Sa 8.30–11 Uhr, So 8.30–12 Uhr
1, 41, 42, Arsenale
frei

5 Arsenale

Der Arsenale, die große Werft Venedigs, bildete lange Zeit den ökonomischen Mittelpunkt der Stadt. Hier wurden ab dem 12. Jahrhundert die berühmten venezianischen Langschiffe gebaut, ausgestattet und repariert. Das Wort *arsenale* leitet sich von dem arabischen Begriff *Dar Sina'a* (Arbeitsplatz) ab. Während der Blütezeit waren hier 16 000 Arbeiter tätig, die innerhalb weniger Stunden ein ganzes Schiff zu bauen vermochten. 1917 wurde die Werft stillgelegt; nach wie vor ist sie – von wenigen Ausnahmen abgesehen – militärisches Sperrgebiet. Die große Corderia (Seilerei) dient während der Biennale (► 42) als Ausstellungsraum. Das mächtige Tor von Gambello, das erste klassische Renaissance-Bauwerk Venedigs, entstand im Jahre 1460. Zwei der vier Löwen zu beiden Seiten des Tores kamen 1687 aus Athen nach Venedig. Beachten Sie die seltsamen Schriftzeichen an der Flanke des größeren Tieres: Es handelt sich um Runeninschriften norwegischer Söldner aus dem 11. Jahrhundert.

201 E3 **Campo dell'Arsenale**
Seilerei: während der Biennale für Ausstellungen
1, 41, 42, Arsenale
Seilerei: je nach Ausstellung

6 Museo Storico Navale

Nirgendwo sonst erfahren Sie so viel über die einstige Seemacht wie hier (oben). Die Sammlung präsentiert Modellschiffe, nautische Instrumente, Uniformen, Kanonen, Torpedos und vieles mehr. Den Grundstock des 1815 eröffneten Museums bildeten die Schiffsmodelle des Arsenale, hinzu kamen Erinnerungsstücke der venezianischen Flotte und andere Objekte. Zu den Juwelen gehören die Gondeln, darunter ein *bucintoro* (jene Festgondel, von der aus der Doge am Himmelfahrtstag die Verbindung Venedigs mit dem Meer feierte) und die letzte Privatgondel Venedigs, die Peggy Guggenheim gehörte (► 130f).

201 E2
Castello 2148, Campo San Biagio
(041) 520 02 76 **Mo–Sa 8.45–13.30 Uhr**
1, 41, 42, Arsenale
preiswert

Für Kinder

Wenn Ihre Kinder sich einmal ordentlich austoben wollen, sind Sie in den **Giardini Pubblici** und im Parco delle Rimembranze genau an der richtigen Adresse.

Die Modellschiffe und Gondeln im **Museo Storico Navale** sind bei fast allen Altersgruppen beliebt.

Aufopferungsbereite Eltern können mit ihren fußballbegeisterten Sprösslingen am Sonntagnachmittag ein Spiel auf dem **Campo Sportivo** auf Sant'Elena besuchen.

7 Giardini Pubblici

Bei den Giardini Pubblici, dem Stadtpark Venedigs, sollten Sie den Maßstab etwas niedriger ansetzen als bei den Grünanlagen anderer Städte. Napoleon ließ für den Park ein Sumpfgebiet trockenlegen und mehrere Kirchen abreißen. In der Anlage stehen mehrere große Pavillons der Biennale (► 42), doch bleibt genügend Platz, um sich unter schattigen Bäumen auf dem Rasen oder den überall verstreuten Bänken niederzulassen und bei einem Picknick die wunderbare Aussicht zu genießen.

202 B2
Giardini Pubblici
1, 41, 42, 51, 52, 82, Giardini
frei

Dekadentes Kloster

Zu **San Zaccaria** gehörte ein Benediktinerkloster, in das viele reiche Venezianer ihre Töchter steckten, um die Mitgift zu sparen. Entsprechend wenig fromm ging es dort zu, denn die jungen Damen dachten gar nicht daran, ihren Lebenswandel zu ändern. Besonders berüchtigt waren die Salons, die sie während der Besuchszeiten abhielten. Einen Eindruck davon vermittelt Guardis Bild *Der Nonnensalon* in der Ca' Rezzonico (➤ 134).

9 Museo Diocesano d'Arte Sacra

Die Sammlung des Museo Diocesano d'Arte Sacra (Diözesanmuseum für Sakralkunst) bietet bei jedem Besuch etwas Neues, denn sie umfasst Kunstwerke, die ihrer Restaurierung harren, Stücke aus geschlossenen Kirchen und wieder aufgefundene Kirchenschätze. Im Untergeschoss sind Skulpturen, Silber und ähnliche Objekte, im oberen Stockwerk Wechselausstellungen zu sehen. Viele Besucher kommen auch, um den wunderschönen Kreuzgang aus dem 14. Jahrhundert, den einzigen romanischen der Stadt, zu bewundern.

200 A4
Castello 4312, Ponte della Canonica
(041) 522 91 66
Mo–Sa 10.30–12.30 Uhr
1, 41, 42, 51, 52, 82, San Zaccaria
Spende erbeten

10 San Zaccaria

Nur wenige Schritte von der belebten Riva entfernt, steht die Kirche San Zaccaria, ein besonders schönes Beispiel für die venezianische Architektur der Gotik und Renaissance. Die Kirche entstand im 9. Jahrhundert für die sterblichen Überreste des hl. Zacharias. Die Reliquie des Vaters von Johannes dem Täufer liegt noch immer unter dem zweiten Altar auf der rechten Seite. Im Laufe der Zeit wurde die Kirche mehrfach wieder aufgebaut – zum letzten Mal 1444 – und erweitert. Sie vereint deshalb Elemente unterschiedlicher Epochen, vom gotischen Innenraum bis hin zur überwiegend im Stil der Renaissance gehaltenen Fassade. Im Innern bedecken Gemälde aus dem 17. und 18. Jahrhundert nahezu jeden Zentimeter Wand. Über dem zweiten Altar auf der linken Seite hängt Giovanni Bellinis heitere *Madonna mit Kind und Heiligen* (1506). Durch das rechte Querschiff gelangt man in die Athanasius- und die Tarasiuskapelle, in der ein früher Tintoretto und drei schöne Altarstücke von Antonio Vivarini (1415–84) und Giovanni d'Alemagna aus dem 15. Jahrhundert hängen. Hier sieht man eindrucksvoll, wie stark der Wasserpegel in den vergangenen Jahrhunderten gestiegen ist.

Giovanni Bellinis berühmte *Madonna mit Kind und Heiligen* spielt mit Licht und Farben

200 C3
Campo San Zaccaria
(041) 522 12 57
Mo–Sa 10–12 und 16–18 Uhr, So 11–12 und 16–18 Uhr
1, 41, 42, 51, 52, 82, San Zaccaria
preiswert

11 San Giorgio degli Greci

Seit dem 11. Jahrhundert lebten Griechen in Venedig, darunter viele Gelehrte, Schriftsteller und Kaufleute. Nach der Eroberung Konstantinopels durch die Türken im Jahre 1453 nahm ihre Zahl stark zu, und 1526 erhielten sie die Erlaubnis, eine eigene Kirche mit Kolleg zu errichten. Auf diese Weise entstand an einem Seitenkanal San Giorgio degli Greci, deren schiefer Glockenturm heute zu den Wahrzeichen Venedigs gehört. Mit dem *matroneo*, der Empore für Frauen, und der Ikonostase, die den Chor vom Kirchenschiff trennt, besitzt das Gebäude zwei typische Elemente eines griechisch-orthodoxen Sakralbaus. Ikonen zieren die Innenwände, viele stammen von dem Kreter Michael Damaskinos, einem Zeitgenossen El Grecos. Links von der Kirche stehen zwei von Baldassare Longhena (► 23) erbaute Häuser.

200 C4 Fondamenta degli Greci
(041) 523 95 69
Di–Sa 10–12.30 und 14–16.30 Uhr, So nur zur Messe 10.30 Uhr
1, 41, 42, 51, 52, 82, San Zaccaria
frei

Wussten Sie das?

In der **Ca' di Dio (Haus Gottes)** am Arsenale *pontile* (Schiffsableger) an der Riva übernachteten im Mittelalter Pilger, bevor sie zur Reise ins Heilige Land aufbrachen.

In der Kirche **Sant'Antonin** bei der Scuola di San Giorgio degli Schiavoni hat sich ein ungewöhnliches und ein wenig tragisches Ereignis zugetragen.Hier wurde im Jahre 1819 ein Elefant erschossen. Er war aus einem Zirkus an der Riva ausgebrochen und flüchtete ausgerechnet in die Kirche, wo ihn Soldaten des Arsenale töteten.

Der schiefe Turm von San Giorgio degli Greci

Wohin zum …
Essen und Trinken?

Preise
Für ein Essen ohne Getränke:
€ unter 26 Euro **€€** 26–46 Euro **€€€** über 46 Euro

Bàcari, Bars und *Gelaterie*

All'Acciugheta €
Hier treffen sich junge Venezianer gern auf ein Glas Wein und *cicheti*. Es gibt einige Tische, aber am besten werden Sie an der Bar bedient. Bestellen Sie einen Aperitif und dazu eine Anchovispizza, frittierte Zucchiniblüten oder Frikadellen.

200 B4
Castello 4357, Campo Santissimi Filippo e Giacomo
(041) 522 42 92
Sommer: tägl. 8 Uhr–Mitternacht; Winter: Do–Di 8 Uhr–Mitternacht
San Zaccaria

Enoteca Mascareta €
Die beliebte Weinstube gehört dem Besitzer des Mascaròn, einer der bekanntesten *osterie* Venedigs. Letztere liegt am Ende der Straße bei Nr. 5525. Sie können Ihren Wein im Stehen trinken und dazu leckeren Käse und *salumi* (italienische Wurst) aus verschiedenen Regionen Italiens oder *crostini* mit *lardo* und *radicchio* (geröstetes Brot mit Speck und Radicchio) probieren. Die Venezianer nehmen hier gern den Aperitif ein.

200 B5
Castello 5183, Calle Lunga Santa Maria Formosa
(041) 523 07 44
Mo–Sa 6–1 Uhr; geschl. 24. Dez.–15. Jan. Rialto

Pasticceria Ponte delle Paste €
Wenn Sie nachmittags gern Kaffee oder Tee trinken und dazu ein Stück Kuchen oder Gebäck mögen, fühlen Sie sich in dem kleinen Café im hinteren Teil der *pasticceria* bestimmt wohl. Sie erreichen den Laden über eine kleine Brücke an der Calle del Pistor.

194 B1
Castello 5991, Ponte delle Paste
(041) 522 28 89
tägl. 7–20.30 Uhr
Rialto

Rosa Salva €
Eine weitere Filiale der berühmten venezianischen *pasticceria*, die sich auf Gebäck, Eis, Hörnchen und Kekse spezialisiert hat. Trinken Sie Ihren Kaffee im Sitzen oder Stehen in den schön eingerichteten alten Räumen.

194 C2
Castello 6779, Campo Santissimi Giovanni e Paolo
(041) 522 79 49
Mo, Di, Do–Sa 7.30–20.30 Uhr, So 8.30–20.30 Uhr
Ospedale

Osterie, Pizzerie, Trattorie und *Ristoranti*

Al Covo €€–€€€
Das Al Covo ist eines der erfolgreichsten Restaurants in Venedig, denn hier fühlen sich italienische und ausländische Gourmets gleichermaßen wohl. Es besteht aus mehreren kleinen Räumen, bei gutem Wetter stehen auch im Freien Tische. Auf den Tisch kommen leichte Versionen der traditionellen venezianischen Fischgerichte und Meeresfrüchte, z. B. *baccalà mantecato* (Stockfisch mit Sahnesoße) mit watteweicher weißer Polenta oder *fritto misto* mit Lagunenfisch, Polenta und Gemüse. Die Pasta ist genauso hausgemacht wie die köstlichen Desserts. Dazu gibt es gute Weine aus dem Veneto, Friaul und der Gegend um Trient. Keine Kreditkarten.

201 D3
Castello 3968, Campiello Pescaria
(041) 522 38 12
Fr–Di 12.45–14 und 19.30–22 Uhr (Küche); geschl. 2 Wochen im Aug., 15. Dez.–15. Jan.
Arsenale

Alle Testiere €€–€€€

Das Alle Testiere gehört zur Gruppe der Buona-Accoglienza-Restaurants (➤ 38). Es hat nur 22 Plätze und bietet täglich wechselnde Gerichte (keine Karte), in erster Linie frischen, schnörkellos zubereiteten Mittelmeerfisch und Meeresfrüchte, z. B. *canastrelli* (Jakobsmuscheln), *cozze* (Muscheln), *coda di rospo* (Seeteufelschwanz), *granceola* (Seespinne) und – während der Saison – *moleche* (Meereskrebse).

200 A5
Castello 5801, Calle del Mondo Novo
(041) 522 72 20
Mo–Sa 12–14.30 und 19–22.30 Uhr; geschl. Ende Juli–Mitte Aug., Neujahr
Rialto

Al Nuovo Galeon €€

Die hübsch mit nautischen Accessoires eingerichtete Trattoria liegt in der Nähe des Eingangs zu den Giardini Pubblici und damit günstig zur Biennale. Nehmen Sie an einem der Tische an der breiten Via Giuseppe Garibaldi Platz, und genießen Sie einen Teller gemischte *antipasti*, einen *primo* – z. B. Spaghetti mit *cannocchie* oder frische Meeresfrüchte.

202 B3
Castello 1308, Via Giuseppe Garibaldi
(041) 520 46 56
Mi–So 12.30–14.30 und 19.30–21.30 Uhr; geschl. 10 Tage im Feb. und Aug.
Arsenale, Giardini

Corte Sconta €€€

Es gibt kaum etwas Schöneres, als an einem warmen Sommertag ein ausgedehntes Mittagessen im schattigen Garten dieses wunderbaren Restaurants einzunehmen. Zu Recht ist das Corte Sconta für seine *antipasti* berühmt, ein wahrer Reigen sorgfältig zubereiteter Köstlichkeiten, die überwiegend auf Fisch basieren. Kosten Sie Krabben und Muscheln, frische Anchovis und winzige Garnelen, allesamt auf venezianische Art zubereitet. Die leichte, aromatische Pasta und die Gnocchi sind hausgemacht, der Fisch wird frittiert, gegrillt oder pochiert.

201 D3
Castello 3886, Calle del Pestrin
(041) 522 70 24
Di–Sa 12.30–14 und 19.15–21.30 Uhr; geschl. 7. Jan.–7. Feb. und Mitte Juli–Mitte Aug. Arsenale

Ristorante Cantina Canaletto €€

Das geräumige Restaurant liegt an einem kleinen Platz unweit der Casa Canaletto. Sie haben die Wahl zwischen Fisch, *salumi*, Fleisch und hausgemachten Desserts; dazu gibt es Weine aus ganz Italien.

194 B1
Castello 5450, Calle della Malvasia bei der Salizzada San Lio
(041) 521 26 61
tägl. 11.30–15.30 und 18.30–22.30 Uhr Rialto

Wohin zum… Einkaufen?

Castello bietet traditionsreiche Geschäfte und eine Reihe besonders schöner Geschenkboutiquen. Wenn Sie die ausgetretenen Touristenpfade lieber meiden, können Sie an der Barbaria delle Tole entlang durch das weniger überlaufene Nachbarviertel mit interessanten Delikatessenläden und anderen Einzelhandelsgeschäften bummeln. Am nächsten liegt in der Regel die *vaporetto*-Haltestelle Rialto.

Filippi Editore (Castello 5763, Calle del Paradiso, Tel. (041) 523 56 35) ist der Buchladen eines unabhängigen Verlagshauses, das sich auf Literatur über Venedig spezialisiert hat. Der Laden führt auch schöne Drucke. **Resmini Passamaneria** (Castello 5783, Salizzada San Lio, Tel. (041) 523 51 41), einer der größten Kurzwarenhändler Venedigs, verkauft Spitzen, Rüschen, Bänder, Borten, Litzen und Wohnaccessoires. Im Laden von **Angelo Fazzini** (Castello 5374, Calle delle Bande, kein Tel.), einem alteingesessenen Haushaltswarengeschäft, bekommen Sie Messer, Scheren und Kaffeekannen.

Wenn Sie ein Kostüm für den Karneval leihen oder kaufen möchten, sind Sie bei **Flavia** (Castello 5630, Campo San Lio, Tel. (041) 528 74 29) an der richtigen Adresse. Mit einer Maske und dem dazu passenden Kleidungsstück machen Sie auf jedem Ball einen guten Eindruck. Echte venezianische Masken verkaufen auch **Laboratorio Artigiano Maschere** (Castello 6637, Barbaria delle Tole, Tel. (041) 522 31 10) und **Papier Mâché** (Castello 5175, Calle Lunga Santa Maria Formosa, Tel. (041) 522 99 95). Hier können Sie auch bei der Fertigung der kostbaren Karnevalsmasken zuschauen.

Geschmackvolle Papierwaren finden Sie in Hülle und Fülle bei **Il Papiro** (Castello 5275, Calle delle Bande, Tel. (041) 522 36 48), einer Kette mit Filialen in aller Welt. Neben hübschen Büroaccessoires bekommen Sie hier eine gute Auswahl an Karten und Notizbüchern, Tagebüchern und Geschenkpapier. **Gabbiani** (Castello 6039, Palazzo Bragadin, Tel. (041) 528 78 74) stellt große Glasobjekte in leuchtenden Farben und symmetrische Vasen mit klaren Linien her.

Sacerio Pastor von **Spazio Legno** (Castello 3865, Fondamenta del Tintor, Tel. (041) 522 56 99) verkauft handgeschnitzte *forcole* – Riemengabeln für Gondeln.

Kopien antiker Glaswaren erhalten Sie bei **Paolo Rossi** (Castello 4685, Campo San Zaccaria, Tel. (041) 523 00 90), antike Perlen und Stoffe bei **Anticlea Antiquariato** (Castello 4719/A, Calle San Provolo, Tel. (041) 528 69 46).

Wohin zum … Ausgehen?

Bei Dunkelheit ist der Campo Santa Maria Formosa in Castello besonders schön, weshalb Venezianer und Touristen hier gern noch ein wenig bummeln oder etwas trinken gehen. Auch Livekonzerte von Kammerorchestern und Chören finden hier, vor allem im Sommer, häufig statt. Beachten Sie die Plakate vor Ort.

Die Kirche **Santa Maria della Pietà** (auch Santa Maria della Visitazione genannt) veranstaltet regelmäßig Konzerte; zum Teil treten die Musiker in alten Kostümen auf (Riva degli Schiavoni, Tel. (041) 523 10 96, www.vivaldi.it, *vaporetto*: San Zaccaria). Die **Querini Stampalia Foundation** (Castello 4778, Tel. (041) 520 34 33, *vaporetto*: San Zaccaria) organisiert zuweilen ebenfalls Konzerte.

Nach einem solchen Kulturereignis können Sie den Abend romantisch in der Bar des **Hotel Metropole** (➤ 36) ausklingen lassen.

Wenn Sie es etwas zünftiger mögen, bietet sich **L'Olandese Volante** (Der Fliegende Holländer) als eine Art Pub mit Tischen im Freien an. Auf der Karte stehen eine gute Auswahl an Bieren sowie mittags und abends einige kleine Gerichte (Castello 5658, Campo San Lio, Tel. (041) 528 93 49, geöffnet 10.30–1 Uhr, *vaporetto*: Rialto).

Oder besuchen Sie den **Inishark Irish Pub** (Castello 5787, San Lio, Tel. (041) 523 53 00, *vaporetto:* Rialto).

★ Nicht verpassen!

1. Ca' d'Oro ➤ 90
2. Das Ghetto ➤ 92
5. Madonna dell'Orto ➤ 94

Nach Lust und Laune!

3. Fondamenta della Sensa ➤ 96
4. Campo dei Mori ➤ 96
6. Gesuiti ➤ 97
7. Isola di San Michele ➤ 97
8. Santa Maria dei Miracoli ➤ 98

Seite 85: Die herrliche Decke der Kirche Santa Maria dei Miracoli

Nicht nur am Rialto gibt es einen Markt

eines der erlesensten gotischen Stadthäuser Venedigs. Weiter nördlich verbinden schmale Gassen mit kleinen Läden, einfachen Häusern und Handwerksateliers mehrere große, parallel angelegte Kanäle. Dieses ruhige, bescheidene Gebiet mit der hübschen Kirche Madonna dell'Orto ist nur zehn Gehminuten von den schicken Läden und eleganten Hotels entfernt, doch glaubt man sich buchstäblich in eine andere Welt versetzt. Am Rand dieses Stadtteils liegt das alte Ghetto, eines der geschichtsträchtigsten und faszinierendsten Viertel Venedigs.

Venedigs zweitgrößter *sestiere* blickt auf eine interessante Geschichte zurück. Er vereint ruhige Gässchen im Norden, quirlige Einkaufsstraßen und prachtvolle Kirchen.

Cannaregio & San Michele an einem Tag

9 Uhr

Fahren Sie frühzeitig mit dem Boot zur **Ca' d'Oro** (➤ 90f). Gebäude und Sammlung des Museums sind gleichermaßen sehenswert. Genießen Sie den Blick von den Loggien im Obergeschoss auf den Canal Grande (links).

10.30 Uhr

Spazieren Sie die Strada Nuova hinauf, eine der Hauptstraßen der Stadt, die vom Bahnhof bis in die Nähe des Rialto führt. Als man die Einkaufsstraße im 19. Jahrhundert anlegte, mussten viele kleine Gässchen weichen.

11 Uhr

Trinken Sie einen Cappuccino an einer der breiten *fondamente* (Kais) mit Blick auf den Canale di Cannaregio, neben dem Canal Grande der einzige echte Kanal Venedigs. Laufen Sie dann durch die kleinen Straßen zum Campo Ghetto Nuovo im Herzen des **Ghettos** (rechts, ➤ 92f). Schließen Sie sich einer Führung durch das Ghetto an, das zu den am wenigsten besuchten der historisch wichtigsten Viertel gehört.

13 Uhr

Essen Sie im Al Bacco (Cannaregio 3054, Fondamenta delle Cappuccine, Tel. (041) 71 74 93) zu Mittag, einer *osteria* mit schönem Hof.

14.30 Uhr

Spazieren Sie entlang der **Fondamenta della Sensa** (► 96) und über den **Campo dei Mori** (► 96) zur hübschen gotischen Kirche **Madonna dell'Orto** (rechts, ► 94f) mit berühmten Gemälden von Tintoretto.

16 Uhr

Besteigen Sie bei der Kirche einen *vaporetto*, und fahren Sie zu den Fondamente Nuove. Wenn Sie noch Energie haben, besuchen Sie die Kirche Santa Maria Assunta, meist **Gesuiti** genannt (► 97), die durch üppigen Marmordekor besticht. Fahren Sie dann mit dem Boot weiter nach **San Michele** (► 97). Die Friedhofsinsel bildet einen Kontrast zum hektischen Treiben der Stadt. (Links: Campo dei Gesuiti)

18 Uhr

Fahren Sie zurück zur Stadt, und laufen Sie nach Südwesten. Auf dem Weg kommen Sie an vielen netten Restaurants vorbei. Die Fiaschetteria Toscana (Cannaregio 5719, Salizzada San Giovanni Crisostomo, Tel. (041) 528 52 81) ist eine gute Adresse, allerdings müssen Sie hier vorbestellen.

20 Uhr

Von Mitte September bis Mitte Juni können Sie den Tag mit einem Besuch im Kasino in einem schönen Renaissance-*palazzo* (► 102) ausklingen lassen.

0

Ca' d'Oro

Prächtige Häuser säumen den Canal Grande, doch auch unter ihnen sticht die wunderbare Fassade der Ca' d'Oro (Goldenes Haus) deutlich hervor. Das schönste und aufwändigste Beispiel eines gotischen Stadthauses in Venedig beherbergt heute die Sammlung der Galleria Franchetti. Zwar wurde das Innere des *palazzo* immer wieder umgestaltet, doch kann man sich den alten Zustand immer noch gut vorstellen.

Im Jahre 1420 gab der Kaufmann und Patrizier Marino Contarini diesen großen *palazzo* in Auftrag, dessen gotischer Zierrat – unter anderem Spitzbogenfenster, Türmchen und Marmorschmuck – sich deutlich an den Dogenpalast anlehnt. Zwischen 1421 und 1431 wurde der Palast erbaut; die **Fassade** verzierte man reich mit Zinnoberrot, Ultramarinblau und Goldblatt (daher der Name des Hauses), den teuersten Farben, die zur damaligen Zeit erhältlich waren. Leider begann schon wenig später der Niedergang – der *palazzo* wechselte mehrfach den Besitzer und drohte schließlich zu verfallen. Seine schlimmsten Stunden erlebte das Gebäude 1847, als der russische Fürst Trubetzkoy es als Geschenk für seine Geliebte, die Balletttänzerin Maria Taglioni, erwarb. Er ließ die Freitreppe abreißen, verkaufte das Brunnenhaus und entfernte die Marmorfassade. Verzweifelt versuchte der britische Kunstkritiker John Ruskin (1819–1900), der zu jener Zeit in Venedig lebte, Skizzen von dem Gebäude anzufertigen, ehe es sein Aussehen völlig veränderte. Erst Ende des 19. Jahrhunderts nahte Rettung, als der Kunstmäzen und -sammler Baron Franchetti das Gebäude kaufte, Treppe und Brunnen wieder einsetzen ließ und seine Sammlungen hier unterbrachte. 1916 vermachte er das Haus dem Staat.

Wussten Sie das?

Der hl. Sebastian war bei den Malern der Renaissance als Motiv sehr beliebt, weil er, von Pfeilen durchbohrt, als Märtyrer gestorben war. Bei der Darstellung der fast nackten Gestalt konnten die Künstler unter Beweis stellen, wie gut sie sich mit der Anatomie des Menschen auskannten.

Oben: Die Ca' d'Oro vor der Restaurierung im späten 19. Jahrhundert

Links: Teil des prächtigen Mosaikbodens in der Ca' d'Oro

Rechts: Der Hof, ein Schmuckstück gotischer Architektur

Unten: Die Fassade der Ca' d'Oro gehört zu den Wahrzeichen Venedigs

Das **Erdgeschoss** mit dem zum Wasser hin gebauten Eingangsportal vermittelt einen guten Eindruck davon, wie die *palazzi* am Canal Grande im Mittelalter aufgebaut waren. Die untere Ebene umfasste einst Lagerräume, einen kleinen Lustgarten, einen Hof mit Brunnen und eine Treppe, die Zugang zu den oberen Stockwerken mit Verwaltungsräumen und Privatgemächern bot.

Die luftigen, hellen Räume der ersten und zweiten Etage nimmt heute das **Museum** ein, beide Stockwerke besitzen Loggien mit Blick auf den Canal Grande. Im Zentrum der Gemäldesammlung steht Andrea Mantegnas (1431–1506) *Heiliger Sebastian*, das letzte Werk des Künstlers. Sehenswert sind auch die Skulptur *Doppelporträt* von Tullio Lombardo (um 1455–1532) sowie die Freskenfragmente von Giorgione (➤ 22) und Tizian (➤ 22) aus dem Fondaco dei Tedeschi (➤ 172). In den Vitrinen mit Münzen und Medaillen befindet sich ein besonders interessantes Porträt des Sultans Mohammed II., das Gentile Bellini (➤ 22) vermutlich während seines Aufenthaltes in Konstantinopel anfertigte.

KLEINE PAUSE

Essen Sie in der **Trattoria Ca' d'Oro alla Vedova** (»Witwenhaus«) zu Mittag, einem alteingesessenen *bàcaro* (Cannaregio 3912, Ramo Ca' d'Oro, Tel. (041) 528 53 24).

193 E2 · Ca' d'Oro · (041) 523 87 90 · Okt.–Mai tägl. 9–14 Uhr; sonst 8.15–14 Uhr · 1, Ca' d'Oro · mittel

CA' D'ORO: INSIDER-INFO

Top-Tipps: Besuchen Sie das Museum **am Morgen**, und schauen Sie von der Loggia aus zu, wie die Händler ihre Waren am Canal Grande entladen.

- Mit dem Ticket für die Ca' d'Oro können Sie **zusätzlich** auch die Galleria dell'Accademia (➤ 126ff) besichtigen.
- Der **Museumsshop** bietet eine überdurchschnittlich gute Auswahl an Büchern, Postern und Karten.

Muss nicht sein! Verbringen Sie nicht zu viel Zeit mit den Bildern von Tintoretto und Tizian. An anderen Orten Venedigs gibt es **bessere Werke** dieser Künstler.

2

Das Ghetto

Der Begriff »Ghetto« hat seinen Ursprung in Venedig, und alle übrigen jüdischen Ghettos auf der Welt wurden nach dieser kleinen Insel in Cannaregio benannt. Das Dialektwort *geto* bezog sich zunächst schlicht auf die dort ansässige Eisengießerei. Heute gehört das Viertel zu den faszinierendsten Teilen Venedigs.

Seit dem 14. Jahrhundert durften Juden in Venedig für kürzere Zeit wohnen und ihren Lebensunterhalt als Geldverleiher, Lumpensammler, später auch als Ärzte und Musiker verdienen. Erst ab 1516 gestattete man ihnen unter zahlreichen Auflagen, sich dauerhaft in der Stadt niederzulassen.

An den Zugangsbrücken sperrten schwere Eisengitter die Insel mit der ehemaligen Gießerei von Sonnenuntergang bis zur Morgendämmerung ab. In dieser Zeit durfte – abgesehen von Ärzten, die Patienten besuchten – kein Jude das Ghetto verlassen. Tagsüber konnten sich die Mitglieder der Gemeinde frei bewegen, mussten jedoch ein Erkennungszeichen tragen. Sie besaßen nur ein beschränktes Recht auf Privatbesitz und mussten hohe Abgaben zahlen. Davon abgesehen, ging es ihnen in Venedig jedoch besser als in vielen anderen europäischen Städten, weshalb immer wieder Flüchtlinge aus anderen Ländern zureisten. Zunächst ließen sich spanische und portugiesische Sephardim nieder, dann strömten Juden aus dem Osmanischen Reich herbei. Jede Immigrantengruppe errichtete eine eigene Synagoge, sodass es 1575 bereits fünf Synagogen gab, von denen zwei noch heute genutzt werden.

Oben: Das Holocaust-Mahnmal auf dem Campo Ghetto Nuovo

Rechts: Eine der Brücken zur Ghetto-Insel

Die ständige Überfüllung des Ghettos stellte ein großes Problem dar, auch nachdem man den Juden erlaubt hatte, sich außerhalb der Grenzen des ursprünglichen Ghettos anzusiedeln. Nacheinander entstanden das Ghetto Vecchio (1541) und das Ghetto Nuovo (1633), und da der Platz dennoch nicht ausreichte, baute man Häuser mit bis zu sieben Stockwerken. Grundstücke für den Bau von Synagogen gab es nicht, weshalb sie alle in bereits existierende Gebäude integriert wurden. Nach der Auflösung der Republik im Jahre 1797 gab es keine Beschränkungen mehr für venezia-

DAS GHETTO: INSIDER-INFO

Top-Tipps: Es lohnt sich in jedem Fall, an einer **Führung** durch das Museum und die Synagogen teilzunehmen. Sie lernen vieles kennen, was Sie sonst nicht sehen würden.

- Die Führungen finden im **stündlichen Rhythmus** statt. Kommen Sie frühzeitig, da es sehr voll werden kann.

Etwas außerhalb: Der **alte jüdische Friedhof** von 1386 befindet sich in der Nähe der Kirche San Nicolò am Lido.

Unten: Ladenschild im Ghetto

nische Juden, die 1866 die vollen Bürgerrechte erhielten. 1943 wurden 200 Juden aus Venedig in Konzentrationslager deportiert.

Der **Campo Ghetto Nuovo** liegt im Herzen des Ghettos. Schmale, hohe Gebäude säumen den ruhigen, weitläufigen Platz, den man über drei Brücken erreicht. Außer dem **Museo Ebraico** (dem **Jüdischen Museum**) befinden sich hier ein Buchladen, eine Bibliothek, eine Bäckerei, ein Kindergarten und ein Altenheim. An einer Wand am Eck des Platzes erinnern mehrere Relieftafeln an den Holocaust, dem so viele Juden zum Opfer fielen.

KLEINE PAUSE

Im Café des Museums können Sie einen koscheren Imbiss einnehmen, darüber hinaus gibt es ein einziges koscheres Restaurant, das **Gam-Gam** (► 100).

Museo Hebraico

191 F4 ✉ Cannaregio 2902b, Campo Ghetto Nuovo ☎ (041) 715 359 ⏲ Juni–Sept. So–Fr 10–19 Uhr; sonst So–Fr 10–17 Uhr; Führungen zu den Synagogen stündlich ab 10.30 Uhr ⛴ 1, 82, San Marcuola; 41, 42, 51, 52, Guglio preiswert

5

Madonna dell'Orto

Die hübsche gotische Kirche Madonna dell'Orto liegt versteckt im Norden von Cannaregio. Zu Recht wird sie auch Tintoretto-Kirche genannt, denn der berühmte Maler (1518–94) lebte in ihrer Nähe, schmückte sie mit einigen seiner schönsten Werke aus und wurde in ihr beigesetzt.

Die im 14. Jahrhundert gegründete Kirche war ursprünglich dem hl. Christophorus, dem Schutzpatron der Reisenden, geweiht, denn die Venezianer hofften, er würde ein Auge auf die *gondolieri* haben, die regelmäßig Passagiere von und zu den weiter nördlich gelegenen Inseln übersetzten. Der Heilige verlor jedoch an Bedeutung, als man 1377 eine angeblich wundertätige Statue der Jungfrau mit Kind in einem benachbarten Gemüsegarten fand und in die Kirche brachte.

Die Madonna steht bis heute in der **San-Mauro-Kapelle**, während die Skulptur des hl. Christophorus das Eingangsportal bewacht. Die gesamte Kirche wurde zwischen 1399 und 1473 aus Backstein neu gebaut und erhielt bei dieser Gelegenheit auch ihre wohlproportionierte **Fassade** mit der **Zwiebelkuppel**

Tintorettos großflächige Gemälde zieren die Kirche (oben) mit seinem Grabmal (rechts)

Links: Die Zwiebelkuppel der Kirche Madonna dell'Orto

Hochwasserkatastrophe

Im November 1966 stieg das Wasser in einigen Teilen der Stadt über zwei Meter hoch und verursachte gewaltige Schäden. Aus aller Welt flossen Spendengelder zusammen, und verschiedene Länder übernahmen die Instandsetzung einzelner Bauten. Die Stiftung zur Rettung der Kunst und Archive (»Venedig in Gefahr«) restaurierte die Kirche Madonna dell'Orto. Mit Hilfe von Geldern, die dieser Stiftung zugingen, wurde auch San Nicolò dei Mendicoli in Dorsoduro hergerichtet.

und dem schlanken **Glockenturm**.

Zwei große Gemälde hängen im **Chor**. Es handelt sich um *Die Anbetung des Goldenen Kalbes* und *Das Jüngste Gericht*. Die dramatisch gestalteten Szenen voller Licht und Bewegung illustrieren hervorragend, wie der Künstler seine Bilder komponierte. In dem bärtigen Mann, der das Kalb trägt, soll Tintoretto sich selbst dargestellt haben, seine Frau posierte angeblich für die blau gekleidete Dame in seiner Nähe. In der **Apsis** hängen *Die Enthauptung des hl. Christophorus* und *Die Kreuzvision des hl. Petrus*, beide mit zahlreichen wirbelnd umherfliegenden Engeln. Das mystische Gemälde *Maria im Tempel* im rechten Seitenflügel steht zu diesen Bildern in deutlichem Kontrast. In der **Contarini-Kapelle** im linken Seitenflügel befindet sich schließlich noch ein Porträt der hl. Agnes, die den Sohn eines römischen Präfekten zum Leben erweckt – ein unbedingtes Muss für jeden echten Tintoretto-Liebhaber. Das Altarstück rechts vom Eingang schuf Cima da Conegliano.

KLEINE PAUSE

Von der Kirche laufen Sie fünf Minuten zum Rio della Sensa, wo Sie im Fischrestaurant **Al Bacco** (Cannaregio 3054, Fondamenta delle Cappuccine, Tel. (041) 71 74 93) essen können.

193 D5 ✉ Campo Madonna dell'Orto ☎ (0 41) 719 933 ⊙ Mo–Sa 10–17 Uhr, So 15–17 Uhr ⛴ 41, 42, 51, 52, Madonna dell'Orto 🖐 preiswert

MADONNA DELL'ORTO: INSIDER-INFO

Top-Tipps: Vergessen Sie über den Tintorettos nicht das **Altarstück** (1494) aus der Frührenaissance von Cima da Conegliano in der ersten Kapelle auf der rechten Seite. Es zeigt die Heiligen Johannes den Täufer, Markus, Hieronymus und Paulus.

- In der ersten Kapelle von links hing einst eine wunderschöne ***Muttergottes*** von Giovanni Bellini. Sie wurde 1993 zum dritten Mal gestohlen, doch hofft man auf wundersame Wiederkehr des Bildes.

Ein Muss: Eine einfache Tafel in der Kapelle rechts neben dem Chor ziert **Tintorettos Grab**.

Außerdem: ***Das Jüngste Gericht*** belegt die Fähigkeit des großen Renaissance-Malers, Religion und Mythos miteinander zu verbinden. Charon, der Gott der Unterwelt, setzt hier mit seinem Nachen die Seelen der Verstorbenen über.

Nach Lust und Laune!

3 Fondamenta della Sensa

Drei parallel verlaufende Kanäle durchziehen den nördlichen Teil Cannaregios. Die Fondamenta della Sensa führt am mittleren der drei entlang und endet an einem hübschen Platz, dem Campo d'Abbazia. Hier begegnen Sie dem echten Venedig – mit Wäsche, die zum Trocknen vor den Fenstern hängt, Fassaden, von denen der Putz bröckelt, Bars und Restaurants, die von Einheimischen geführt und besucht werden. Auf den ruhigen Seitenkanälen trainieren die Teilnehmer in den Wochen vor der großen Regatta (➤ 17) ihre Rudertechnik. Auch die übrigen *fondamente* in der Nähe verdienen einen Besuch: Besonders reizvoll ist die Fondamenta della Misericordia mit vielen kleinen Geschäften.

191 F5
Fondamenta della Sensa
41, 42, 51, 52, Madonna dell'Orto

4 Campo dei Mori

Der Name des eigenartig geformten Campo dei Mori bezieht sich vermutlich auf die mittelalterlichen Steinskulpturen dreier Mauren an einem der Gebäude, die allesamt wehende Gewänder und Turbane tragen. Vermutlich handelt es sich um Darstellungen der Gebrüder Mastelli, die aus dem südgriechischen Morea – im Dialekt *mori* – stammten. Eine der Statuen verlor im Laufe der Zeit ihre Nase, die durch eine Kopie aus Eisen ersetzt wurde. Zu Füßen dieser im Volksmund »Signor Antonio Rioba« genannten Figur legten unzufriedene Venezianer früher nachts ihre Kritik ab. Ein vierter Maure befindet sich am Eck der *fondamenta*, bei Nr. 3399, direkt an der Tür von Tintorettos Haus.

193 D5
Campo dei Mori
41, 42, 51, 52, Madonna dell'Orto

Signor Antonio Rioba überwacht den Campo dei Mori

6 Gesuiti

Wenn Sie üppig überladenen Barockdekor mögen, sollten Sie die Jesuitenkirche Santa Maria Assunta, kurz Gesuiti genannt, besuchen. Da die Jesuiten dem Papst stets sehr nahe standen, verbot man ihnen im 17. Jahrhundert 50 Jahre lang den Zutritt zur Stadt. Erst im Jahre 1715 beauftragten sie den Architekten Domenico Rossi mit dem Bau der Kirche. Diese statteten sie so pompös aus, dass man sie entweder lieben oder verabscheuen muss. An jedem Eck wurde grüner und weißer Marmor zu tuchartigen Gebilden drapiert. Der Altarbaldachin ist Berninis Meisterwerk im Petersdom zu Rom nachempfunden. Über dem ersten Seitenaltar von links hängt eine Nachtszene von Tizian mit dem Titel *Martyrium des hl. Laurentius*.

194 B4 Campo dei Gesuiti
(041) 528 65 79
Mo–Sa 10–12 und 16–18 Uhr, So 16–18 Uhr
12, 13, 41, 42, 51, 52, Fondamente Nuove frei

Blick auf San Michele

7 Isola di San Michele

San Michele ist kein trister, sondern ein friedvoller, gut gepflegter und mit Blumen übersäter Ort. Betreten Sie den Friedhof durch den eleganten Convento di San Michele in Isola, den die Franziskaner 1460 errichten ließen. Zur gleichen Zeit entstand auch die hübsche Kirche aus weißem istrischem Stein, der erste Renaissance-Sakralbau Venedigs.

Der Friedhof gliedert sich in verschiedene, nach Konfessionen geordnete Abschnitte. Wenn Sie Gräber berühmter Persönlichkeiten sehen möchten, sollten Sie die letzte Ruhestätte des berühmten russischen Ballettimpresarios Sergej Diaghilew (1872–1929) und das Grab des russischen Komponisten Igor Strawinsky (1882–1971) in der orthodoxen Sektion aufsuchen. Auf dem protestantischen Friedhof liegt der amerikanische Dichter Ezra Pound (1885–1972), der seine letzten Lebensjahre in Venedig verbrachte. Weniger berühmte Verstorbene werden übrigens heute bereits nach zehn Jahren auf andere Friedhöfe verlegt.

195 E5 San Michele
tägl. 7.30–16 Uhr
12, 13, 41, 42, 71, 72, Cimitero

Tintoretto

Jacopo Robusto (1518–94), der Sohn eines *tintore* (Färbers), wurde zeitlebens Tintoretto (kleiner Färber) genannt. Er wuchs in Cannaregio auf, wo er auch starb. Fast alle seine großen Kunstwerke hängen in Venedig. Besonders berühmt wurde das Spiel mit Licht und Farben und die Bewegung der dargestellten Figuren, die der Künstler durch seine kräftige Pinselführung erzielte. »Die Formen Michelangelos und die Farben Tizians« schrieb Tintoretto auf die Wand seines Ateliers, und daran hielt er sich. Seine schönsten Bilder befinden sich in der Scuola Grande di San Rocco, der Kirche Madonna dell'Orto und der Accademia.

Marco Polo

Wenn Sie unweit des Rialto durch Cannaregio spazieren, sollten Sie Ausschau nach dem Corte Seconda del Miliòn halten, in dem Marco Polo nach seiner Rückkehr aus dem Fernen Osten lebte und 1324 starb. Der Seefahrer und Kaufmann erhielt wegen der zahlreichen Abenteuer und Wunder, von denen er zu berichten wusste, den Spitznamen »Il Milione«. 1270 hatte er Venedig verlassen und war durch ganz Asien bis an den Hof des Mongolenherrschers Kublai Khan gereist, um dort mit Zucker, Gewürzen, Seide und Baumwolle zu handeln. Fast 20 Jahre lang lebte er als Gouverneur in Yangzhou. 1295 kehrte er nach Venedig zurück.

8 Santa Maria dei Miracoli

Die Kirche Santa Maria dei Miracoli, ein Schmuckstück der Renaissance, liegt versteckt zwischen den schmalen Kanälen und Straßen im Osten Cannaregios. Sie wurde zwischen 1481 und 1489 für ein wundertätiges Marienbild, das über dem Altar hängt, von Nicolò di Pietro erbaut. Pietro Lombardo (1433–1515) und seine Söhne entwarfen die Kirche und schufen auch große Teile des Innendekors. Schauen Sie sich das Gebäude aber zunächst von außen an, und beachten Sie die verschiedenen Nuancen des Marmors an den Wänden und die eleganten Pfeiler. Die Basreliefs im Innern gehören zu den schönsten in ganz Venedig. Besuchen Sie die Kirche an einem sonnigen Tag, wenn Licht in den Innenraum fällt und den Marmor erleuchtet. Die Altarstufen und die Balustrade sind mit einzelnen Figuren und einer Verkündigungsszene gestaltet; die Säulen des Nonnenchors ziert filigraner Flachreliefschmuck. An der Kassettendecke sind 50 gemalte Prophetenbüsten zu sehen.

194 B2
Campo Santa Maria Nuova
(041) 275 04 62
Mo–Sa 10–17 Uhr, So 15–17 Uhr
1, 82, Rialto

Die Renaissance-Kirche Santa Maria dei Miracoli

Wohin zum …
Essen und Trinken?

Preise
Für ein Essen ohne Getränke:
€ unter 26 Euro **€€** 26–46 Euro **€€€** über 46 Euro

Bàcari, Bars und *Gelaterie*

Bar Algiubagiò €
Während Sie an den Fondamente Nuove auf Ihren *vaporetto* warten, können Sie in dieser Bar ein leckeres Sandwich oder einen Imbiss einnehmen. Zur Auswahl stehen verschiedene *tramezzini* (dreieckige Sandwiches) und Sandwichrollen mit Paprika, Mortadella oder *porchetta* (Schweinebraten).

194 C4
Cannaregio 5039, Fondamente Nuove
(041) 523 60 84
tägl. 6.30–20.30 Uhr
Fondamente Nuove

Bar Pasticceria Ballarin €
Wenn Sie im Bereich des Rialto bummeln gehen, sollten Sie eine Pause in dieser gemütlichen Bar und *pasticceria* unweit des Münzenladens einlegen, einen Espresso trinken und Gebäck kosten.

193 F1
Cannaregio 5794, Salizzada San Giovanni Crisostomo
(041) 528 52 73
tägl. 7.30–20.30 Uhr
Rialto

Enoteca Do Colonne €
Diese *enoteca* mit originellen Bildern alter Korkenzieher liegt unweit der *vaporetto*-Haltestelle San Marcuola und bietet bei schönem Wetter auch einige Tische im Freien. Hier können Sie zur *ombra* (einem Glas Wein) einige *cicheti* probieren. Zu den typisch venezianischen Appetithäppchen gehören Frikadellen aus Fisch und Fleisch, *sarde in saor* (Sardinen in süßsaurer Soße), Tintenfisch und verschiedene Gemüsesorten.

192 C4
Cannaregio 1783, Rio Terrà del Cristo
(041) 524 04 53
Sommer: Mo–Sa 7–14.30 und 16–21 Uhr; Winter: Mi–Mo 7–14.30 und 16–21 Uhr
San Marcuola

Enoteca La Cantina €
In dieser gut besuchten, lockeren Weinbar dürfen Sie sich über eine reiche Auswahl an guten Tropfen, darunter viele offene Weine, freuen. Drinnen und draußen stehen Holztische; zum Angebot an Speisen gehören *salumi* und Käse von ausgezeichneten italienischen Herstellern. Entspannen Sie sich, hören Sie der Musik zu, und trinken Sie ein Glas Wein, ein Bier oder einen Kaffee. Die Küche ist ganztägig geöffnet; richtig voll wird es meist zum Aperitif kurz vor dem Abendessen.

191 F3
Cannaregio 3689, Strada Nuova
(041) 522 82 58
Mo–Sa 8.30–22 Uhr
Ca' d'Oro

Gelateria Schiabello €
Beim Einkaufsbummel über die Strada Nuova sollten Sie sich ein leckeres Eis gönnen. Fruchtsorten wie Wassermelone und grüner Apfel schmecken besonders köstlich, Gleiches gilt für die *semifreddi* (Halbgefrorenes). Auch das Schokoladeneis entspricht den Erwartungen, am besten aber schmeckt *sacher*, Schokoladeneis mit Aprikosenmarmelade.

192 B4
Cannaregio 1525, Rio Terrà San Leonardo
(041) 71 00 00
Feb.–Nov. tägl. 10–23.30 Uhr
San Marcuola

Osterie, Trattorie und *Ristoranti*

Bentigodi – Osteria Da Andrea €

Verzweifeln Sie nicht, wenn Sie die winzige Straße, in der diese kleine *osteria* liegt, nicht auf dem Stadtplan entdecken. Wenn Sie zum Rio Terrà Farsetti gehen, finden Sie den Ort mit Leichtigkeit. Die großen Räume sind sparsam eingerichtet, wirken aber nicht kalt. Lange Holztische, Decken mit Holzbalken, Stühle mit Strohgeflecht und Kachelböden prägen die Atmosphäre. Die Gerichte aus leckeren, frischen Zutaten wechseln täglich, eine Auswahl an *antipasti*, drei oder vier *primi*, Gemüse der Saison als Beilage und einige Hauptgerichte stehen aber immer auf der Karte. Auch die angebotenen Weine variieren, Stammgäste können immer wieder etwas Neues entdecken.

191 F4
Cannaregio 1423, Calleselle, am Rio Terrà Farsetti
(041) 71 62 69
Mo–Sa 10.30–15 und 18–23 Uhr
San Marcuola

La Colombina €

Diese *enoteca* mit Speisenangebot steht seit ihrer Eröffnung ganz oben auf der Beliebtheitsskala. Besonders gern schauen die Köche und Sommeliers der Stadt nach getaner Arbeit auf ein Glas Wein und einen Imbiss herein, weshalb die Küche lange geöffnet hat. Hier geht es freundlich und entspannt zu. Die Gerichte bereitet Biba selbst in der Küche zu. Besonders erfreulich ist die exzellente Auswahl an Käse und *salumi*, das Gemüse stammt überwiegend aus dem hauseigenen Garten. Bibas Ehemann Alberto besorgt Wein aus ganz Italien, um die Speisen abzurunden. Probieren Sie hausgemachte Nudeln, *bruschetta* oder frischen Fisch zum Wein. Am Wochenende müssen Sie einen Platz reservieren.

192 C4
Cannaregio 1828, Campiello del Anconeta (Cinema Italia)
(041) 275 06 22
Mo–Sa 18.30–2 Uhr, Küche 20.30–1 Uhr
San Marcuola

Fiaschetteria Toscana €€–€€€

Albino und Mariuccia Busatto führen eines der besten Restaurants in Venedig. Der Name des Lokals bezieht sich nicht auf die Küche, sondern auf den Standort, denn hier befand sich einst eine Entladestelle mit Lagerraum für toskanische Weine. Die gemütliche Gaststube wird im Sommer durch Tische im Freien erweitert. In der Fiaschetteria können Sie vorzüglich venezianische Gerichte aus frischen jahreszeitlichen Zutaten probieren, z. B. *sfogi in saor* (kleine Seezungen mit Zwiebeln, Rosinen und Pinienkernen in Vinaigrette) mit Polenta oder aber *granceola* (Seespinne), beträufelt mit leichtem Olivenöl aus Ligurien. Auf der Karte stehen vor allem Fisch und Meeresfrüchte, aber auch hervorragendes Rindfleisch aus der Toskana und eine Auswahl von über 30 Käsesorten. Weinkenner kommen mit Sicherheit auf ihre Kosten. Runden Sie das Essen mit einem köstlichen Dessert ab. Die Fiaschetteria trägt das Buona-Accoglienza-Gütezeichen (➤ 38).

193 F1
Cannaregio 5719, Salizzada San Giovanni Crisostomo
(041) 528 52 81
Mi–So 12.30–14.30 und 19.30–22 Uhr, Mo 19.30–22 Uhr; geschl. 2 Wochen im Sommer
Rialto

Gam-Gam €

Das Gam-Gam ist das einzige koschere Restaurant Venedigs. Es liegt in einer kleinen Straße am Rand des alten jüdischen Ghettos und bietet eine große Auswahl traditioneller jüdischer und israelischer Gerichte, die vielleicht eine willkommene Abwechslung zur italienischen Küche darstellen. In dem freundlichen, modern ausgestatteten Lokal mit hellem Holz fühlen Sie sich bestimmt wohl. Kosten Sie Gemüse oder Salat, Hummus, Falafel, gegrillte Auberginen und – je nach Jahreszeit – andere Spezialitäten.

191 E4
Cannaregio 1122, Sottoportego del Ghetto Vecchio

(041) 71 52 84; www.jewishvenice.org
12–22 Uhr; geschl. Fr abends, Sa (Winter Sa abends geöffnet) und an jüdischen Feiertagen
San Marcuola, Ponte delle Guglie

Osteria Anice Stellato €–€€

Netter Familienbetrieb in rustikalem Ambiente, bei Venezianern sehr beliebt. Die Nudeln mit frischen Meeresfrüchten schmecken genauso gut wie die Fleischgerichte. Auf der Weinkarte stehen einfache Ausschankweine und große Namen.

191 F5
Cannaregio 3272, Fondamenta della Sensa
(041) 72 07 44
Di–So 12.30–14.30 und 19.30–22 Uhr
San Marcuola

Vini Da Gigio – Da Paolo €€–€€€

Wenn Sie die authentische traditionelle venezianische Küche genießen möchten, sind Sie im Vini Da Gigio, einem der besten Restaurants Venedigs, genau richtig. Ausgezeichnete Weine ergänzen das Speisenangebot, das Preis-Leistungs-Verhältnis stimmt in beiden Fällen. Zu den Decken mit altem Gebälk passen geblümte Tischdecken, und durch die Fenster schauen Sie auf einen ruhigen Seitenkanal. Die Küche ist zur Gaststube hin geöffnet, und unentwegt tragen die Kellner Köstlichkeiten aller Art an den Gästen vorbei. *Schie*, winzige sautierte Garnelen, auf cremig weißer Polenta, kalte *polipetti* (Babyoktopus) mit Wein-Orangenschalen-Dressing, *gnocchetti* (Kartoffelklößchen) mit Tintenfischtinte und Krabbensoße – die Auswahl richtet sich stets nach der Jahreszeit. Meeresfrüchte dominieren, doch gibt es auch einige Fleischgerichte, die gut zu den hervorragenden Rotweinen passen. Die Desserts sind eine Sünde wert. Das Da Paolo trägt das Buona-Accoglienza-Gütezeichen. Reservieren Sie unbedingt vorher.

193 E3
Cannaregio 3628, Calle de la Stua, Fondamenta San Felice
(041) 528 51 40
Di–Sa 12–14.30 und 19.30–22.30 Uhr, So 12–14.30 Uhr Ca' d'Oro

Wohin zum … Einkaufen?

Die Strada Nuova, die Hauptstraße Cannaregios, führt vom Bahnhof nach San Marco. Hier kaufen vor allem die Einheimischen ein, sodass Sie ein Stück Venedig abseits der Touristenpfade erleben können. Besonders Lebensmittelläden und Haushaltswarengeschäfte sind hier gut vertreten.

Bei **Standa** (Cannaregio 3659, Strada Nuova, Tel. (041) 523 80 46) erhalten Sie preisgünstige Kleidung im italienischen Stil. Traditionelle jüdische und venezianische Backwaren verkauft **Giovanni Volpe** (Cannaregio 1143, Calle del Ghetto Vecchio, Tel. (041) 71 51 78, geschl. Mi nachmittags, *vaporetto:* San Marcuola) in einer wunderbaren kleinen Bäckerei im Herzen des Ghettos. Probieren Sie *pane azimo* (ungesäuertes knuspriges Brot) oder *azimo dolce* (die süße Version). **El Forner de Canton** (Cannaregio 3845, Strada Nuova, Tel. (041) 522 29 68, *vaporetto:* Ca' d'Oro) gehört wegen der leckeren Brötchen, *focaccie*, *pizze* und Brote ebenfalls zu den beliebten Bäckereien des Viertels. Der **Pastificio Giacomo Rizzo** (Cannaregio 5778, San Giovanni Crisostomo, Tel. (041) 522 28 24, *vaporetto:* Rialto) stellt alle erdenklichen Pastasorten und Polenta her, führt aber auch verschiedene Getreidesorten und Reis.

Das Atelier von **Angelo Orsoni** (Cannaregio 1045, *vaporetto:* Stazione) restauriert antike Mosaiken und verkauft Glasmosaiksteinchen tütenweise. Bei **Rose Douce** (Cannaregio 5782, San Giovanni Crisostomo, Tel. (041) 522 72 32, *vaporetto:* Rialto) finden Sie Muranoglas, Lampen und Sammelgläser sowie einige geschmackvolle moderne Stücke.

Wohin zum … Ausgehen?

Cannaregio ist der einzige *sestiere* mit einem aktiven Nachtleben, von den Venezianern Nuova Bohemia genannt. Bars, *osterie*, Kneipen und Restaurants mit internationaler Küche säumen den Rio della Misericordia, einen Kanal, der von der Fondamenta della Misericordia zur Fondamenta Coletti führt.

An der Fondamenta della Misericordia liegt das **Iguana Café** (Cannaregio 2515, Tel. (041) 71 35 61, geöffnet Di–Sa 18–1 Uhr, So mittags), eine im mexikanischen Stil eingerichtete Cocktailbar, in der Sie auch Tequila, Corona-Bier und mexikanisches Essen bekommen. Wenige Schritte weiter können Sie im **Sahara** (Cannaregio 2519, Tel. (041) 72 10 77, geöffnet Di–Sa 19.30 Uhr–Mitternacht, So mittags) Livemusik vom draußen verankerten Boot hören.

Das **Al Paradiso Perduto** (Cannaregio 2540, Tel. (041) 72 05 81, geöffnet Mo, Di, Do–Sa 19–2 Uhr, So mittags), eine große, chaotische und fröhliche Bar, bietet preisgünstiges venezianisches Essen und mehrmals pro Woche Livemusik (vor allem Reggae und Jazz), manchmal auch Lesungen und Vernissagen.

An der Fondamenta degli Ormesini erfreut sich der **Pub Da Aldo** (Cannaregio 2710, Tel. (041) 71 58 34, geöffnet Mo–Sa 11–15 und 21–2 Uhr) großer Beliebtheit. Das überwiegend junge Publikum genießt die reiche Auswahl an preisgünstigen Bieren und den Trubel, der hier herrscht. Ganz in der Nähe befindet sich der kleine **Camelot Pub** (Cannaregio 2754, Tel. 0339 443 06 17, geöffnet Di–So bis 4 Uhr).

Wenn Sie einen Teller Pasta essen möchten, bevor Sie sich ins Getümmel stürzen, empfiehlt sich die **Trattoria Antica Mola** (Cannaregio 2800, Tel. (041) 71 74 92, geöffnet Sept.–Juli tägl. 12–13.30 und 18.30–22 Uhr) mit Terrasse und Garten sowie guter Hausmannskost zu vernünftigen Preisen.

Wenn Sie die Nacht durchgefeiert haben oder zu den Frühaufstehern gehören, können Sie im **Caffè Michela** (Cannaregio 2845, geöffnet Mi–Mo ab 6 Uhr) frühstücken.

Das **Alla Bagatela** (Cannaregio 2924, Tel. (041) 71 78 88, geöffnet Mo–Sa) öffnet zwar erst um 21 Uhr, bietet dafür jedoch bis spät in die Nacht hinein Satellitenfernsehprogramme, Computerspiele sowie Essen und Getränke auf der großen Terrasse.

An der Fondamenta delle Cappuccine gilt das **Da Brunò** (Cannaregio 3082, Tel. (041) 71 81 98, geöffnet Mo–Sa) als die Szenekneipe schlechthin für den Aperitif vor dem Essen.

Die **Osteria Al Bacco** (Cannaregio 3054, Tel. (041) 71 74 93, geöffnet Di–So 10.30–14 und 18.30 Uhr–Mitternacht) gehört zu den ältesten *osterie* Venedigs. Serviert wird gute venezianische Küche.

Die kleine *trattoria* **Ae Gondolette** (Cannaregio 3016, geöffnet Mo–Fr mittags) ist vor allem wegen ihres schattigen Gartens beliebt.

Venedigs **Casinò Municipale** ist weltberühmt. Der Hauptsitz befindet sich im luxuriösen Palazzo Vendramin-Calergi (Rio Terrà della Maddalena, Tel. (041) 529 71 11, geöffnet: Automaten tägl. ab 11 Uhr, Tische tägl. 15–2.30 Uhr, *vaporetto:* San Marcuola). Auf dem Festland gibt es eine Filiale unweit des Flughafens in der Ca' Noghera. Ziehen Sie Abendkleidung an, und vergessen Sie Ihren Ausweis nicht.

San Polo & Santa Croce

Erste Orientierung

Der obere Teil des Canal Grande umschließt San Polo und das angrenzende Santa Croce. Die Namen der beiden Stadtteile beziehen sich auf dort stehende Kirchen. In beiden Vierteln gibt es relativ wenige berühmte Sehenswürdigkeiten, dafür können Sie hier den venezianischen Alltag und die reizvolle Atmosphäre der Stadt hautnah erleben. Der Überlieferung nach siedelten die ersten Bewohner Venedigs auf den Inseln am so genannten *rivus altus* (oberen Ufer), später wurde daraus die bis heute übliche Bezeichnung Rialto. Dort geht es besonders lebhaft zu.

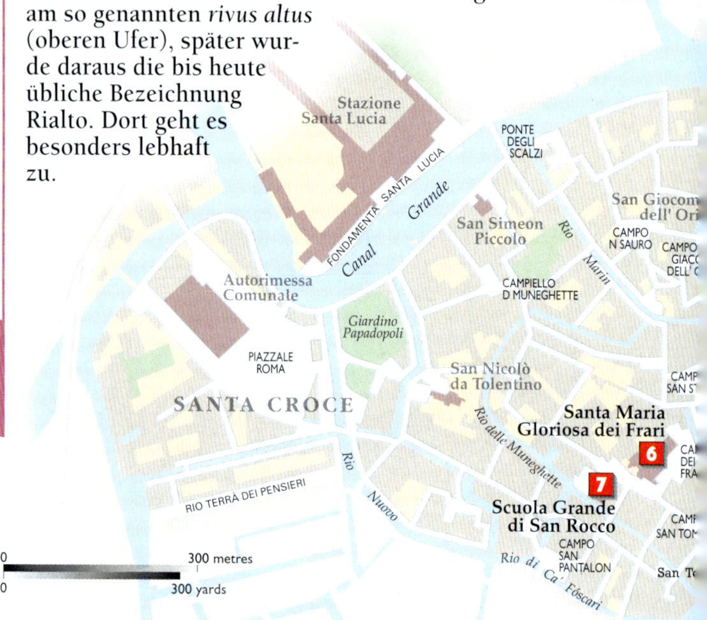

Kähne bringen Obst und Gemüse zum Rialtomarkt

★ Nicht verpassen!

1. Rialto & Ponte di Rialto ➤ 108
2. Mercato di Rialto ➤ 110
6. Santa Maria Gloriosa dei Frari ➤ 112
7. Scuola Grande di San Rocco ➤ 114

Nach Lust und Laune!

3. Ca' Pesaro ➤ 116
4. Palazzo Mocenigo ➤ 116
5. Campo San Polo ➤ 117

Seite 103: Die Rialtobrücke bei Nacht

Meeresfrüchte auf dem Fischmarkt am Rialto

Die Märkte des Rialto und die umliegenden Straßen gehören zu den Touristenmagneten Venedigs. Boutiquen reihen sich hier an Souvenirläden und Geschäfte mit Lederaccessoires, dazwischen verkaufen Fischhändler, Bäcker und Metzger ihre Waren. Etwas weiter westlich steht die Kirche Santa Maria Gloriosa dei Frari mit sehenswerten Kunstschätzen. Die benachbarte Scuola Grande di San Rocco birgt einen berühmten Gemäldezyklus von Tintoretto. Wenn Sie durch enge Gässchen und über sonnige Plätze nach Norden spazieren, gelangen Sie zum nördlichsten Punkt des Canal Grande. Das Viertel rund um den Piazzale Roma ist allerdings nicht besonders reizvoll. Schlendern Sie lieber durch kleine Seitenstraßen zurück, oder folgen Sie dem Lauf des Canal Grande bis zur reizvollen Ca' Pesaro, in der sich heute zwei interessante Museen befinden. In diesem Teil Venedigs können Sie auch den Abend verbringen: Wenn die Märkte schließen, öffnen in San Polo einige der schönsten und traditionsreichsten Bars und Restaurants der Stadt.

Die beiden *sestieri* San Polo und Santa Croce bieten für jeden das Richtige: Der Rialto gehört zu den größten Märkten Europas; Kirchen und Museen zeigen berühmte Gemälde.

San Polo & Santa Croce an einem Tag

9 Uhr

Beginnen Sie den Tag an der **Rialtobrücke** (➤ 108f), der bis zum 19. Jahrhundert einzigen Brücke über den Canal Grande. Erkunden Sie anschließend die **Märkte** (rechts, ➤ 110f) und die umliegenden Straßen, die noch immer die Namen der einst ausschließlich dort gehandelten Waren tragen. Kaufen Sie alles für ein Picknick ein, oder streifen Sie durch die Souvenirläden und Boutiquen.

10.30 Uhr

Werfen Sie einen Blick in die Kirche San Giacomo di Rialto (➤ 110), die angeblich am selben Tag des Jahres 421 gegründet wurde wie die Stadt selbst. Trinken Sie danach einen Cappuccino an der Fondamenta del Vin (➤ 109).

11 Uhr

Laufen Sie nach Nordosten zum **Palazzo Mocenigo** (➤ 116). Das prachtvolle Stadthaus aus dem 19. Jahrhundert mit freskenverzierten Räumen ist bei Touristen wenig bekannt. Wandern Sie dann durch die Sträßchen zwischen der Kirche San Stae und dem Bahnhof bis zum schattigen Giardino Papadopoli, einem ehemals privaten Park am Rand des Canal Grande.

12.30 Uhr

Bummeln Sie durch die Einkaufsstraßen nach Osten zum **Campo San Polo** (links, ➤ 117), Venedigs zweitgrößtem Platz.

13 Uhr

Ruhen Sie sich aus, und essen Sie eine Kleinigkeit in einer der vielen Bars dieses Viertels. Schlecken Sie ein Eis aus einer der *gelaterie* an der Frari.

14 Uhr

Auf dem Campo dei Frari steht die große Kirche **Santa Maria Gloriosa dei Frari** (rechts, ➤ 112f), ein gotischer Sakralbau mit sehenswerten Kunstwerken.

15.30 Uhr

Bewundern Sie einige Bilder Tintorettos in der **Scuola Grande di San Rocco** (unten, ➤ 114f), die zu den bedeutendsten Kunstschätzen Venedigs gehören. In der Kirche San Rocco auf der rechten Seite der Scuola können Sie weitere Gemälde des Künstlers anschauen.

17.30 Uhr

Schlendern Sie südwärts zum Campo San Pantalon mit der gleichnamigen Kirche aus dem 17. Jahrhundert. San Pantalon besitzt vermutlich das weltweit größte Ölgemälde auf Leinwand, ein Deckengemälde von Fumiani, das in 40 Trompe-l'Œil-Darstellungen die Geschichte des hl. Pantaleon erzählt.

19 Uhr

Fahren Sie mit dem *vaporetto* von San Tomà über den Canal Grande zur Haltestelle San Silvestro, und essen Sie in der Trattoria alla Madonna (San Polo 594, Calle della Madonna, Tel. (041) 522 38 24) zu Abend.

Rialto & Ponte di Rialto

Der Rialto flattert als Postkartenmotiv jährlich millionenfach in Briefkästen in aller Welt. Der erste unmittelbare Anblick gleicht daher meist einem Déjà-vu-Erlebnis. Manche Urlauber empfinden die Brücke und die umliegenden Straßen als zu touristisch, dennoch steht das historische Viertel weit oben auf der Liste der Sehenswürdigkeiten Venedigs.

Das Wort »Rialto« stellt eine Verstümmelung von *rivus altus* (oberes Ufer) dar. Tatsächlich lag das Gebiet einst höher als die meisten anderen Teile der Lagune und war daher weniger stark vom Hochwasser bedroht. Hier befand sich deshalb die älteste Siedlung Venedigs. Im 10. und 11. Jahrhundert legte man das umliegende Gebiet nach und nach trocken, um Raum zu gewinnen. Im Jahre 1097 zog der Hauptmarkt von der anderen Seite des Canal Grande an seinen heutigen Ort und entwickelte sich bald zu einem der wichtigsten ökonomischen Zentren Europas. Im 12. Jahrhundert führte eine Bootsbrücke von einem Ufer zum anderen, sie wurde im 13. Jahrhundert durch die erste von insgesamt fünf Holzbrücken ersetzt.

Während sich in San Marco das politische Zentrum der Republik befand, konzentrierten sich am Rialto Güter und Finanzen. Im Mittelalter kontrollierten die venezianischen Kaufleute von hier aus die Geschäfte zwischen Westeuropa und dem Fernen Osten, aus dem sie die begehrten Gewürze

Wussten Sie das?

Der Ponte di Rialto (Rialtobrücke) besteht aus einem einzigen, 48 Meter langen und 7,5 Meter hohen Bogen, unter dem auch die alten Galeeren durchfahren konnten. Bis zum Bau des ersten Ponte dell'Accademia (1854) konnte man den Canal Grande nur hier zu Fuß überqueren. Die Bahnhofsbrücke und die heutige Accademiabrücke stammen aus den Dreißigerjahren.

Ein Abendbummel am Canal Grande lohnt sich immer

RIALTO & PONTE DI RIALTO: INSIDER-INFO

Top-Tipps: Benutzen Sie die **äußeren Stufen** der Rialtobrücke, um dem schlimmsten Gedränge zu entkommen, und **bleiben Sie in der Mitte stehen**, um die Aussicht aufs Wasser zu genießen.

- Steigen Sie in San Silvestro aus, und laufen Sie durch die ***calle*** des Rialto – hier ist es weniger voll.
- In den **Läden am Rialto** gibt es Waren mittlerer Qualität.

und Seidenstoffe importierten. Auch die Büros der Reeder, die Vertretungen großer europäischer Banken und die Niederlassungen internationaler Handelsgesellschaften lagen in diesem Bezirk. Nachdem Vasco da Gama Ende des 15. Jahrhunderts das Kap der Guten Hoffnung umrundet hatte, büßten die Venezianer ihre Monopolstellung im Handel mit dem Fernen Osten ein, und der Rialto verlor an Bedeutung. 15 Jahre später zerstörte ein Feuer große Teile des Viertels, das jedoch rasch wieder aufgebaut wurde. Nur die Kirche **San Giacomo** (➤ 110) blieb von den Flammen verschont.

Die heutige Brücke entstand zwischen 1588 und 1591. 1557 hatte man einen Wettbewerb ausgeschrieben, an dem sich unter anderem Palladio, Sansovino und Michelangelo beteiligten. Den Zuschlag erhielt jedoch der Venezianer Antonio da Ponte für seine kühne einbogige Marmorkonstruktion. Die Läden und die Arkaden kamen erst später hinzu.

Unterhalb der Brücke erstreckt sich die **Fondamenta del Vin**, an der einst Weinfässer ausgeladen wurden. Sie gehört zu den wenigen Abschnitten des Canal Grande, an denen man direkt am Wasser entlanglaufen kann

Blick vom Rialto auf den viel befahrenen Canal Grande

KLEINE PAUSE

Genießen Sie die lokaltypische Atmosphäre der **Trattoria Antico Dolo** (San Polo 778, Ruga Vecchia, Tel. (041) 522 65 46), und essen Sie dort phantasievolle *cicheti* oder ein ganzes Menü.

193 F1 · Rialto · 1, Rialto/San Silvestro

2

Mercato di Rialto

Durch und durch venezianisch geben sich die Rialtomärkte. Bahnen Sie sich Ihren Weg zwischen feilschenden Hausfrauen, hören Sie den Angebotsrufen der Händler zu, genießen Sie den Duft von Fisch, Fleisch, Obst und Gemüse, und lassen Sie sich durch das Labyrinth der *calle* (Gässchen) treiben.

Einst reisten Kaufleute aus ganz Europa zum Rialto, um dort mit Edelsteinen, Gold, Silber, Gewürzen und Seide zu handeln. Die Einheimischen kauften derweil in den umliegenden Straßen ein, die bis heute die Namen der dort gehandelten Produkte tragen. Die Verkäufer versorgten sich im Gewirr der winzigen Straßen mit Wasser aus Brunnen, denen ebenfalls viele Orte ihre Bezeichnung verdanken. Nach wie vor sind Schmuckhändler auf der Rialtobrücke (➤ 108f) ansässig, ansonsten bekommt man auf dem Markt heute vor allem Lebensmittel.

Auf der Seite von San Polo liegt rechts hinter der Rialtobrücke der **Campo San Giacomo** mit dem Obstmarkt. Außerdem steht an dem Platz eine der ältesten Kirchen Venedigs. Der Legende nach wurde **San Giacomo di Rialto** am 25. März 421, dem Tag der Stadtgründung, geweiht. Der Grundriss in Form eines griechischen Kreuzes und der Portikus blieben erhalten. Im Innern recken sich alte griechische Marmorsäulen mit Kapitellen aus dem 11. Jahrhundert empor. Die Uhr über der Tür kam im 15. Jahrhundert hinzu und ging seitdem fast immer falsch.

Am benachbarten **Campo Battisti** stapeln sich Obst und Gemüse an den Ständen. Die Metzger verkaufen unter anderem das in Italien beliebte Pferdefleisch. Dahinter folgt die ***pescheria***, der Fischmarkt, mit wirklich fangfrischem Fisch und Meeresfrüchten.

Oben: Einheimische und Touristen drängen sich in den Gassen am Rialto

Links: Meeresfrüchtestand in der Markthalle der *pescheria*

MERCATO DI RIALTO: INSIDER-INFO

Top-Tipps: Der Fischmarkt bleibt **montags geschlossen.**
- Bummeln Sie **frühmorgens** über den Markt, wenn die Händler ihre Waren auspacken.

Geheimtipp: Auf dem Campo San Giacomo steht gegenüber der Kirche ein Säulenstumpf bei einer Treppe, die von einer knieenden Figur gestützt wird. Bei dieser Figur handelt es sich um den **Gobbo di Rialto**, den Buckligen von Rialto. Im Mittelalter wurden Übeltäter nackt unter Stockschlägen von der Piazza San Marco bis hierher getrieben.

Achten Sie beim Obst- und Gemüsekauf auf das ***nostranno***-Etikett, ein Gütezeichen für Erzeugnisse aus der Region, die überwiegend von der Garteninsel Sant'Erasmo stammen.

Muss nicht sein! Meiden Sie die mit Kitsch voll gestopften, überteuerten **Souvenirstände** an der Rialtobrücke.

KLEINE PAUSE

Stellen Sie auf dem Markt oder in einem der Lebensmittelläden einen Imbiss zusammen, und genießen Sie ihn auf einem ruhigen *campo*. Einkehren können Sie in einigen der ältesten *bàcari* Venedigs, z. B. im **Da Pinto** (San Polo 367, Campo delle Beccarie, Tel. (041) 522 45 99).

193 E2 Campo San Giacomo di Rialto, Campo Battisti, Campo della Pescaria und angrenzende Straßen Markt: 7.30–12.30 Uhr 1, San Silvestro; 1, 82, Rialto

6

Santa Maria Gloriosa dei Frari

Im Herzen eines typisch venezianischen Gassenlabyrinthes steht die 1250 geweihte Franziskanerkirche (*frari* ist das venezianische Kurzwort für Mönche). Die 98 Meter lange, 48 Meter breite und 28 Meter hohe gotische Kirche entstand überwiegend im 14. und 15. Jahrhundert. Das zweitgrößte Gotteshaus der Stadt birgt bedeutende Gemälde und Skulpturen sowie die Grabmäler einiger berühmter Venezianer.

Im hinteren Teil des Hauptschiffes befindet sich das Grabmal Tizians aus dem 19. Jahrhundert. Ihm gegenüber birgt das ursprünglich für Tizian bestimmte Monument das Herz des Bildhauers Antonio Canova (1757–1822). Unweit des Hauptaltars steht das Foscari-Monument. Es erinnert an den gleichnamigen Dogen aus dem 15. Jahrhundert, der 34 Jahre lang regierte. Ein prachtvoller **Lettner** aus dem 15. Jahrhundert trennt den **Coro dei Frati (Mönchschor)** vom Hauptschiff. Die 124 hölzernen Chorstühle von Marco Cozzi (1468) sollten Sie wegen der darauf dargestellten Stadtansichten genauer betrachten. Der Komponist Monteverdi (1567–1643) wurde in einer Kapelle links vom Hochaltar beigesetzt. Donatellos (um 1386–1466) *Johannes der Täufer* in der Kapelle rechts vom Hochaltar ist das einzige venezianische Werk des Florentiner Meisters.

Die Gemälde sind die größten Kunstschätze der Kirche, wobei Tizians dynamische *Himmelfahrt Mariens* über dem Hochaltar, seine *Madonna di Ca' Pesaro* auf der linken Seite des Schiffes und Giovanni Bellinis ruhig-erhabenes Triptychon der *Jungfrau mit Kind mit den Heiligen Nikolaus, Petrus, Benedikt und Markus* in der Sakristei besonders hervorstechen.

Die Franziskanerkirche Santa Maria Gloriosa dei Frari

Tizians berühmte *Himmelfahrt Mariens*

Tizian

Tiziano Vecelli, bekannt als Tizian, wurde 1487 geboren und beherrschte die Malerei Venedigs im 16. Jahrhundert bis zu seinem Tod während der Pestepidemie von 1576. Seine Porträts und Bilder zu mythologischen Themen waren in ganz Europa bekannt; seine berühmtesten Werke hängen in Venedig. Die *Himmelfahrt Mariens* (1518) in der Frari, eines der größten Gemälde der Welt, ist ein Meisterwerk der Pinselführung und Farbgebung. Tizian steigerte seine Ausdruckskraft immer weiter, bis hin zur unvollendeten *Pietà* in der Accademia. Er war das einzige Pestopfer, das innerhalb der Stadtmauern beigesetzt wurde.

KLEINE PAUSE

Gehen Sie zum Campo San Polo, und essen Sie eine Pizza bei **Da Sandro** (San Polo 1473, Campiello Meloni, Tel. (041) 523 48 94) oder ein Menü im gleichnamigen Restaurant gegenüber.

197 F5 · Campo dei Frari · (041) 522 26 37 · Mo–Sa 9–18, So 13–18 Uhr · 1, 82, San Tomà · preiswert

SANTA MARIA GLORIOSA DEI FRARI: INSIDER-INFO

Top-Tipp: Der Eingang befindet sich am linken Querschiff. Gehen Sie im Innern **gleich in den hinteren Teil** der Kirche, um sich zu orientieren und den Raum in seiner Gesamtheit wahrzunehmen.

Ein Muss:
- Tizians ***Himmelfahrt Mariens*** und ***Madonna di Ca' Pesaro***
- Marco Cozzis **Chorgestühl**
- Donatellos ***Johannes der Täufer***
- Giovanni Bellinis ***Jungfrau mit Kind und Heiligen***

Außerdem: Das rings um zwei Kreuzgänge erbaute ehemalige Franziskanerkloster beherbergt seit 1815 den **Archivio di Stato (Staatsarchiv)**. In den rund 300 Räumen lagern die offiziellen Dokumente zur venezianischen Stadtgeschichte – insgesamt über 15 Millionen Bücher und Manuskripte.

7

Scuola Grande di San Rocco

Venedig hat einiges an Kunstschätzen zu bieten, doch selbst hier nimmt Tintorettos phantastischer Gemäldezyklus in den Sälen der Scuola Grande di San Rocco eine Sonderstellung ein. Der Künstler gewann den für den Hauptsitz der reichsten Scuola des 15. Jahrhunderts ausgeschriebenen Wettbewerb, indem er statt einer Skizze ein fertiges Gemälde vorlegte, das er durch 54 weitere Bilder ergänzte. Das meisterhafte Ergebnis seiner Arbeit sollten Sie unbedingt ansehen.

Der hl. Rochus, der Pestkranke pflegte und ein gutes Verhältnis zu Hunden hatte, war im mehrfach von der Pest heimgesuchten, hundefreundlichen Venedig stets sehr beliebt. 1478 wurde eine Bruderschaft mit seinem Namen gegründet. Die Scuola entstand zwischen 1515 und 1550 und erhielt ihren Innendekor zwischen 1564 und 1587.

Die Obere Halle der Scuola

Die venezianischen *scuole*

Bei den *scuole* (Schulen) handelte es sich um Bruderschaften, die sich unter den Schutz eines Heiligen stellten und karitative Einrichtungen unterhielten. Später unterstanden sie dem Staat und vertraten die Interessen verschiedener Gruppen innerhalb der Bürgerschaft. Im 16. Jahrhundert gab es in Venedig sechs *scuole grandi* (große Schulen) und über 200 *scuole piccole* (kleine Schulen). Jede der großen Schulen besaß eigene Gebäude, die in der Regel eine Eingangshalle, einen Kapitelsaal und einen *albergo* (Sitzungssaal) umfassten. Gemäldezyklen bildeten den Dekor und unterstrichen den Reichtum der Scuola. Die Scuola di San Rocco blieb als Einzige auch unter Napoleon bestehen und tritt bis heute alljährlich zusammen.

SCUOLA GRANDE DI SAN ROCCO: INSIDER-INFO

Top-Tipps: Wenn Sie die Gemälde in ihrer Entstehungsreihenfolge betrachten möchten, müssen Sie in der **Sala dell'Albergo** neben der Oberen Halle beginnen.
- Am Kartenschalter können Sie eine **Kassettenführung** leihen, die über die Scuola und die Gemälde informiert. Außerdem liegen **Raumpläne** und **Infoblätter** aus.
- Benutzen Sie die in den verschiedenen Räumen angebrachten **Spiegel**, um Details der Deckengemälde zu betrachten.

Nicht verpassen! ***Die Kreuzigung*** in der Sala dell'Albergo gehört zu den bedeutendsten Gemälden Italiens.

Die ältesten Gemälde befinden sich in der **Sala dell'Albergo (Sitzungssaal)** im Obergeschoss. Hier hängt das Bild *Der hl. Rochus im Glorienschein*, mit dem Tintoretto den Wettbewerb gewann. *Die Kreuzigung*, eines der faszinierendsten Werke des Künstlers, beeindruckte den Kritiker Ruskin so stark, dass er sie »über jede Interpretation und jedes Lob erhaben« glaubte. Die angrenzende **Obere Halle** schmückte Tintoretto mit Szenen aus dem Alten Testament an der Decke und einem Zyklus zum Leben Jesu an den Wänden. Auch hier zeugt das Zusammenspiel von Komposition, Licht und Farben vom Genie des Künstlers. Unterhalb der Gemälde sind allegorische Holzfiguren zu sehen, z. B. eine Karikatur Tintorettos direkt unter dem Bild *Jesus im Garten Gethsemane*. Als der Künstler mit den Arbeiten an der **Halle im Erdgeschoss** begann, war er bereits über 60 Jahre alt. Geradezu impressionistisch wirken *Die Verkündigung* und *Die Flucht nach Ägypten*, die zugleich Ruhe und Heiterkeit ausstrahlen.

Bartolomeo Bons Fassade der Scuola

KLEINE PAUSE

Da Sandro (San Polo 1473, Campiello Meloni, Tel. (041) 523 48 94) erreichen Sie gut von San Rocco oder der Frari aus.

Tintorettos Meisterwerke

197 E4 Campo San Rocco (041) 523 48 64 April–Okt. tägl. 9–17.30 Uhr; sonst 10–16 Uhr 1, 82, San Tomà mittel

Nach Lust und Laune!

Die Ca' Pesaro in barocker Pracht

3 Ca' Pesaro

58 Jahre lang arbeiteten Baldassare Longhena (➤ 23) und Antonio Gaspari bis zur Vollendung des barocken Palazzo Pesaro, meist kurz Ca' Pesaro genannt. 1710 wurde er eingeweiht, seit dem 19. Jahrhundert beherbergt er zwei Museen. Das **Museo d'Arte Moderna (Museum für Moderne Kunst)** umfasst eine Sammlung mit Werken des späten 19. und des 20. Jahrhunderts. Das **Museo Orientale (Museum für fernöstliche Kunst)** zeigt japanische Kunst der Edo-Zeit (1600–1868), die der Conte dei Barbi auf seiner Weltreise im 19. Jahrhundert zusammentrug.

193 D2
Fondamenta Ca' Pesaro
(041) 524 11 73
Di–So 9–14 Uhr
1, San Stae
mittel

Das älteste Gewerbe der Welt

Der Name des Ponte delle Tette, einer Brücke unweit des Campo San Polo, bezieht sich auf die Prostituierten, die hier einst mit entblößten Brüsten auf ihre Freier warteten. Ende des 16. Jahrhunderts gingen in Venedig über 11 600 Frauen diesem Gewerbe nach. Der Venezianer Marin Sanudo veröffentlichte eine Liste mit Adressen und Preisen von 210 Huren. Seiner Berechnung zufolge hätte es 1200 *scudi* gekostet, sich mit allen zu vergnügen.

4 Palazzo Mocenigo

Dieser prächtige Palazzo wurde im 18. Jahrhundert für eine der einflussreichsten Familien der Stadt erbaut, die nicht weniger als sieben Dogen stellte. Der größte Saal, der *portego*, zieht sich über die gesamte Länge des Gebäudes. Das Vorzimmer ist mit kostbarer roter Seide und Spiegeln aus dem 18. Jahrhundert ausgestattet. Der Palazzo Mocenigo beherbergt das Museo del Tessuto e del Costume, ein Museum für Stoffe und Kostüme mit eleganten Seidengewändern, unbequemen Korsetts und hochhackigen Schuhen, die von der Liebe der Italiener zur *alta moda* zeugen.

192 C2 Salizzada San Stae
(041) 72 17 98
April–Okt. Di–So 10–17 Uhr; sonst Mo–Sa 10–16 Uhr
1, San Stae
Kombiticket für den Palazzo Ducale, das Museo Civico Correr, Museo Vetrario und Museo del Merletto sowie den Palazzo Mocenigo: mittel

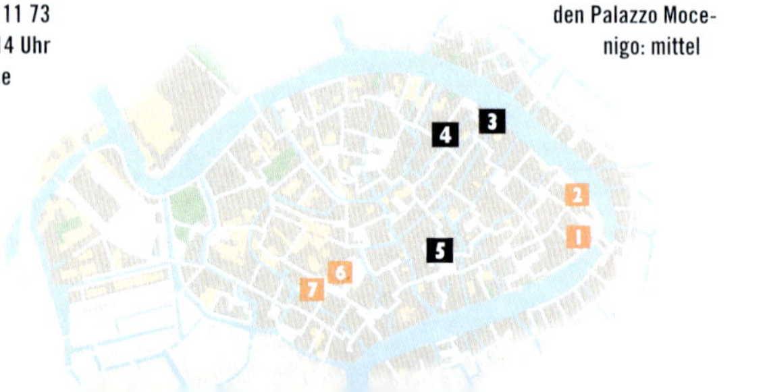

5 Campo San Polo

Der größte Platz auf der Westseite des Canal Grande liegt an einer der Hauptstraßen vom Rialto zur Accademia. Schöne *palazzi* säumen den beliebten Treffpunkt, auf dem immer eine Menge los ist. In früherer Zeit fanden auf dem mit Ziegeln gepflasterten Platz religiöse Feste, Stierkämpfe und Theatervorführungen statt. Im Sommer dient er heute als Freilichtkino, allabendlich drängen sich bei den Vorstellungen rund 1000 Menschen.

Bis 1750 führte an der Ostseite ein Kanal entlang, dessen Verlauf noch deutlich an der gewundenen Linie der *palazzi* zu erkennen ist. Besonders sehenswert sind die Palazzi Soranzo, zwei gotische Stadthäuser, und der Palazzo Corner Mocenigo aus dem 16. Jahrhundert. Die Kirche **San Polo** erhebt sich abseits des Platzes mit Blick auf den Kanal. Sie wurde im 19. Jahrhundert stark umgebaut, besitzt jedoch noch schöne Überbleibsel aus dem 15. Jahrhundert. Zwei steinerne Löwen ruhen an der Basis des 1362 erbauten, frei stehenden Glockenturms. Im Innern birgt das Kreuzoratorium einen Kreuzweg mit 14 Stationen, den Giandomenico Tiepolo, der Sohn von Giovanni Battista Tiepolo, gestaltete.

Bäume werfen ihre Schatten auf den verwitterten Stuckdekor am Campo San Polo

192 C1 Kirche San Polo
Campo San Polo
(041) 275 04 62
Mo–Sa 10–17, So 13–17 Uhr
1, 82, San Tomà; 1, 82, San Silvestro
preiswert

Brunnen und Wasser

Jeder venezianische *campo* besitzt seinen Brunnen. Sie entstanden, bevor man Trinkwasser über einen Aquädukt vom Festland auf die Inseln leitete. Jeder Brunnen umfasst eine fünf Meter tiefe, mit Sand gefüllte Zisterne, die mit einer wasserundurchlässigen Schicht ausgekleidet ist. Im Zentrum steht der gemauerte Brunnenschacht, der durch winzige Drainagelöcher mit dem Sand verbunden ist. Dringt Regenwasser in die Erde ein, wird es durch den Sand gefiltert und fließt dann in den Schacht, durch den man es nach oben pumpen kann. Auf vielen venezianischen Plätzen markiert Gras die darunter liegende Zisterne.

Wohin zum … Essen und Trinken?

Preise
Für ein Essen ohne Getränke:
€ unter 26 Euro **€€** 26–46 Euro **€€€** über 46 Euro

Bàcari, Bars und *Gelaterie*

Antica Osteria Ruga Rialto €

Im Gebiet rund um die Rialtomärkte gibt es eine Vielzahl reizvoller *bàcari*. Das Ruga Rialto bietet eine phantastische Auswahl an typisch venezianischen *cicheti*, darunter *sarde fritte* (frittierte Sardinen) und *polpette* (Frikadellen). Mittags schmeckt auch ein Teller *spaghetti col nero* (mit Tintenfischtinte), dazu ein Glas Hauswein.

- 193 E1
- San Polo 692, Ruga Rialto
- (041) 521 12 43
- tägl. 11–15 und 18 Uhr–Mitternacht
- San Silvestro

Bar Da Elio €

Am Eck des Rialto-Fischmarktes bietet der winzige Stehimbiss ganz besonders phantasievolle *cicheti*. Er öffnet schon früh am Morgen für die Marktarbeiter und ab 6.30 Uhr für das gewöhnliche Publikum. In der Vitrine liegen leckere *tramezzini*, unter anderem mit Garnelen und Rucola, gegrilltem Gemüse und Kräutern. Der richtige Platz für eine Pause morgens um zehn in Venedig.

- 193 E2
- San Polo 317, Campo delle Beccarie
- (041) 520 31 90
- Di–So 6.30–19 Uhr
- Rialto, San Silvestro

Cantina Do Mori €

Das Do Mori, einer der historischen *bàcari* Venedigs, ist über 500 Jahre alt. Es befindet sich im Durchgang zwischen zwei schmalen Gassen und bietet eine lange Weinkarte sowie eine reiche Auswahl an *cicheti*.

- 193 E1
- San Polo 429, Calle dei do Mori (an der Ruga Vecchia San Giovanni)
- (041) 522 54 01
- Mo–Sa 8.30–20.30 Uhr; geschl. 2 Wochen im Aug.
- San Silvestro, Rialto

Osterie, Pizzerie, Trattorie und *Ristoranti*

Osteria Al Bancogiro €

Bei schönem Wetter blicken Sie von den Tischen vor dem Bancogiro auf die Kirche San Giacomo auf der einen und den Canal Grande auf der anderen Seite. Zur Bar gehören auch einige Tische im ersten Stock. Sie haben die Auswahl zwischen leckeren Sandwiches, feinem Käse und *salumi* sowie Fischgerichten und Salaten.

- 193 E1
- San Polo 122, Campo San Giacomo di Rialto (041) 523 20 61
- Di–Sa 10.30–15 und 18.30–23 Uhr, So 10.30–15 Uhr
- Rialto, San Silvestro

Osteria Da Fiore €€€

Das kleine Restaurant bietet preisgekrönte venezianische Küche. Mara Martìn verwendet ausschließlich fangfrischen Fisch für ihre Gerichte mit aufregenden Geschmacksnoten. Die *antipasti* umfassen rohe Garnelen und *calamaretti* (kleine Tintenfische); im *brodetto*, einer leichten Fischbrühe, schwimmt pochierter Lagunenfisch, und auch zur hausgemachten Pasta passen die besten Stücke des Tagesfanges hervorragend. Der *fritto misto* ist ein Gedicht, die Desserts sind fischfrei, aber nicht minder köstlich. In diesem Buona-Accoglienza-Restaurant (➤ 38) müssen Sie reservieren.

- 192 C1
- San Polo 2202, Calle del Scaleter
- (041) 72 13 08

Di–Sa 12.30–14.30 und 19.30–22.30 Uhr; geschl. 3 Wochen im Aug., 24. Dez.–13. Jan.
San Silvestro, San Stae

Pizzeria Antico Panificio €

Ein Mosaik mit dem Namen der alten Bäckerei verschönt die ansonsten nüchtern eingerichtete *pizzeria-trattoria*, in der Sie Pizza essen oder mitnehmen können. Die Pizza wird in einem Elektroofen zubereitet.

193 D1
San Polo 945, Campiello del Sole
(041) 277 09 67
Mi–Mo 12–15 und 19–23 Uhr
San Silvestro

Trattoria Da Ignazio €€

Seit 50 Jahren serviert dieser Familienbetrieb hausgemachte venezianische Spezialitäten. Meeresfrüchte aus der Lagune, darunter frische *granceola* (Seespinne), *caparozzoli* (Venusmuscheln) und *capesante* (Jakobsmuscheln) kommen auf den Tisch. Köstlich schmeckt auch Pasta mit *seppie* (Tintenfisch) in eigener Tinte oder mit gemischten Meeresfrüchten. Im Sommer sitzt man draußen im schattigen Hof. Das Restaurant trägt das Buona-Accoglienza-Gütezeichen (➤ 38).

198 A5
San Polo 2749, Calle dei Saoneri
(041) 523 48 52
So–Fr 12.30–14.30 und 19.30–22 Uhr
San Tomà

La Zucca €–€€

»Der Kürbis« ist eine freundliche, lockere *trattoria* mit guter Hausmannskost, die überwiegend auf frischem Gemüse basiert. Nehmen Sie am Fenster mit Blick auf den Kanal oder an einem der Tische im Freien Platz, und probieren Sie Paprikaschoten mit Balsamessig, Pasta mit sizilianischer Soße oder ein Dessert.

192 C2
Santa Croce 1762, Ponte del Megio, San Giacomo dell'Orio
(041) 524 15 70
Mo–Sa 12.30–14.30 und 19–22.30 Uhr
San Stae

Wohin zum … Einkaufen?

Die Lebensmittel- und Fischmärkte am Rialto liegen im Herzen des geschäftigen Viertels und lohnen mit Sicherheit einen Erkundungsgang, auch wenn Sie sich nicht selbst verpflegen müssen. Machen Sie ein paar farbenfrohe Fotos, oder kaufen Sie kulinarische Köstlichkeiten als Souvenirs. Legen Sie wie die Venezianer während des Einkaufsbummels eine oder mehrere Pausen in einem *bàcaro* oder einer *osteria* ein, und genehmigen Sie sich einige *cicheti* und ein Glas Wein. In der Regel ist Rialto die nächstgelegene *vaporetto*-Haltestelle.

Aliani Gastronomia (San Polo 214, Ruga Vecchia San Giovanni, Tel. (041) 520 65 25) ist ein Feinkostgeschäft, in dem Sie Käse, Olivenöl und Balsamessig sowie alles für ein Picknick einkaufen können.

Drogheria Mascari (San Polo 381, Ruga dei Spezieri, Tel. (041) 522 97 62), ein altmodischer, typisch venezianischer Laden, verkauft alles von Kaffee und Tee über exotische Gewürze und Trüffelöl bis hin zu Biohonig und guten Weinen zu vernünftigen Preisen.

Die Bäckerei **El Forner de Canton** (San Polo 603, Ruga Rialto, Tel. (041) 522 28 90) bietet verschiedene Brötchen und Brotsorten, die **Premiata Pasticceria Rizzardini** (San Polo 1415, Campiello Meloni, Tel. (041) 522 38 35, *vaporetto:* San Silvestro) bereitet seit 1742 typisch venezianisches Gebäck zu und lohnt den Besuch schon wegen ihres berühmten Schaufensters.

In den Straßen rund um die Märkte am Rialto haben sich auch einige der talentiertesten jungen Modeschöpfer und Designer Venedigs angesiedelt. Die Gebrüder **Attombri** (San Polo 74, Sottoportico Orafi, Tel. (041) 521 25 24) fertigen in ihrem Atelier unter der Arkade an der Ruga degli Orefici hübschen Schmuck aus Glas und Metall. Zu ihren Kunden aus der Modewelt gehören Dolce & Gabbana und Romeo Gigli.

Kunstvolle Kerzen kreiert **C'Era** (San Polo 360, Campo delle Beccarie, neben der Fischmarkthalle, Tel. (041) 277 05 10).

In der Haupteinkaufsstraße von San Polo, der Ruga Rialto, verkauft **L'Erbavoglio** (San Polo 777/A, Ruga Rialto, Tel. (041) 523 03 64) elegante zeitlose Strickmode für Damen. Am Campo San Polo leuchten die Auslagen der Boutique **Hibiscus** (San Polo 1060, Calle della Rugheta, Tel. (041) 520 89 89, *vaporetto:* San Silvestro). Hier finden Sie Jacken und Blusen aus Seidenstoffen und ähnlichen Geweben. **Valeria Bellinasos** edler Laden (San Polo 1226, Campo San Aponal, Tel. (041) 522 33 51, *vaporetto:* San Silvestro) bietet eine ähnliche Auswahl, außerdem schicke Hüte, Handschuhe und Schals.

Ausgefallenen, modernen und antiken Schmuck führt **Ganesha** (San Polo 1044, Ruga Rialto, Tel. (041) 522 51 48, *vaporetto:* San Silvestro) in so reicher Auswahl, dass bestimmt jede Frau etwas Passendes findet.

Preiswertere Präsente verkauft **Karisma** (San Polo 2752, Rio Terrà dei Nomboli, Tel. (041) 71 06 70, *vaporetto:* San Tomà), in erster Linie handgeschöpftes Papier mit Naturfasern und Gräsern, Karten und Bucheinbände.

Preisgekrönte Karnevalsmasken gibt es in der **Bottega dei Mascareri** (San Polo 2720, Calle Saoneri, Tel. (041) 524 28 87, *vaporetto:* San Tomà), handgeschnitzte Riemengabeln für Gondeln im Atelier von **Franco Furlanetto** (San Polo 2768B, Calle dei Nomboli, Tel. (041) 520 95 44, *vaporetto:* San Tomà).

Wohin zum … Ausgehen?

In San Polo ist nicht nur tagsüber viel los. Auf dem Hauptplatz, dem Campo San Polo, geben sich zur Karnevalszeit die Masken ein Stelldichein; im Sommer findet hier das Freilichtkino statt, das zum Teil mit dem Filmfestival zusammenarbeitet. Auch für andere Open-Air-Veranstaltungen nutzt man den Platz nur allzu gerne.

Der lang gezogene **Campo San Giacomo dell'Orio** in Santa Croce gehört bei Nacht zu den schönsten Plätzen Venedigs. Im Sommer werden hier Konzerte veranstaltet. Rund um den Campo stellen Bars und *trattorie* zur Sommerzeit Tische ins Freie. Bekannt ist das **Al Prosecco** (Santa Croce 1657, Tel. (041) 524 02 22). Wenn Sie auf dem Weg zum Bahnhof abends noch ein Bier trinken möchten, empfiehlt sich der **Old Well Pub** (Santa Croce 656, Corte Canal, Tel. (041) 524 27 60, *vaporetto:* Riva di Biasio).

Musikfestivals und Konzertreihen finden in einigen besonders schönen Gebäuden des *sestiere* statt. Die **Scuola Grande di San Giovanni Evangelista** (San Polo 2454, Tel. (041) 270 24 64, *vaporetto:* San Tomà) veranstaltet Konzerte im Stil des »Rondo Veneziano«. Die **Scuola Grande di San Rocco** (Tel. (041) 523 48 64, *vaporetto:* San Tomà) ist im Sommer Schauplatz für Barockmusikfestivals.

Weitere interessante Konzerte gibt es in der Kirche **San Stae** und in der **Frari**.

Dorsoduro & Giudecca

Erste Orientierung

Der Name Dorsoduro – »harter Rücken« – bezieht sich auf den festen Boden unter diesem Viertel. Im Nordosten bildet der Canal Grande die Begrenzung; der Canale della Giudecca, ein Tiefwasserkanal, fließt am südlichen Rand des Bezirks vorbei. In diesem *sestiere* stehen viele historische Gebäude und sehenswerte Kirchen. Malerische Plätze und Kanäle sowie zwei der meistbesuchten Kunstsammlungen Venedigs, die Galleria dell'Accademia und die Collezione Peggy Guggenheim, sorgen für einen stetigen Strom von Touristen.

Im Osten des Bezirks wachen die imposante Kirche Santa Maria della Salute und die Punta della Dogana, das alte Zollhaus der Republik, über die Einfahrt zum Canal Grande. Die lang gestreckten *fondamente* Zattere führten von hier aus nach Süden am Canale della Giudecca entlang. Gleich dahinter liegt eines der schicksten Wohnviertel Venedigs mit stillen Plätzen, hübschen *rii* (kleinen Kanälen), Lebensmittelgeschäften und einer Reihe ausge-

Der Rio Marin bei trübem Wetter

★ Nicht verpassen!

Nach Lust und Laune!

Seite 121: Giovanni Bellinis *Madonna mit Kind,* ein Schmuckstück der Accademia

zeichneter Restaurants. Westlich davon befindet sich die Accademia an der gleichnamigen Brücke, einer von dreien, die über den Canal Grande führen. Die Hauptstraße zieht sich von dort aus nach Westen zum Campo Santa Margherita, einem prachtvollen Platz und zentralen Treffpunkt. Nur wenige Minuten läuft man bis zum Canal Grande, an dem sich in diesem Abschnitt unter anderem die Ca' Rezzonico erhebt. Die weniger gepflegten Straßen rund um die Kirche San Nicolò dei Mendicoli und die schlichteren Häuser Giudeccas rufen in Erinnerung, dass Venedig nicht nur aus Sehenswürdigkeiten und Reichtum besteht.

In Dorsoduro sind Katzen allgegenwärtig

Kunstliebhaber, Hobbyfotografen und alle, die schöne Uferpromenaden, Plätze und reizvolle Straßen mögen, kommen diesmal voll auf ihre Kosten.

Dorsoduro & Giudecca an einem Tag

8.30 Uhr

Besichtigen Sie die **Galleria dell'Accademia** (➤ 126ff) vor dem Hauptansturm der Massen. Venedigs bedeutende Gemäldegalerie gehört mit der Piazza San Marco zu den Hauptsehenswürdigkeiten der Stadt. Konzentrieren Sie sich auf Ihre Lieblingsepoche oder Ihren Lieblingsmaler, und nehmen Sie sich Zeit. (Links: *Die hl. Ursula erreicht das belagerte Köln* von Vittore Carpaccio)

11 Uhr

Spazieren Sie am Rio di San Trovàso entlang bis zur Gondelwerft (➤ 132), und trinken Sie anschließend einen Cappuccino in einer Bar an den Zattere (rechts), von denen aus Sie direkt auf die Insel Giudecca blicken.

11.30 Uhr

Gehen Sie an den **Zattere** (➤ 132) entlang nach Westen, folgen Sie dann dem Rio di San Sebastiano, und laufen Sie weiter bis zur Kirche San Nicolò dei Mendicoli (➤ 175), einer der ältesten und reizvollsten Kirchen der Stadt. Erkunden Sie die umliegenden Straßen, in die sich nur wenige Touristen verirren.

12.30 Uhr

Besuchen Sie kurz vor Schluss den Markt auf dem **Campo Santa Margherita** (links, ➤ 133). Suchen Sie sich eine Bar oder ein Restaurant am Platz aus und gönnen Sie sich zum Nachtisch ein Eis bei Causin.

14 Uhr

Folgen Sie dem Rio di San Barnaba bis zur Gemüsebarke am Ponte dei Pugni, und besichtigen Sie die neu gestaltete Ausstellung über das Venedig des 18. Jahrhunderts in der **Ca' Rezzonico** (rechts, ➤ 134).

15.30 Uhr

Fahren Sie mit dem *vaporetto* über den Canal Grande bis Salute, und besichtigen Sie dort eines der Wahrzeichen Venedigs, die Kirche **Santa Maria della Salute** (links, ➤ 134).

16 Uhr

Liebhaber moderner Kunst sollten unbedingt die **Collezione Peggy Guggenheim** (unten, ➤ 130f) besichtigen. Die Sammlung mit Meisterwerken der modernen Kunst ist in einem unvollendeten *palazzo* aus dem 18. Jahrhundert am Canal Grande untergebracht. Legen Sie im ausgezeichneten Café-Restaurant mit Blick auf den Garten eine Pause ein.

18 Uhr

Schlendern Sie zurück zum Ponte dell'Accademia, und verweilen Sie ein wenig auf dem Campo San Vio, einem der wenigen Plätze direkt am Canal Grande.

19 Uhr

Überqueren Sie den Canale della **Giudecca,** und spazieren Sie ein wenig über die Insel (➤ 135), bevor Sie bei Altanella (Giudecca 268, Calle delle Erbe, Tel. (041) 522 77 80) zu Abend essen. Fahren Sie mit dem Boot zurück, und runden Sie den Abend in einer Bar am Ufer ab.

0

Galleria dell'Accademia

Meisterwerke venezianischer Maler können Sie in Kirchen, Museen und Galerien in der gesamten Stadt besichtigen, doch keiner dieser Orte kommt der Galleria dell'Accademia an Bedeutung gleich. Jeder Saal birgt Gemälde der bedeutendsten venezianischen Künstler, die Darstellungen umfassen tief religiöse, aber auch durch und durch weltliche Aspekte des Lebens. Die 24 Räume lassen sich bewältigen; außerdem ist es reizvoll, diese Werke an ihrem Entstehungsort zu sehen.

Seine Entstehung verdankt das Museum Napoleon, der 1807 Hunderte von Kirchen und religiösen Institutionen säkularisierte und mit ihren Kunstschätzen die Räume der Accademia füllte, um den Studenten Anschauungsobjekte zu bieten. Heute gilt das Museum als eine der besten Gemäldesammlungen Europas. Drei ehemals sakrale und karitativ genutzte Gebäude, die Scuola Grande della Carità, die Kirche Santa Maria und das dazugehörige Kloster, beherbergen heute die Sammlung. Sie sind miteinander verbunden, und die Sammlung ist mehr oder minder chronologisch geordnet – ein faszinierender Einblick in 500 Jahre venezianischer Malerei.

Oben: Eingang zum Kloster in der Accademia

Das Gewitter, ein bis heute rätselhaftes Bild von Giorgione

Die bedeutendsten Meisterwerke

Wenn Sie sich mit venezianischer Malerei nicht gut auskennen, sollten Sie vor allem die nachfolgenden Bilder anschauen. Sie sind nicht nur berühmt und sehenswert, sondern illustrieren auch, wie sich das für venezianische Künstler typische Spiel mit Licht und Farben allmählich entwickelt hat. Die Reihenfolge entspricht jener der Säle, in denen sie hängen.

Paolo Venezianos Polyptychon ***Marienkrönung*** – Saal 1
Maria auf dem Thron im Kreise von sechs Heiligen von Giovanni Bellini – Saal 2
Das Gewitter von Giorgione – Saal 5
Das Markuswunder von Tintoretto – Saal 10
Pietà von Tizian – Saal 10
Die Entführung des hl. Markus von Tintoretto – Saal 11
Veduten und Genrebilder von Canaletto, Guardi und Pietro Longhi – Saal 17
Der Zyklus ***Wunder der heiligen Kreuzreliquie*** von Gentile Bellini, Carpaccio und anderen – Saal 20
Carpaccios ***Ursulazyklus*** – Saal 21
Tizians ***Tempelgang Mariens*** – Saal 24

Oben: Das *Wunder der hl. Kreuzreliquie* (1500) nutzte Bellini zur Darstellung Venedigs

Byzantinische und europäische Gotik

Nehmen Sie sich einige Minuten Zeit für die frühen Bilder. Klare Formen kennzeichnen die europäische Gotik, während der golden leuchtende Hintergrund eindeutig auf den byzantinischen Stil verweist. Die prächtige *Marienkrönung* von Paolo Veneziano (➤ 22) lässt den Einfluss des Osten erkennen.

Früh- und Hochrenaissance

In den nächsten Sälen werden Sie vermutlich etwas mehr Zeit verbringen. Die Renaissance begann in Venedig später als an anderen Orten. Mitte des 15. Jahrhunderts entwickelte die Familie Bellini einen ganz eigenen venezianischen Stil, in dessen Mittelpunkt die Darstellung Marias im Kreise von Heiligen, die so genannte *Sacra Conversazione*, stand. In der Accademia gibt es hierfür mehrere schöne Beispiele wie Giovanni Bellinis Altarbild für San Giobbe, *Maria auf dem Thron im Kreise von sechs Heiligen*, ein Gemälde in warmen Farben mit zahlreichen architektonischen Details. Bellinis Arbeiten wurden von denen seines Schwagers Andrea Mantegna beeinflusst, der als Meister der perspektivischen Darstellung in die Geschichte einging. In der Accademia hängt unter anderem sein *Hl. Georg*. Die Familie Bellini prägte ihrerseits den jungen Giorgione (► 22), der in der Werkstatt Giovanni Bellinis arbeitete. Sein Bild *Das Gewitter* gibt noch viele Rätsel auf, Landschaft und Licht schaffen hier eine außergewöhnliche Atmosphäre. Der venezianische Porträtmaler Lorenzo Lotto (um 1480–1556) setzte diesen Trend fort, indem er die Stimmung seines Gegenübers perfekt in dessen Gesichtszügen widerspiegelte. Es folgen die großen

Unten: Paolo Veroneses Gemälde *Gastmahl im Hause des Levi*

Künstler der Hochrenaissance, Tizian, Tintoretto und Veronese. Tizians Gemälde *Tempelgang Mariens* in schimmerndem Blau und matten Marmorfarben hängt noch an seinem ursprünglichen Ort in der Sala dell'Accademia, dem letzten Raum des Museums. Tintoretto und Veronese sind dagegen in den Sälen vertreten, die dem Entstehungszeitpunkt ihrer Bilder entsprechen. Versäumen Sie nicht Veroneses *Gastmahl im Hause des Levi*. Ursprünglich hatte der Künstler Jesus beim Letzten Abendmahl zeigen wollen, doch enthielt das Gemälde so viele weltliche und

GALLERIA DELL'ACCADEMIA: INSIDER-INFO

Top-Tipps: Die **Kassettenführungen** leiten Sie zu den Höhepunkten der Sammlung. Nehmen Sie auch einen **Raumplan** mit.

- **Es gibt auch deutsche Führungen.** Fragen Sie an der Kasse nach Uhrzeit und Details – einige behandeln nur bestimmte Künstler oder Epochen.
- Wenn Sie ein bestimmtes Bild unbedingt sehen möchten, sollten Sie sich vorher erkundigen, ob der entsprechende Raum an diesem Tag auch **wirklich geöffnet ist**.
- Kommen Sie **ganz früh oder sehr spät**, um das größte Gedränge zu vermeiden. Sonntags ist am meisten los.
- Das geringfügig teurere Kombiticket schließt den Besuch der **Ca' d'Oro** ein.

Links: Noch heute inspiriert Venedig zahlreiche Künstler

anstößige Details, dass er es umbenennen musste, um sich nicht der Ketzerei verdächtig zu machen. Tintorettos dramatische *Entführung des hl. Markus* bildet zu Veroneses Bild einen scharfen Kontrast.

Veduten, Landschafts- und Genrebilder

Mehrere Säle befassen sich mit bekannten Landschaftsmalern wie Canaletto, Guardi, Longhi und den Arbeiten von Giambattista Tiepolo. Die Genrebilder vermitteln einen Eindruck vom Alltag der Venezianer, die sich kurz vor dem Ende der Republik buchstäblich zu Tode feierten.

Zyklen

Die daran anschließenden Säle führen zurück ins 15. Jahrhundert, denn sie widmen sich zwei großen Bilderzyklen, dem *Wunder der heiligen Kreuzreliquie* und dem *Ursulazyklus*. Die erstgenannte Bilderfolge schuf Gentile Bellini gemeinsam mit Carpaccio und anderen Künstlern, die Geschichte der hl. Ursula gestaltete Carpaccio allein. Beide Zyklen enthalten zahlreiche Andeutungen und venedigtypische Details wie Schiffe und Gondeln, bekannte Gebäude oder prachtvollen Zierrat. Wenn Sie die dargestellten Geschichten verstehen möchten, sollten Sie an der Kasse die Kassettenführung ausleihen. Beispielsweise pilgerte die hl. Ursula mit 11 000 Jungfrauen im Gefolge durch ganz Europa bis nach Rom, wurde aber auf dem Heimweg in Köln getötet.

KLEINE PAUSE

Gehen Sie am Rio di San Trovàso bis zum **Al Bottegon** (Dorsoduro 992, Fondamenta Nani, Tel. (041) 523 00 34), wo Sie in schöner Atmosphäre exzellente *panini* essen und dazu einen Wein aus der umfangreichen Karte trinken können.

198 A2 Campo Carità (041) 522 22 47; Führungen (041) 520 03 45 April–Okt. Mo 9–14 Uhr, Di–Sa 8.30–19.30 Uhr, So 9–19 Uhr; sonst Mo 9–14 Uhr, Di–So 9–19 Uhr 1, 82, Accademia teuer

8

Collezione Peggy Guggenheim

Seit Peggy Guggenheim 1949 ihre Sammlung bedeutender Kunstwerke des 20. Jahrhunderts in dem weiträumigen *palazzo* mit Garten am Canal Grande unterbrachte, strömen die Besuchermassen herbei. Zusammen mit ihren geliebten Hunden wohnte die exzentrische amerikanische Erbin, Mäzenin und Kunsthändlerin bis zu ihrem Tod 1979 selbst in dem Gebäude. Seitdem pflegt die Guggenheim Foundation die Sammlung und das Gebäude und veranstaltet Wechselausstellungen.

1759 begann man mit dem Bau des Palazzo Venier dei Leoni, einem der eigenartigsten Gebäude am Canal Grande. Dem Besitzer ging das Geld aus, sodass statt des geplanten vierstöckigen Prunkbaus nur ein eingeschossiges Fragment entstand. Die Venezianer sprechen bis heute vom *Palazzo Nonfinito*, dem unvollendeten Palazzo.

Peggy Guggenheim hatte bereits in den Zwanzigerjahren begonnen, Gemälde zu sammeln. Sie kaufte Bilder einer ganzen Generation abstrakter und surrealistischer Künstler und heiratete schließlich den Maler Max Ernst. In den Vierzigerjahren suchte sie in New York, London und Nizza nach geeigneten Räumen für ihre Sammlung, entschied sich schließlich jedoch für Venedig.

Die Dauerausstellung nimmt eine Reihe von Sälen mit Blick auf den Canal Grande ein. Besucher gehen zunächst durch den Garten, in dem Skulpturen von Künstlern wie Giacometti und Henry Moore stehen. Alle großen Avantgardeströmungen des 20. Jahrhunderts, vom Kubismus bis hin zum abstrakten Expressionismus und Konstruktivismus, sind hier vertreten. Einige Räume widmen sich einzelnen Künstlern wie Chagall, Pollock oder Klee. Auch die Möbel und Erinnerungsstücke von Peggy Guggenheim stehen noch an Ort und Stelle.

Zu den bekanntesten Werken des Museums zählen Brancusis Skulp-

Oben: Licht und Schatten im Skulpturengarten des Guggenheim-Museums

Skulptur im Garten

COLLEZIONE PEGGY GUGGENHEIM: INSIDER-INFO

Top-Tipps: Kommen Sie frühzeitig, denn die Sammlung gehört zu den beliebtesten Museen in Venedig.

- Leihen Sie am Kartenschalter eine **Kassettenführung** aus, die Ihnen wichtige Details zu den Kunstwerken erklärt.
- Zum Museum gehört ein ausgezeichneter **Shop** mit Büchern und Geschenkartikeln.

Ein Muss: Besuchen Sie **Peggy Guggenheims Grab** in der westlichen Ecke des Skulpturengartens.

Muss nicht sein! Wenn Sie aus Zeitgründen eine Auswahl treffen möchten, können Sie die **Sammlung Gianni Mattioli** auslassen und sich auf die übrigen Kunstwerke konzentrieren.

Unten: Peggy Guggenheim mit ihren geliebten Hunden

tur *Vogel im Raum*, *Die Einkleidung der Braut* von Max Ernst, Victor Brauners *Hexenmeister*, Mirós *Holländisches Interieur*, Henry Moores *Familie*, Picassos *Dichter* und Jackson Pollocks *Beschneidung*. Auch Kästen von Joseph Cornell und Mobiles von Alexander Calder gehören zu den Museumsstücken. Calder schuf das wunderschöne *Silberne Kopfteil*, das einst das Bett Peggy Guggenheims zierte. Das provokanteste Objekt ist und bleibt Marino Marinis Skulptur *Engel der Zitadelle*. Der nackte Reiter steht mit ausgebreiteten Armen auf der Terrasse und blickt auf den Canal Grande.

KLEINE PAUSE

Erfrischen Sie sich im Museumscafé (► 137).

198 B2 ✉ Palazzo Venier dei Leoni, Fondamenta Venier ☎ (041) 240 54 11 ⌚ Mi–Mo 10–18 Uhr; im Sommer Sa auch bis 22 Uhr
Café (€), Restaurant (€€) 🚢 1, 82, Accademia
teuer

Nach Lust und Laune!

Der Squero di San Trovàso

2 Squero di San Trovàso

Am Rio di San Trovàso befindet sich einer der wenigen noch nicht stillgelegten *squeri* (Gondelwerften) Venedigs. Vom Kai auf der gegenüberliegenden Seite können Sie dabei zuschauen, wie die Gondeln gebaut und repariert werden. Unterhalb des Werftgeländes zweigt ein Seitenkanal ab, hier steht auch das geraniengeschmückte Haus des Werftbesitzers, das an ein Alpen-Chalet erinnert. Viele Werftbetreiber kamen früher aus den Bergen nördlich von Venedig und errichteten Gebäude, die sich deutlich vom üblichen venezianischen Stil unterschieden. Der Schuppen dient als Lagerhalle. Neben Wartungs- und Reparaturarbeiten werden pro Jahr auch drei bis vier neue Gondeln gebaut.

197 E1
Rio di San Trovàso
51, 52, 61, 62, Zattere; 1, Accademia

3 Zattere

Zattere heißen die langen *fondamente* des Canale della Giudecca. 1519 entstanden die breiten Kaianlagen, deren Name an die *zattere* (Flöße) erinnert, die hier einst anlegten. Die verschiedenen Abschnitte tragen darüber hinaus noch zusätzliche Namen. Sie alle eignen sich gut für einen ausgedehnten Spaziergang mit Blick aufs Wasser. Unter schattigen Bäumen laden Bänke zum Verweilen ein. Am lebhaftesten geht es rund um die Gesuati-Kirche (► 135) zu. Von der dortigen *vaporetto*-Haltestelle können Sie zur Insel Giudecca (► 135) fahren. Vorher sollten Sie jedoch eine Pause in einem Restaurant oder einer Bar am Kai einlegen. Bei **Nico** (► 136) gibt es z. B. ausgezeichnetes Eis. Je weiter Sie gehen, desto ruhiger wird es. Spazieren Sie gemütlich am ehemaligen Ospedale degli Incurabili, einem Hospital für unheilbar Kranke, und am großen Salzdepot aus dem 14. Jahrhundert entlang bis zur Punta della Dogana (► 122).

197 E1–199 D1
Fondamenta Zattere
51, 52, 61, 62, 82, Zattere

4 Scuola Grande dei Carmini & Santa Maria dei Carmini

Wenn Ihnen die *scuole* von San Rocco (➤ 114f) und San Giorgio (➤ 74f) gefallen haben, können Sie Ihren Eindruck in der Scuola Grande dei Carmini (Karmeliter) vertiefen. Sie blieb als Einzige von Napoleons Säkularisierungsmaßnahmen verschont und präsentiert sich deshalb noch so, wie sie auch im 18. Jahrhundert aussah. Eine prächtige Treppe führt zum Kapitelsaal im Obergeschoss, in dem sich die Mitglieder der Bruderschaft versammelten. Die Decke verzierte Tiepolo zwischen 1739 und 1749 mit viel gerühmten Fresken, die thematisch um einen der Ordensväter, Simon Stock, und das Skapulier der Karmeliter kreisen. Besonderes Erstaunen riefen seinerzeit die kühne Komposition und die Trompe-l'Œil-Perspektive der Fresken hervor. Der Scuola gegenüber erhebt sich die Kirche Santa Maria dei Carmini, die zahlreiche unterschiedliche Stilrichtungen von der byzantinischen Ära bis zum Barock vereint.

Blick von den Zattere auf Giudecca

Auf dem schmalen Glockenturm thront eine Marienstatue. Im Innern fügen sich die vergoldeten Skulpturen aus dem 17. Jahrhundert und die barocken Gemälde überraschend gut in den von der Basilika (14. Jahrhundert) vorgegebenen architektonischen Rahmen. Versäumen Sie nicht Lorenzo Lottos *Hl. Nikolaus von Bari*.

197 D3

Scuola Grande dei Carmini
- Campo dei Carmini
- (041) 528 94 20
- April–Sept. Mo–Sa 9–18 Uhr, So 9–16 Uhr; sonst Mo–Sa 9–16 Uhr, So 9–13 Uhr
- 1, Ca' Rezzonico
- mittel

Santa Maria dei Carmini
- Campo dei Carmini
- (041) 522 65 53
- Mo–Sa 7.30–12 und 15–19 Uhr, So 16.30–19.30 Uhr
- 1, Ca' Rezzonico
- preiswert

5 Campo Santa Margherita

Auf dem eigentümlich geformten Platz findet vormittags der Markt statt, in der übrigen Zeit können Sie sich auf Bänken unter schattigen Bäumen entspannen oder Läden, Bars und Restaurants testen. Einige alte *palazzi* säumen den Platz, an dessen Nordrand sich die Kirche Santa Margherita erhebt. Sie wurde aufwändig restauriert und dient heute als Versammlungssaal. Ein Drache, das Symbol der Heiligen, sitzt auf einem der Glockentürme. Bei dem kleinen Gebäude in der Mitte des *campo* handelt es sich um die Scuola dei Varotari (Gerber).

197 D3
- Campo Santa Margherita
- 1, Ca' Rezzonico

Gondelkabine in der Ca' Rezzonico

6 Ca' Rezzonico

Die Ausstellung über das Venedig des 18. Jahrhunderts wurde völlig neu aufbereitet und zieht seitdem wieder viele Besucher an, die sich für das Leben der Oberschicht in den letzten Jahren der Republik interessieren. 1667 entwarf Baldassare Longhena das Gebäude für die Familie Bon, doch die kühnen Pläne der Besitzer überstiegen deren Mittel, sodass der *palazzo* später in die Hände der neureichen Bankiersdynastie Rezzonico überging. Innenausstattung und Dekor lohnen den Besuch. Mehrere Räume, darunter den Thronsaal und den Ballsaal, schmückte Tiepolo mit Deckenfresken aus. Zu den Ausstellungsstücken gehören schwere Möbel und prächtige Kronleuchter sowie Genrebilder von Francesco Guardi (1712–93) und Pietro Longhi (1702–85), darunter das Bild eines Nashorns, das 1779 in Venedig für Aufsehen sorgte.

197 F3
Fondamenta Rezzonico
(041) 520 40 36
Mai–Sept. Sa–Do 10–17 Uhr; sonst Sa–Do 10–16 Uhr
1, Ca' Rezzonico
mittel

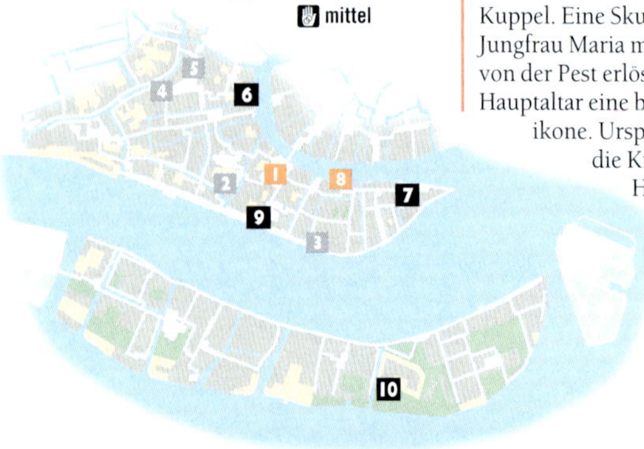

7 Santa Maria della Salute

In strahlendes Weiß gehüllt, wacht die große Barockkirche über die Einfahrt zum Canal Grande. Ihr Bau wurde 1630 aus Dankbarkeit für das Ende der Pestepidemie beschlossen, die ein Drittel aller Einwohner Venedigs dahingerafft hatte. 1631 entwarf Baldassare Longhena die Kirche, deren Vollendung im Jahre 1687 er leider nicht mehr miterlebte. Über dem Zentralraum der Kirche mit dem achteckigen Grundriss wölbt sich eine mächtige Kuppel. Eine Skulpturengruppe der Jungfrau Maria mit Kind, die Venedig von der Pest erlöst, umrahmt am Hauptaltar eine byzantinische Marienikone. Ursprünglich sollte man die Kirche durch den Haupteingang betreten. Die sechs Seitenaltäre sieht man dann erst, wenn man die Mitte des Zentralraumes erreicht hat. Viele Dar-

Aqua Alta

Im Winter sollten Sie sich auf *acqua alta* (Hochwasser) einstellen, denn dann werden bei Flut regelmäßig die tiefer liegenden Teile der Stadt überschwemmt. Folgen Sie den Einheimischen über die Holzstege, und stellen Sie sich darauf ein, dass die Venezianer das Ganze überhaupt nicht komisch finden.

Santa Maria della Salute

Das Innere der Gesuati-Kirche

stellungen und Symbole kreisen um die Gestalt der Jungfrau Maria, unter anderem auch die Inschrift *Unde origo inde salus* (Wo der Ursprung liegt, dort liegt das Heil), ein Verweis darauf, dass die Stadt unter der Schutzherrschaft Mariens gegründet wurde. Die schönsten Bilder hängen in der Sakristei: Tizian ist mit Episoden aus dem Alten Testament vertreten, von Tintoretto stammt *Die Hochzeit zu Kana*.

199 D2 Campo della Salute
(041) 522 55 58
Kirche: April–Sept. tägl. 9–12 und 15–18.30 Uhr; sonst 9–12 und 15–17.30 Uhr; Sakristei: Mo–Sa 10–11.30 und 15–17 Uhr, So 15–17 Uhr
1, Salute Sakristei: preiswert

9 Gesuati

Werfen Sie einen Blick in die Rokokokirche, während Sie auf das Boot zur Insel Giudecca warten. Das Innere ist mit prächtigen Skulpturen und Deckenfresken von Tiepolo ausgestattet; die Fassade gestaltete Giorgio Massari – ein Architekt, der häufig mit Tiepolo zusammenarbeitete – zwischen 1726 und 1743. Der Stil ähnelt dem der Kirche Il Redentore, die Palladio auf der Insel Giudecca errichtete.

197 F1
Fondamenta delle Zattere ai Gesuati
(041) 523 06 25
tägl. 8–12 und 17–19 Uhr
51, 52, 61, 62, 82, Zattere
preiswert

10 La Giudecca

Jenseits des Canale della Giudecca erstreckt sich die gleichnamige Insel, die eine ganz eigene Atmosphäre ausstrahlt. Im Mittelalter errichteten hier reiche Bürger der Stadt ihre Sommerpaläste, später überbaute man die Lustgärten mit Fabriken und Arbeiterwohnungen. Heute rauchen die Schornsteine nicht mehr, und Giudecca hat sich zu einem preisgünstigen Wohnviertel mit dörflichem Charakter entwickelt. Palladio hinterließ auf der Insel gleich zwei Kirchen, **Le Zitelle** und die Pestkirche **Il Redentore**. Letztere entstand zwischen 1575 und 1577, und wie Santa Maria della Salute hat auch sie ihren Platz im Kalender, denn während der Festa del Redentore im Juli (► 18) endet hier eine feierliche Prozession.

197 bei E1 Giudecca
41, 82

Für Kinder

Ältere Kinder schauen gern den **Kreuzschiffen und griechischen Fähren** zu, die morgens den Canale della Giudecca hinauffahren.

Nico an den Zattere gleich bei der Gesuati-Kirche (► 136) und Causin am Campo Santa Margherita verkaufen **hervorragendes Eis**.

Wenn Ihre Kinder **Masken** mögen, sollten Sie unbedingt einen Schaufensterbummel einplanen.

Wohin zum ... Essen und Trinken?

Preise
Für ein Essen ohne Getränke:
€ unter 26 Euro €€ 26–46 Euro €€€ über 46 Euro

Bàcari, Bars und *Gelaterie*

Caffè Punto Franco €
Die sympathische Bar liegt abseits der Touristenrouten, an einem dreieckigen Platz in einem ruhigen Wohnviertel nahe der Kirche San Nicolò dei Mendicoli (➤ 75). Setzen Sie sich an einen der Tische im Freien, probieren Sie ein leckeres Sandwich – z. B. mit gegrillten Zucchini und Briekäse – oder einen Salat mit kaltem Fleisch, und lassen Sie das echte Venedig auf sich wirken.

196 B3
Dorsoduro 2314, Corte Maggiore
(041) 275 03 05 Mo–Sa 7–21 Uhr
San Basilio

Internet Café Noir €
In diesem Café können Sie Ihre E-Mails abrufen, Musik hören, ein Bier trinken und dazu ein Sandwich essen. Auf der Karte stehen über 20 Teesorten, außerdem Eiskaffee, heiße Schokolade und Säfte.

197 E4
Dorsoduro 3805, Calle San Pantalon
(041) 71 09 25; cafenoir@flashnet.it
Mo–Sa 7–2 Uhr, So 9–2 Uhr
San Tomà

Nico €
Bummeln Sie abends mit einem Eis in der Hand an den Zattere entlang, oder nehmen Sie auf dem Ponton vor der *gelateria* mit Blick auf Giudecca Platz. Berühmt wurde Nicos *Coppa Gianduiotto* mit Schoko-Haselnuss-Eis, aber auch das Fruchteis, z. B. Zitrone oder Erdbeere, lässt keine Wünsche offen. Bedienung ist unüblich, aber möglich.

197 E1
Dorsoduro 922, Fondamenta Zattere ai Gesuati (041) 522 52 93
Fr–Mi 7–23 Uhr; geschl. Ende Dez.
Zattere

Osterie, *Pizzerie*, *Trattorie* und *Ristoranti*

Agli Alboretti €€–€€€
Dieses freundliche, ruhige Buona-Accoglienza-Restaurant hinter der Accademia (➤ 126ff) zeichnet sich durch seinen klaren Stil aus und besitzt überdies einen hübschen, schattigen Garten. Auf der Karte stehen venezianische Gerichte.

198 A2
Dorsoduro 884, Rio Terrà Antonio Foscarini
(041) 523 00 58
Fr–Di 12.30–14.30 und 19.30–22.30 Uhr, Do 19.30–22.30 Uhr; geschl. 8. Jan.–10. Feb.
Accademia

Ai Gondolieri €€€
Das Restaurant nimmt in Venedig eine Sonderstellung ein, denn hier gibt es ausnahmsweise keinen Fisch. Auf der Karte stehen Fleischgerichte, Wild, Gemüse und Käse, der zum Großteil aus der *entroterra*, dem venezianischen Hinterland, stammt. Giovanni Trevisan, der Mitglied in der Buona-Accoglienza-Vereinigung (➤ 38) ist und auch das Café im Guggenheim-Museum (➤ 137) betreibt, hat eine vom Aussterben bedrohte Kochkunst wieder belebt. Versuchen Sie Ente, Lamm oder Rindfleisch mit Wildkräutern, Lagunengemüse oder handgemachten Käse.

198 B2
Dorsoduro 366, Fondamenta Zorzi Bragadin (am Rio Pietro)
(041) 528 63 96
Mi–Mo 12–15 und 19–22 Uhr
Accademia

Altanella €

Auf der Terrasse des Altanella, das am größten Kanal der Insel Giudecca liegt, können Sie zu vernünftigen Preisen ein wirklich romantisches Abendessen genießen. Regionale Küche, überwiegend mit Fisch, bestimmt die Karte. Besonders lecker schmecken *gnocchetti* mit Tintenfisch oder Pasta mit Muscheln, aber auch gekochter Babyoktopus oder marinierte Sardinen.

197 bei E1
Giudecca 270, Calle delle Erbe
(041) 522 77 80
Sept.–Juli Mi–So 12.30–14.30 und 19.30–21.30 Uhr
Giudecca

Cip's Club €€–€€€

Im Luxushotel Cipriani stehen gleich zwei Restaurants zur Auswahl: das superschicke Ristorante Cipriani und der etwas weniger gediegene Cip's Club am Canale della Giudecca mit Blick auf San Marco. Im Cip's kommt die Pizza tatsächlich aus dem Holzofen, darüber hinaus gibt es *antipasti*, leichte Nudelgerichte und Fisch oder Fleisch, alles im mediterranen Stil.

197 bei E1
Giudecca 10 (al Palazzetto)
(041) 520 77 44
tägl. 12.30–15 und 19.30–22.30 Uhr
Boot des Hotels Cipriani ab San Marco

Enoteca Randon €

Diese lockere Weinbar in einer Ladenzeile an einem kleinen Platz bietet einige Tische im Freien und eine täglich wechselnde Auswahl an Gerichten, darunter Pasta, Salate, ein Hauptgericht und hausgemachte Desserts. Die Hausweine schmecken gut, aber auch edlere Tropfen sind natürlich im Angebot.

197 E3
Dorsoduro 2852, Campo San Barnaba
(041) 522 44 10
Mo 18–22 Uhr, Di–Sa 11–15 und 18–22 Uhr (letzte Bestellung 21 Uhr)
Ca' Rezzonico

Harry's Dolci €€€

Harrys (➤ 62) »jüngerer Bruder« begann als kleines saisonales Café, doch mittlerweile verwandelt es sich im Sommer in ein großes Restaurant mit Tischen im Freien und schönem Ausblick über den Kanal auf Venedig. Essen, Weine und die Preise sind weniger erfreulich, dennoch sorgt der bekannte Name stets für voll besetzte Tische.

197 bei E1
Giudecca 773, Fondamenta San Biagio
(041) 522 48 44
Sommer: tägl. 10.30–15 und 19.30–22.30 Uhr; Winter: Mi–Mo 10.30–15 und 19.30–22.30 Uhr
Sant'Eufemia

Museum Café – Peggy Guggenheim Collection €–€€

Das Café, eher ein Restaurant als ein Imbiss, bietet ganztägig Salate, Pasta, Sandwiches und Hauptgerichte (kein Fisch, ➤ Ai Gondolieri, 136) sowie Desserts. Lassen Sie sich auf einem der Designerstühle auf der Terrasse mit Blick auf den Skulpturengarten nieder, und genießen Sie das Essen. Die italienischen Gerichte schmecken einen Hauch besser als die Sandwiches, Sie müssen hier aber keinesfalls ein ganzes Menü bestellen. Dazu gibt es Wein, Bier und alkoholfreie Getränke.

198 B2
Dorsoduro 707, Palazzo Venier dei Leoni
(041) 522 86 88
Mi–Mo 10–18 Uhr; April–Okt. Sa auch bis 22 Uhr
Accademia

Pizzeria Alle Zattere €

Sie möchten eine einfache Pizza essen und zugleich den schönen Ausblick genießen? Vom Kai vor dieser Pizzeria blicken Sie genau auf Giudecca. Die Pizza Margherita schmeckt vorzüglich, der Rest der Karte orientiert sich stärker am angeblichen Touristengeschmack. Besonders schön ist es hier bei Sonnenuntergang.

198 A1
Dorsoduro 795, Rio Terrà Foscarini
(041) 520 42 24
Mi–Mo 12–15 und 19–22 Uhr; geschl. 1. Dez.–10. Jan.
Zattere, Accademia

Wohin zum … Einkaufen?

In den Straßen des Wohngebietes um die Accademia gibt es vor allem Kunsthandwerksläden und Lebensmittelgeschäfte.

Cornici Trevisanello (Dorsoduro 662, Fondamenta Bragadin, Tel. (041) 520 77 79, *vaporetto:* Accademia) stellt hübsche Bilderrahmen her. **Il Pavone** (Dorsoduro 721, Fondamenta Venier dei Leoni, Tel. (041) 523 45 17, *vaporetto:* Accademia) verkauft Holzschnitte für Buchdeckel und Kästchen. Im Laden der **Collezione Peggy Guggenheim** (Dorsoduro 701, Palazzo Venier dei Leoni, Tel. (041) 240 54 11, geöffnet Mi–Mo 10–18 Uhr, im Sommer Sa auch bis 22 Uhr, *vaporetto:* Accademia) können Sie Designer-Mitbringsel erwerben. Bücher führt die **Libreria Patagonia** (Dorsoduro 3490, Calle dei Ragusei, Tel. (041) 528 53 33, *vaporetto:* Ca' Rezzonico).

Edle Polstermöbel und Accessoires gibt es bei **Il Canapè** (Dorsoduro 3736, Campo San Pantalon, Tel. (041) 71 42 64, geschl. Sommer Sa nachmittags, *vaporetto:* Ca' Rezzonico). Bei **Mistero Buffo** (Dorsoduro 1645, San Basegio, Tel. (041) 523 87 19, *vaporetto:* San Basilio) liegen ausgefallene Karnevalsmasken.

Essbare Präsente finden Sie bei **Pangruelica** (Dorsoduro 2844, Campo San Barnaba, *vaporetto:* Ca' Rezzonico sowie Giudecca 461, Tel. (041) 523 67 66), dem besten Feinkostgeschäft Venedigs. **Pastificio Battiston** (Dorsoduro 3750, Calle San Pantalon, Tel. (041) 520 65 58, *vaporetto:* Ca' Rezzonico) aromatisiert seine Pasta mit dunklem Kakaopulver. Köstliches Brot, Grissini und Gebäck erhalten Sie bei **L'Arte del Pane** (Giudecca 656, Fondamenta Sant'Eufemia, Tel. (041) 520 67 37, geschl. Mi nachmittags, *vaporetto:* Sant'Eufemia).

Wohin zum … Ausgehen?

In Dorsoduro gibt es einige der wenigen venezianischen Nachtclubs mit Diskotheken, doch an warmen Sommerabenden macht es meistens mehr Spaß, sich auf dem Campo Santa Margherita unter die Venezianer zu mischen und das bunte Treiben zu genießen.

In der Club-Bar **Round Midnight** (Dorsoduro 3102, Fondamenta dello Squero, Tel. (041) 523 10 78, geöffnet Do–Di nachts, *vaporetto:* Ca' Rezzonico) fühlen sich schick gekleidete junge Leute besonders wohl. Im **Club el Souk – Piccolo Mondo** (Dorsoduro 1056, Calle Corfù, Tel. (041) 520 03 71, Bar geöffnet 10–20 Uhr, Disko 22–4 Uhr, *vaporetto:* Accademia), einer kleinen, eher beschaulichen Diskothek, müssen Sie vorbestellen.

Am lang gezogenen **Campo Santa Margherita** (*vaporetto:* Ca' Rezzonico), dem Studententreffpunkt in Dorsoduro, stehen überall die Tische der Bars und *gelaterie* im Freien, die in der Regel lange geöffnet haben. Trinken Sie hier einen Aperitif, oder essen Sie ein Eis zum Dessert.

Am Campo Santa Margherita steht auch die **Scuola Grande dei Carmini** (➤ 133), in der gelegentlich abends Konzerte stattfinden (Tel. (041) 528 94 20). Die **Ca' Rezzonico** (Salone da Ballo, Dorsoduro 3136, Tel. (041) 524 11 43, *vaporetto:* Ca' Rezzonico) veranstaltet überwiegend Konzerte mit Barockmusik. **Harry's Dolci** (➤ 137) organisiert manchmal Jazzkonzerte.

Die Lagunen-inseln

Erste Orientierung

Venedig liegt in einer 518 Quadratkilometer großen Lagune. Ein Ring von Inseln umgibt das eigentliche Stadtgebiet, weitere Inseln bieten Schutz vor der offenen See. Einige dieser Inseln blicken auf eine lange Geschichte zurück, in der sie entweder als Industriestandorte oder als Sitz religiöser Institutionen eine wichtige Rolle spielten. Viele nutzte man für Festungen, Lager oder Arsenale, auf einigen befanden sich Krankenhäuser oder Hospize. Manche dienen noch immer als Bollwerke gegen das Meer, während auf anderen Obst und Gemüse für die Märkte am Rialto gedeiht. Die meisten sind nur einen Steinwurf von Venedig entfernt und gehören eigentlich zum Stadtgebiet, einige jedoch liegen einsam in den romantischen Weiten der Lagune.

Wenn Sie einen Tag oder wenigstens einen Nachmittag erübrigen können, sollten Sie einige Inseln im Norden der Lagune erkunden. Murano ist für die dort ansässigen Glasbläsereien berühmt, auf Burano werden in ganz Europa bekannte Spitzen hergestellt, und auf der einsamen Insel Torcello steht die byzantinische Basilica di Santa Maria dell'Assunta. Von Torcello aus fahren Boote nach Südwesten an der Garteninsel Sant'Erasmo vorbei zum Lido, einer langen, schmalen Insel, die die Lagune von der Adria trennt. Hier gibt es gute Strände, ruhige Fleckchen und elegante Fin-de-Siècle-Hotels, aber auch Autos und Supermärkte. Weiter südlich schirmt Pellestrina Venedig gegen das Meer ab. Die *murazzi*, große Steinwälle direkt am Wasser, gehörten zu den letzten großen Bauprojekten, die die Republik gegen Ende des 18. Jahrhunderts durchführte. *Vaporetti* pendeln zwischen dem Lido und Venedig und fahren dabei an den Inseln der südlichen Lagune vorbei. Zu ihnen gehört San Lazzaro degli Armeni, eine armenische Klosterenklave.

Nebel umhüllt die Gebäude am Rand der Lagune

★ Nicht verpassen!

1. **Murano** ➤ 144
2. **Burano** ➤ 146
3. **Torcello** ➤ 148

Nach Lust und Laune!

4. Lido di Venezia ➤ 150
5. San Lazzaro degli Armeni ➤ 151
6. Sant'Erasmo ➤ 152

Seite 139: Modernes Muranoglas von Stefano Toso

Murano besitzt ein eigenes Kanalsystem

Kinder und Erwachsene werden den Tag fernab vom Trubel Venedigs gleichermaßen genießen. Auf dem Rückweg fährt man an weiteren Inseln vorbei, die nur wenige Touristen je kennen lernen.

Die Laguneninseln an einem Tag

9 Uhr

Fahren Sie mit dem *vaporetto* von den Fondamente Nuove 15 Minuten bis nach **Murano** (➤ 144f). Steigen Sie an der Haltestelle Museo aus. Besuchen Sie eine der Glasfabriken, schauen Sie den Glasbläsern bei der Arbeit zu, und besichtigen Sie den Verkaufsraum.

11 Uhr

Spazieren Sie über den Ponte Vivarini, und genießen Sie an Muranos Canal Grande einen Kaffee oder ein Eis. Besichtigen Sie anschließend die Basilica di Santa Maria e Donato (links, ➤ 145), ein Schmuckstück der venezianisch-byzantinischen Epoche (12. Jahrhundert) mit wunderbaren Mosaiken. Im Museo Vetrario (Glasmuseum, ➤ 144) erfahren Sie mehr über die Geschichte der venezianischen Glasproduktion.

12.15 Uhr

Besteigen Sie am Faro einen *vaporetto* nach **Burano** (➤ 146f), und genießen Sie die 40-minütige Fahrt durch die nördliche Lagune.

13.15 Uhr

Gehen Sie auf Burano schnurstracks zur Hauptstraße, der Via Baldassare Galuppi, und essen Sie in einem der Fischrestaurants zu Mittag. Das Da Romano (Via Baldassare Galuppi 221, Tel. (041) 73 00 30) wird seit den Dreißigerjahren von derselben Familie betrieben.

14.30 Uhr

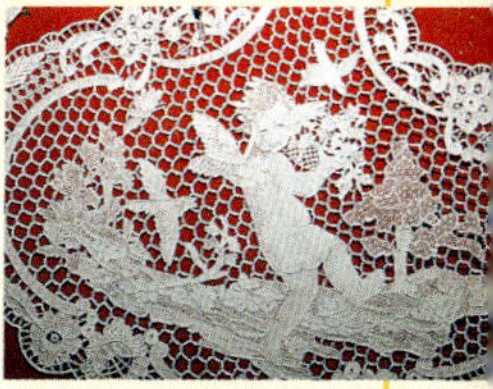

Machen Sie einen Verdauungsspaziergang durch die Straßen mit den bunt gestrichenen Häusern, oder ruhen Sie sich auf einer Bank am Ufer aus. Besichtigen Sie anschließend das Museo del Merletto (Spitzenmuseum, ➤ 147), um mehr über dieses Handwerk zu erfahren.

16 Uhr

Innerhalb von fünf Minuten bringt sie ein *vaporetto* nach **Torcello** (unten, ➤ 148f), zur stimmungsvollsten Insel der nördlichen Lagune. Schlendern Sie über die grasbewachsene Piazza, und besichtigen Sie zwei sehenswerte Kirchen, die Basilica di Santa Maria dell'Assunta aus dem 7. Jahrhundert (➤ 148) und Santa Fosca aus dem 11. Jahrhundert. Danach bleibt noch Zeit für eine Erfrischung im Garten der Locanda Cipriani (➤ 153).

18 Uhr

Kehren Sie mit dem *vaporetto* über Treporti und Punta Sabbioni zurück nach Venedig. Die Fahrt führt vorbei an der Klosterinsel San Francesco del Deserto und der dünn besiedelten Garteninsel **Sant'Erasmo**, auf der Gemüse für die Märkte Venedigs angebaut wird.

20 Uhr

Vermutlich hat der Ausflug Sie hungrig gemacht. Wählen Sie ein Restaurant in der Nähe des Anlegers in San Marco. Wenn Sie Lust haben, können Sie das Essen mit einem Aperitif im Florian (➤ 60), Lavena (➤ 63) oder Quadri (➤ 64) auf der Piazza San Marco einleiten oder sich nach dem Essen unter die Abendgäste auf dem Platz mischen.

Murano

Wenn Sie nur für eine Insel Zeit haben, sollten Sie Murano besuchen. Von den Fondamente Nuove aus dauert die Fahrt nur wenige Minuten. Seit dem Mittelalter ist Murano das Zentrum der venezianischen Glasproduktion. Die Inselbewohner verstehen sich als selbstständige Gemeinde.

Bootsanleger an einem Kanal auf Murano

Unten: Ein Mosaik lockt Laufkundschaft an

Auf dieser Insel leben rund 5000 Menschen, zu denen sich täglich zahlreiche Arbeiter vom Festland gesellen. Auf Murano dreht sich alles um das Glas, das hier seit 1291 hergestellt wird und die Inselbewohner nach wie vor ernährt. Alteingesessene Handwerksmeister weihen die Lehrlinge in die Geheimnisse der Glasbläserei ein. Zusätzliche Informationen bietet das **Museo Vetrario (Glasmuseum)** mit einer Ausstellung zur Geschichte der Glasproduktion auf Murano.

Das Museum befindet sich im **Palazzo Giustinian**, einem wunderschönen Gebäude aus dem 17. Jahrhundert, das den Objekten den perfekten Rahmen verleiht. Die riesigen, farbenprächtigen venezianischen Lüster kann man nicht übersehen, doch sollten Sie auch der erlesenen Hochzeitsschale von Angelo Barovier und den farbigen Glasperlen, mit denen einst in aller Welt gehandelt wurde, Beachtung schenken.

Bummeln Sie gemütlich durch das Zentrum Muranos, am kleinen **schwimmenden Markt** vorbei und an den Kanälen entlang, und übersehen Sie keinesfalls die **Basilica di Santa Maria e Donato**, ein Kleinod aus dem 12. Jahrhundert. Der Kolonnadenschmuck an der Außenseite der Apsis gehört zu den typischen Elementen des venezianisch-byzantinischen Stils. Der farbenprächtige Mosaikboden im Innern entstand 1140, das Apsismosaik zeigt eine ernst dreinblickende byzantinische Madonna.

KLEINE PAUSE

Mischen Sie sich unter die Glasarbeiter, indem Sie eine Kleinigkeit in einer Bar essen, oder gönnen Sie sich ein köstliches Fischmenü im Garten der **Antica Trattoria** (Fondamenta Cavour 20, Tel. (041) 73 96 10) mit Blick auf Muranos Canal Grande.

Basilica di Santa Maria e Donato

Campo San Donato · April–Sept. tägl. 9–12 und 16–18.30 Uhr; sonst 9–12 und 16–18 Uhr · 12, 13, 41, 42 · frei

Museo Vetrario

Fondamenta Giustinian 8 · (041) 739 586 · April–Sept. Do–Di 10–17 Uhr; sonst 10–16 Uhr · 12, 13, 41, 42 · Eintritt im Kombiticket für den Palazzo Ducale (➤ 53ff) und das Museo Civico Correr (➤ 59) enthalten: mittel

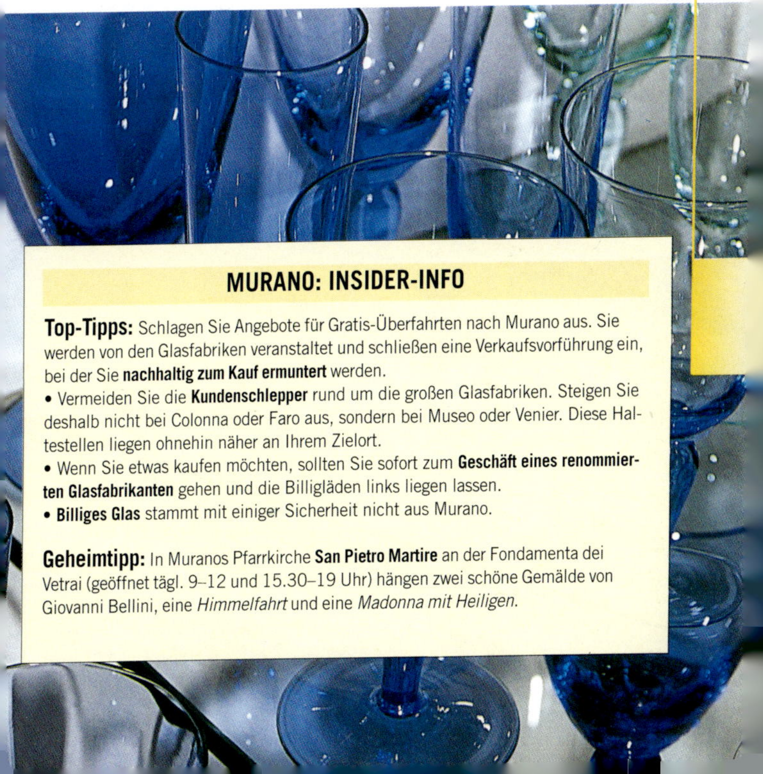

MURANO: INSIDER-INFO

Top-Tipps: Schlagen Sie Angebote für Gratis-Überfahrten nach Murano aus. Sie werden von den Glasfabriken veranstaltet und schließen eine Verkaufsvorführung ein, bei der Sie **nachhaltig zum Kauf ermuntert** werden.

- Vermeiden Sie die **Kundenschlepper** rund um die großen Glasfabriken. Steigen Sie deshalb nicht bei Colonna oder Faro aus, sondern bei Museo oder Venier. Diese Haltestellen liegen ohnehin näher an Ihrem Zielort.
- Wenn Sie etwas kaufen möchten, sollten Sie sofort zum **Geschäft eines renommierten Glasfabrikanten** gehen und die Billigläden links liegen lassen.
- **Billiges Glas** stammt mit einiger Sicherheit nicht aus Murano.

Geheimtipp: In Muranos Pfarrkirche **San Pietro Martire** an der Fondamenta dei Vetrai (geöffnet tägl. 9–12 und 15.30–19 Uhr) hängen zwei schöne Gemälde von Giovanni Bellini, eine *Himmelfahrt* und eine *Madonna mit Heiligen*.

2

Burano

Bunt gestrichene Häuser und die alte venezianische Tradition der Spitzenstickerei ziehen immer wieder Scharen von Besuchern in die abgelegene nördliche Lagune zu der kleinen Fischerinsel, die Lichtjahre von der städtischen Eleganz Venedigs entfernt zu sein scheint.

Burano und seine Nachbarinsel Mazzorbo gehörten zu den ersten Siedlungsplätzen in der Lagune. Als Venedig sich vergrößerte, verlor Mazzorbo nach und nach an Bedeutung. Heute leben hier nur noch wenige Menschen, die einige Gemüsefelder bestellen, und lediglich die gotische Kirche **Santa Caterina** aus dem 14. Jahrhundert erinnert an glorreichere Zeiten. Burano blieb stets eine Fischerinsel: Die Männer fuhren aufs Meer hinaus, während die Frauen daheim blieben und Spitzenstickereien fertigten, die einst zu den begehrtesten in ganz Europa gehörten. Angeblich strichen die Fischer ihre Häuser früher blau, rot oder golden an, damit sie sie vom Wasser aus erkennen konnten. Bis auf den heutigen Tag leuchten sie bunt, auf den Kanälen fahren zahlreiche Boote, und an den Kais liegen Netze und Taue zum Trocknen aus.

Natürlich gibt es hier an jeder Ecke Spitzen, doch die allermeisten Arbeiten stammen aus dem Fernen Osten. Wenn Sie echte Burano-Spitze kaufen möchten, müssen Sie tief in die Tasche greifen. Die Tradition entwickelte sich ab

Baldassare Galuppi

Die Bewohner von Burano sind immer noch stolz auf den hier geborenen Opernkomponisten Galuppi (1706–85). Galuppi schrieb die Musik zu vielen Komödien seines Landsmannes Goldoni. Die Hauptstraße und die *piazza* tragen heute seinen Namen.

Unten: Kanal auf Burano

Echte Burano-Stickerei erfordert Zeit und Geduld

Rechts: Madonnenfigur mit frischem Blumenschmuck

dem 15. Jahrhundert, erkennbar waren die in ganz Europa begehrten Arbeiten am typischen Burano- und Venedig-Stich. Um 1870 wurde die **Scuola di Merletti (Spitzenschule)** gegründet, um die fast schon vergessene Tradition vor dem Aussterben zu bewahren. Die *scuola* existiert noch immer und umfasst heute auch ein Museum (das **Museo del Merletto**). Es präsentiert im Erdgeschoss hauchzarte Deckchen und Krägen, verzierte Taschentücher und Blusen, während im ersten Stock alte Damen ihre Kunst zeigen. Die Arbeit ist eintönig und sehr anstrengend für die Augen, weshalb immer weniger Frauen die Mühe auf sich nehmen möchten.

KLEINE PAUSE

In Buranos bekanntestem Restaurant, der **Trattoria Da Romano** (► 153), können Sie gut einkehren. Essen Sie Pasta mit Fisch oder Risotto auf der schönen Terrasse.

Scuola di Merletti

✉ Piazza Galuppi ☎ (041) 730 030 ⌚ April–Okt. Mi–Mo 10–17 Uhr; sonst Mi–Mo 10–16 Uhr ⛴ 12 € Eintritt im Kombiticket für den Palazzo Ducale und das Museo Civico Correr enthalten: mittel

BURANO: INSIDER-INFO

Top-Tipps: Wenn der *vaporetto* zunächst Torcello anfährt, Sie aber zuerst Burano besichtigen möchten, können Sie **bei Mazzorbo aussteigen** und über die Holzbrücke gehen, die beide Inseln verbindet. Von hier aus haben Sie einen schönen Blick auf Venedig.

- Wenn Sie morgens kommen, können Sie den **Fischmarkt** an der Fondamenta della Pescheria erkunden.
- Fragen Sie in der **Scuola di Merletti** nach Spitzenstickerinnen, denen Sie bei der Arbeit zuschauen können.
- Auf dem **benachbarten Mazzorbo** können Sie wunderbar picknicken und durch die Weingärten spazieren.

Geheimtipp: Schauen Sie sich Tiepolos imposante ***Kreuzigungsszene*** in der Kirche **San Martino** an der Piazza Galuppi an.

3

Torcello

Nur wenig erinnert auf Torcello, einer kleinen, sumpfigen Insel in der nördlichen Lagune, noch an die glorreiche Vergangenheit. Der Besuch lohnt sich allein schon wegen der Atmosphäre, die im krassen Gegensatz zum geschäftigen Treiben im Stadtzentrum Venedigs steht. Die herrliche byzantinische Basilika auf der Insel ist das älteste Gebäude der Lagune.

Venedigs älteste Siedlung entstand ab dem 5. Jahrhundert auf Torcello. Anfang des 14. Jahrhunderts lebten rund 20 000 Menschen auf der Insel. Wenig später entwickelte sich jedoch das Gebiet um den Rialto, und immer mehr Einwohner flohen vom mückenverseuchten Torcello nach Venedig. Die *palazzi* auf der Insel verfielen, in den Kanälen sammelte sich Schlick, und schließlich blieben nur noch eine Hand voll Häuser, eine Kirche aus dem 11. Jahrhundert und eine prachtvolle Basilika übrig. Die **Basilica di Santa Maria dell'Assunta** besitzt einen wunderbaren Marmorfußboden und mehrere wertvolle Mosaiken

Szenen aus dem *Jüngsten Gericht* in der Basilika

Mosaikkunst

Zunächst werden größere Scherben verschiedenfarbigen Glases in kleine Stückchen zerschlagen. Gold- und Silberauflagen erhält man, indem man Blattgold oder -silber aufträgt und dieses mit einer dünnen transparenten Glasschicht überzieht. Dann wird der Untergrund des Bildes mit Zement verputzt, auf den man die Konturen vorzeichnet. Es folgt eine dünne Schicht Mörtel mit einer detaillierten Skizze. Schließlich werden die Glasstückchen in den feuchten Mörtel gedrückt.

Torcello in Gefahr

Im Jahre 2000 plante das Städtische Wasseramt, das die Kanäle und Wasserwege der Stadt und Lagune kontrolliert, einen neuen Landungssteg auf Torcello anzulegen, die Wege zu pflastern und die Kanäle zu säubern und zu befestigen. Man wollte damit in erster Linie Touristen aus dem Zentrum weglocken, doch hagelte es Proteste von Venezianern verschiedenster politischer Couleur, der Unesco und der Stiftung »Venedig in Gefahr«, die Torcellos ursprünglichen Charakter erhalten wollten. Bis heute wurde noch kein Beschluss gefasst.

Santa Fosca steht neben der Basilica di Santa Maria dell' Assunta

aus dem 9. bis 12. Jahrhundert. Das Apsismosaik zeigt eine melancholisch wirkende *Madonna*; ein *Jüngstes Gericht* mit Teufeln, die die Verdammten in die Hölle stoßen, ziert die Eingangswand. Neben der Basilika steht die venezianisch-byzantinische Kirche **Santa Fosca**, die im 11. Jahrhundert erbaut wurde und den Grundriss eines griechischen Kreuzes hat. Das **Museo dell'Estuario (Lagunenmuseum)** präsentiert archäologische Funde aus der Lagune. Ein steinerner Stuhl, »Attilas Thron« genannt, bildet den Mittelpunkt der Piazza. Der Legende nach nahm der Hunnenkönig im 5. Jahrhundert hier Platz, und angeblich bringt es Ihnen Glück, wenn Sie dasselbe tun.

KLEINE PAUSE

Auf dem Weg vom *pontile* zur Basilika kommen Sie an der **Osteria Ponte del Diavolo** (➤ 154) vorbei, die auf einer schattigen Terrasse preisgünstige Hausmannskost serviert.

Basilica di Santa Maria Assunta ☎ (041) 270 24 64 🕐 April–Sept. tägl. 10.30–17.30 Uhr; sonst 10–17 Uhr ⛴ 12 ✋ mittel

Santa Fosca 🕐 tägl. 10.30–12.30 und 14–17 Uhr ⛴ 12 ✋ frei

Museo dell'Estuario ✉ Palazzo del Consiglio ☎ (041) 730 761 🕐 April–Sept. Di–So 10–12.30 und 14–17.30 Uhr; sonst 10.30–12.30 und 14–16 Uhr ⛴ 12 ✋ mittel

TORCELLO: INSIDER-INFO

Top-Tipps: Fahren Sie **ganz früh oder recht spät** nach Torcello, wenn wenige Touristen unterwegs sind.

- Fragen Sie nach der **Kassettenführung**, die die Geschichte der Basilika und der Mosaiken erläutert. Vom Glockenturm aus blickt man über die Lagune.
- Wenn Sie das **letzte Boot von Torcello** nach Venedig **verpasst** haben, können Sie unter der Gratisnummer 8 00 84 50 65 den Nachtservice bitten, Sie abzuholen.

Muss nicht sein! Wenn Sie nur wenig Zeit haben, sollten Sie das **Museo dell' Estuario** auslassen.

Nach Lust und Laune!

Das Hotel des Bains – Kulisse für Thomas Manns *Tod in Venedig*

4 Lido di Venezia

Jeder andere Lido ist nach dem Lido Venedigs benannt; eigentlich bedeutet das Wort einfach »Sandbank«. Der lange Inselstreifen, auf dem nur wenige Häuser zwischen Pinienhainen und Sandstränden stehen, schützte einst die Stadt vor dem Meer.

Im 19. Jahrhundert entdeckten schließlich die Romantiker den Lido, nach und nach entstanden elegante Hotels und Privathäuser am Ufer. Heute ist der Lido mehr Vor- und Schlafstadt als Ferienort. Die Hotels stehen noch an Ort und Stelle, füllen sich aber vor allem während des Filmfestivals (➤ 18) mit Leben.

Venezianische Familien kommen mit ihren Kindern gern am Wochenende, um der Hitze der Stadt zu entfliehen. Am Lido fahren zur Überraschung vieler Touristen auch Busse und Autos.

Ein Tag am Lido

Die meisten Leute kommen hierher, um einen unbeschwerten Tag am Strand zu verbringen. Die Stadt bemüht sich seit einigen Jahren erfolgreich, die Qualität der Gewässer rings um Venedig zu verbessern. Jedes größere Hotel besitzt einen gepflegten Strand mit allem Drum und Dran, außerdem gibt es Privatstrände mit Umkleidekabinen, Liegen, Sonnenschirmen und Strandbars. Die Benutzung des städtischen Strandes ist kostenlos, Sie können aber auch mit dem Bus zur benachbarten Insel **Pellestrina** fahren, wo es ruhiger zugeht. Weiter südlich, aber immer noch am Lido, liegt das Dorf **Alberoni** mit einem Golfplatz und Reitställen. Am Abend können Sie hier in aller Ruhe auf der Promenade entlangspazieren oder vor dem Essen einen Einkaufsbummel machen.

Die Kirche **San Nicolò** wurde 1044 am nördlichen Ende der Insel errichtet. Früher endete hier die Zeremonie der symbolischen Vermählung Venedigs mit dem Meer. Auf der Insel stehen schöne Jugendstilgebäude aus der Zeit, als der Lido sich zum Urlaubsort entwickelte. Das Hotel Excelsior und das Hotel des Bains gaben einst die perfekte Kulisse für den Film nach Thomas Manns *Tod in Venedig* ab.

✉ Lido
⛴ 1, 6, 12, 14, 51, 52, 61, 62, 82

5 San Lazzaro degli Armeni

Die Besichtigung der Insel San Lazzaro degli Armeni nimmt mit Hin- und Rückfahrt fast einen ganzen Nachmittag in Anspruch. Hier befindet sich ein bedeutendes Kloster der armenischen Kirche. 1717 schenkte der Doge die ehemalige Leprakolonie dem armenischen Abt Mekhitar, der vor den Türken Zuflucht suchte. In der Folge entstand ein Kloster, in dem heute über 40 000 armenische Handschriften aufbewahrt werden. Die zwölf vor Ort lebenden Mönche pflegen auch ein kleines Museum und bieten mehrsprachige Führungen durch die Kirche und das Kloster an. Armenisch gehört zu den schwierigsten Sprachen der Welt. Lord Byron versuchte während seines Aufenthaltes Grundkenntnisse des Armenischen zu erwerben, sein Studierzimmer steht zur Besichtigung offen. Die Mönche nennen Venedig bis heute »Serenissima«.

✉ San Lazzaro degli Armeni
☎ (041) 526 01 04
⛴ 20
teuer

Illuminierte Handschrift aus der Bibliothek von San Lazzaro

Für Kinder

Die meisten **Glasbläser auf Murano** blasen gegen ein Trinkgeld ein kleines Tier oder eine Figur und schenken sie den Kindern.

Ein **Tag am Strand** bietet Entspannung von allzu viel Kultur.

Die meisten Kinder sausen gern mit dem **Fahrrad** am Lido entlang. Geübte Radler können auch auf Pellestrina herumfahren, nachdem sie das Fahrrad mit der Fähre dorthin gebracht haben. Leihräder gibt es beim Anleger (Bruno Lazzari, Gran Viale Santa Maria Elisabetta 21/B, Tel. (041) 526 80 19).

6 Sant'Erasmo

Wenn Sie etwas Ausgleich zu Steinen und Kultur suchen, sollten Sie Venedigs Garteninsel Sant'Erasmo ansteuern. Von hier stammen die frischesten und besten Waren der Rialtomärkte; Sie können sie am Etikett »San Rasmo« erkennen. Die Insel ist größer als das Stadtgebiet Venedigs, jedoch nur dünn von Fischern und Bauern besiedelt. Kulturschätze gibt es hier nicht, dafür aber Äcker und Weingärten, alte Bauernhöfe und einen Strand unweit der alten österreichischen Festung Forte Massimiliano.

Sant'Erasmo
13

Ohren auf!

Die Stadt bietet viel für die Augen, doch auch die typischen Geräusche prägen sich vielen Touristen unvergesslich ein. Überall klatscht das Wasser leise gegen Bootsrümpfe und Mauern, die *vaporetti* tuckern auf den Kanälen entlang, und ihre Sperrgitter schnappen auf und zu. Kein Auto übertönt das Klappern der Absätze auf dem Pflaster, die Gespräche der Menschen auf den Plätzen und die aufflatternden Taubenschwärme. Ständig läutet irgendwo eine Glocke, rollen Einkaufskörbe über Brücken, hämmert und klopft es in den Ateliers der Handwerker und scheppert es aus den Küchen der Restaurants.

Wohin zum …
Essen und Trinken?

Preise
Für ein Essen ohne Getränke:
€ unter 26 Euro **€€** 26–46 Euro **€€€** über 46 Euro

MURANO

Trattoria Busa alla Torre €–€€

Diese beliebte *trattoria* liegt an einem kleinen Platz im Schatten des Kirchturms aus rotem Backstein, den Sie leicht am nördlichen Ende der Fondamenta dei Vetrai ausmachen. Bei gutem Wetter können Sie an einem Tisch im Freien die Sonne und die gute Küche des Insellokals genießen, ansonsten gibt es auch Tische in der Gaststube. Die Glasarbeiter und ihre Kunden kehren hier gleichermaßen gerne ein. Besonders gut schmecken einfache Gerichte wie Muscheln in würziger Soße, Spaghetti mit Hummer oder Muscheln, frischer gegrillter Lagunenfisch mit Polenta und gegrilltes Gemüse. Die Weinkarte ist kurz, bietet aber gute Tropfen aus dem Friaul und dem Veneto.

✉ Campo Santo Stefano 3, Murano
☎ (041) 73 96 62
⌚ tägl. 12.30–14.30 Uhr
⛴ Colonna, Faro

BURANO

Trattoria al Gatto Nero €€

Das freundliche Terrassenrestaurant mit Blick auf den alten Fischmarkt säumt einen malerischen Kanal mit bunt gestrichenen Häusern. Im Innern schmücken hübsche Gemälde die Wände. Die Küche bietet traditionelle venezianische Köstlichkeiten sowie modernere Kreationen auf der Basis von Fisch und Meeresfrüchten. *Granceola* (Seespinne) erhalten Sie hier als Vorspeise oder zusammen mit Pasta. Sie können auch gegrillten *anguilla* (Aal) testen. Die Weinkarte enthält gute Weine aus der Region.

✉ Fondamenta della Giudecca 88
☎ (041) 73 01 20
⌚ Di–So 12.30–14.30 und 19.30–21.30 Uhr ⛴ Burano

Trattoria Da Romano €€

In diesem *locale storico d'Italia* (historischen Restaurant) verkehrten einst Künstler, und noch heute bedecken unzählige Gemälde in allen möglichen Stilrichtungen die Wände der riesigen Gaststube. Die rotweißgrün gestrichene Fassade gehört zu den Hauptattraktionen des Stadtzentrums. Auf den Tisch kommen typische *trattoria*-Gerichte: Pasta, Risotto mit Meeresfrüchten, gebratener Fisch und Gemüse.

✉ Via Baldassare Galuppi 221
☎ (041) 73 00 30
⌚ Mi–Mo 12.30–14.30 und 19.30–21.30 Uhr; geschl. Mitte Dez.–Mitte Jan.
⛴ Burano

TORCELLO

Locanda Cipriani €€–€€€

Das Locanda Cipriani auf Torcello können Sie unmöglich übersehen: Das lange, niedrige, gelbe Gebäude befindet sich genau gegenüber der byzantinischen Basilika. Bei schönem Wetter stehen Tische in dem Blumengarten, der das Restaurant umgibt. Hier können Sie in romantischer Atmosphäre elegant zu Mittag oder Abend essen; es gibt jeweils auch Festpreismenüs. Die meisten Gäste sind Urlauber, die der Empfehlung ihres Reiseführers folgen. Auf der Karte stehen einige venezianische Spezialitäten und italienische Klassiker wie *taglioni* mit Tomatensoße, Gemüserisotto oder Fischr[illegible] violi. Lassen Sie Platz für ei[illegible] köstlichen Desserts. Der S[illegible] gut; zum Restaurant gehören auch sechs hübsche Hotelzimmer.

✉ Torcello
☎ (041) 73 01 50; Fax (041) 73 54 33; www.locandacipriani.com
🕐 Mi–Mo 12–15 und 17–19.30 Uhr; geschl. im Winter an Wochentagabenden
⛴ Torcello

Osteria Ponte del Diavolo €€

Speisen Sie romantisch unter einer Pergola, und genießen Sie die ländliche Atmosphäre dieser rustikalen *trattoria*. Der fangfrische Fisch wird lecker zubereitet – kosten Sie je nach Jahreszeit Seespinne oder *schie* (kleine Garnelen). Es gibt auch Cannelloni oder Fleischgerichte, die Venezianer kommen aber vor allem wegen des *fritto misto*, zu dem ein Glas Hauswein schmeckt.

✉ Fondamenta Borgognoni 10/11, Torcello ☎ (041) 73 04 01
🕐 tägl. 12–15.30 Uhr, Sa auch 19–22.30 Uhr; geschl. im Winter Mi, 15. Dez.–15. Feb.
⛴ Torcello

LIDO

All' Artigliere und Da Valentino €€

Von beiden Seiten des Kanals blicken die zwei Restaurants, die mittlerweile von demselben Inhaber betrieben werden, einander in die Fenster. Das All'Artigliere gehört der Familie Rosada seit 22 Jahren und zieht Einheimische genauso an wie Filmstars, die sich während des Internationalen Festivals (Ende August bis Anfang September) in Venedig aufhalten. In traditioneller *trattoria*-Atmosphäre können Sie hier Fleisch und Fisch sowie frische Meeresfrüchte aus der Lagune essen. Beginnen Sie mit einer Auswahl an *antipasti*, lassen Sie hausgemachte Pasta wie *tagliatelle* mit *capesante* (Jakobsmuscheln) oder *gnocchi* mit Fleischsoße folgen. Die ungewöhnlich guten Weine besorgt Michele, der Sohn des Wirtes. Das Da Valentino auf der anderen Seite bietet dieselben Weine, eine ähnliche Karte und einen etwas eleganteren Dekor.

All'Artigliere:
✉ Via Sandro Gallo 83
☎ (041) 526 54 80
🕐 Feb.–Dez. Do–Di 12–15 und 18.45–22.30 Uhr
⛴ Lido
Da Valentino:
✉ Via Sandro Gallo 81
☎ (041) 526 01 28
🕐 Feb.–Dez. Mi–Mo 12–15 und 18.45–22.30 Uhr
⛴ Lido

Bar Gelateria Maleti €

Diese große, beliebte Bar an der Hauptstraße des Lido bietet gute hausgemachte Eiscreme, Getränke und Kleinigkeiten bis spät in die Nacht hinein. Probieren Sie ein Sandwich mit *porchetta* (Schweinebraten). Es gibt auch Cocktails, Wein und ungefähr 30 verschiedene Flaschenbiere.

✉ Gran Viale Santa Maria Elisabetta 45–47, Lido
☎ (041) 526 14 55
🕐 Do–Di 7–3 Uhr
⛴ Lido

Da Andrì €–€€

Nette, freundliche Räumen und Tischen ner schattigen Laube. Die Gerichte basieren auf frische Fisch. Wählen Sie als Einstieg *pasti di mare* oder *prosciutto crudo* und anschließend die Spezialität des Hauses, *spaghettini* mit leichter Tomatensoße und Meeresfrüchten. Die Mousse au Chocolat ist ein Gedicht.

✉ Via Lepanto 21, Lido
☎ (041) 526 54 82
🕐 Mi–So 12–14.30 und 19.30–22 Uhr
⛴ Lido

Garalin €

Diese Bar und *pasticceria* verkauft selbst gebackene Croissants und *tramezzini* (Sandwiches). Kommen Sie kurz vor dem Abendessen, und nehmen Sie an einem der Tische im Freien den Aperitif ein.

✉ Via Sandro Gallo 57, Lido
☎ (041) 526 15 73
🕐 Do–Di 9–20 Uhr
⛴ Lido

Trattoria Favorita €€

Das Favorita gehört seit langem zu den beliebtesten Restaurants am Lido. Der quirlige Familienbetrieb eignet sich hervorragend für Eltern mit Kindern, die gern gut und reichlich essen. Die Tische auf der Gartenterrasse sind im Sommer stets voll besetzt, wenn Italiener hier große Platten mit fangfrischem Lagunenfisch verspeisen. Es gibt warme und kalte Meeresfrüchte in reicher Auswahl, dazu in aller Regel Polenta. Der Meeresfrüchterisotto ist eine weitere Spezialität, auch die *pasta con le vongole veraci* (Venusmuscheln) oder *capesante* (Jakobsmuscheln) lohnt einen Versuch. Als Hauptgericht kommt der Fisch gegrillt oder leicht paniert und gebraten auf den Tisch. Probieren Sie zum Dessert einen erfrischenden *sgroppino*: Zitronensorbet mit Wodka und Prosecco.

✉ Via Francesco Duodo 33, Lido
☎ (041) 526 16 26
🕒 Di–So 12.30–14.30 und 19.30–22.30 Uhr; geschl. Mitte Jan.–Mitte Feb.
⛴ Lido

Wohin zum … Einkaufen?

Brechen Sie frühzeitig zu Ihrem Tagesausflug auf. Auf Murano sollten Sie nicht gleich im ersten Laden kaufen, sondern einige weitere Geschäfte besuchen, bevor Sie sich entscheiden. Auf Burano können Sie Spitze erwerben, falls Sie nicht nur der Atmosphäre wegen herkommen.

MURANO

Auf Murano gibt es Glas in allen Farben und Formen, vom Kunstwerk bis hin zum scheußlichen Kitsch. Die meisten Läden liegen an den Kanälen, sodass Sie in aller Ruhe bummeln können, bis Sie das Passende entdecken.

Archimede Seguso (Fondamenta Serenella 18, Tel. (041) 73 90 65) gehört zu den alteingesessenen Glasfabrikanten und bietet hochwertige mundgeblasene Stücke. **Fratelli Toso** (Fondamenta Colleoni 7, Tel. (041) 73 90 60) hat sich auf mehrfarbige spiralförmige Muster spezialisiert, die aus *canne* (Glasstäben) entstehen. Hier finden Sie schöne Gläser und Vasen. **CAM** (Piazzale Colonna 1, Tel. (041) 73 99 44) führt alles von winzigen Glastierchen bis hin zu rosenförmigen Kerzenständern. Die **Vetreria Colonna** (Fondamenta Vetrai 10/11, Tel. (041) 73 93 89) stellt Gläser im antiken Stil, ähnlich denen im Museum von Murano, aus. Die **Vetreria Artistica** (Fondamenta Vetrai 7, Tel. (041) 73 93 96) präsentiert eine breite Auswahl an Schmuck aus Glasperlen in allen Größen. **Barovier & Toso** (Fondamenta Vetrai 28, Tel. (041) 73 90 49), eine weitere alteingesessene Glasbläserei, arbeitet erfolgreich mit verschiedenen Designern zusammen und fertigt auffällige Stücke. **Venini** (Fondamenta Vetrai 50, Tel. (041) 73 99 55) führt besonders originelle Stücke von bekannten Designern. Die beiden letztgenannten Firmen besitzen zusammen mit **Carlo Moretti** (Murano Collezioni, Fondamenta Manin 1CD, Tel. (041) 73 62 72) einen gemeinsamen Ausstellungsraum.

Gianni Segato (Fondamenta Vetrai 63, Tel. (041) 73 69 32) verkauft Hängelampen aus Schmiedeeisen und Glas. **Domus Vetrai d'Arte** (Fondamenta Vetrai 82, Tel. (041) 73 92 15) bietet Arbeiten aus mehreren Glasbläsereien, darunter auch die klaren, zweifarbigen Gläser von Carlo Moretti. Bei **Franco Lunetta** (Fondamenta Vetrai 109, Tel. (041) 73 65 11), einer Mischung aus Eisenwarengeschäft und Kunsthandwerksladen, finden Sie Türklopfer aus Messing und eine kleine Sammlung von Eisen- und Glasskulpturen. **SALIR** (Fondamenta Manin 77–79, Tel. (041) 73 90 33) dekoriert und graviert Gläser und Spiegel. **Gino**

Cenedese (Fondamenta Venier 48, Tel. (041) 73 98 77) und **Ferro & Lazzarini** (Fondamenta Navagero 75, Tel. (041) 73 92 99) gehören zu den besten *fornace* (Eisengießereien) vor Ort.

Im **Arte Studio** (Fondamenta Cavour 48, Tel. (041) 527 46 34) und bei **Arte Nova** (Fondamenta dei Vetrai 16, Tel. (041) 527 53 79) gibt es besonders schönen Glasschmuck.

BURANO

Auf Burano sollten Sie die lokaltypischen *bussolai*, *buranelli* und weitere Gebäcksorten kosten, die Sie z. B. in der Bäckerei **Panificio Pasticceria Costantini** (San Martino 282, Tel. (041) 73 55 95) oder bei **Carmelina Palmisano** (Piazza Galuppi 355, Tel. (041) 73 00 10) bekommen. Dutzende von Läden stellen Spitze aus, doch wenn Sie wirklich etwas kaufen möchten, sollten Sie darauf achten, dass Sie ein echtes Burano-Stück und keine Imitation aus Fernost erwerben.

LIDO

Die meisten Läden am Lido befinden sich an der Hauptstraße, dem Gran Viale Santa Maria Elisabetta. Hier gibt es Lebensmittel, Kleidung und Souvenirs.

Wenn Sie am Strand picknicken möchten, können Sie sich bei **Rizzo Pane** oder bei **Dolci**, zwei bekannten Lebensmittelläden, eindecken. Fleisch und Käse, Brot und Obst erhalten Sie hier ebenso wie leckere Desserts. Die **Erboristeria La Spiga** (Via Lepanto 5, Tel. (041) 526 17 46) verkauft Naturkost und Biohonig; in der **Pasticceria Sabrina** (Via Colombo 20, Tel. (041) 526 11 51) kommen Naschkatzen auf ihre Kosten.

Tessil Lido (Via Lepanto 9, Tel. (041) 526 18 06) ist der richtige Laden für Küchenfans: Hier finden Sie Tischwäsche mit Gemüsedruck, die sich gut als Präsent eignet. **Giuman** (Gran Viale 2-B, Tel. (041) 526 12 99) führt ebenfalls Artikel für Haus und Küche in breiter Auswahl.

Wohin zum … Ausgehen?

Weder auf Murano noch auf Burano ist nachts viel los. Wenn Sie jedoch am Lido zu Abend gegessen haben, können Sie sich in die Pianobar eines der großen Hotels setzen oder ein Eis in einer der zahlreichen *gelaterie* essen.

Das berühmte cremefarbene **Hotel des Bains** diente als Schauplatz für den Roman und den Film *Tod in Venedig*. Die schicke Pianobar ist jeden Abend auch für Besucher geöffnet, die nicht im Hotel wohnen (Lungomare Marconi 17, Tel. (041) 526 59 21). Das **Hotel Excelsior** liegt direkt am Strand mit Blick auf den Hauptstandort des Filmfestivals. Obgleich das Hotel in den Sechzigerjahren komplett umgebaut wurde, kann man noch ein wenig vom alten Charme spüren. Zur Pianobar gehört eine romantische Terrasse mit Blick aufs Wasser, die bei Filmstars sehr beliebt ist, aber auch Nichthotelgästen offen steht. Probieren Sie hier den venezianischen Frucht-Prosecco-Cocktail (Lungomare Marconi 41, Tel. (041) 516 02 01). Zu guter Letzt bleibt noch die Jugendstil-Pianobar des **Hungaria Palace Hotel** (► 37) zu erwähnen.

Der Gran Viale Santa Maria Elisabetta, die Hauptstraße, die von den *vaporetto*-Haltestellen des Lido bis zum Meer führt, eignet sich perfekt für die abendliche *passeggiata*. Viele Bars sind bis spät in die Nacht hinein geöffnet. **Il Gelatone** bietet hausgemachte Eiscreme und im Winter heiße Schokolade (Gran Viale 63, Tel. (041) 526 56 46).

Ausflüge

Ausflüge

Wenn Sie Venedigs Kanäle und steinerne Pracht ausreichend bewundert haben, möchten Sie vielleicht andere historische Städte in der näheren Umgebung kennen lernen. Fahren Sie mit dem Zug ab Santa Lucia durch die fruchtbare, friedvolle Ebene, und erkunden Sie einige der schönsten Städte Norditaliens. Dort gibt es ebenfalls viel zu sehen, dafür aber weniger Touristen, was sich auch auf den Geldbeutel vorteilhaft auswirkt.

Am schnellsten und leichtesten erreichen Sie Padova (Padua) im Westen. Der Geburtsort des hl. Antonius gehört zu den bedeutendsten Universitätsstädten Italiens. Die Cappella Scrovegni birgt einen weltberühmten Freskenzyklus von Giotto. Nordwestlich von Padova liegt die Stadt Vicenza. Der Architekt Andrea Palladio (➤ 166) hinterließ in dem hervorragend erhaltenen Zentrum zahlreiche sehenswerte Bauten. Falls Ihnen noch Zeit bleibt, können Sie Verona mit seinen römischen Baudenkmälern und Häusern aus rötlichem Kalkstein besichtigen.

Am Südrand der Lagune lohnt das auf dem Festland gelegene malerische Hafenstädtchen Chioggia einen Besuch, das Sie von Venedig aus per Boot und Bus erreichen.

Padova

Die Fahrt von Venedig nach Padova (Padua) dauert nur eine knappe halbe Stunde. Die historische Stadt ist zugleich Standort einer bedeutenden Universität und das wirtschaftliche Zentrum des Veneto. Weitläufige Plätze, prachtvolle Straßen, Kunstschätze, Kulturdenkmäler und Läden bilden eine reizvolle Einheit.

Ein eleganter Kanal umschließt den Prato della Valle, Padovas größten Platz

Kunstliebhaber kommen in erster Linie, um die Giottofresken in der **Cappella Scrovegni** zu betrachten, die zu den frühesten Arbeiten der Renaissance gehören. Enrico Scrovegni ließ die Kapelle als Buße für seinen Vater errichten, einen Wucherer, der angeblich noch auf dem Sterbebett nach seiner Geldkassette schrie und in Dantes *Göttlicher Komödie* im Inferno, der Hölle, schmort. Zwischen 1303 und 1309 bemalte Giotto die Wände der Kapelle mit Szenen aus dem Leben Jesu und der Jungfrau Maria, die sich wunderbar vom tiefblauen Hintergrund abheben. Die Fresken gelten als Wendepunkt in der Geschichte der europäischen Kunst, denn die Ausdruckskraft der Figuren und die Fülle der Details sprechen eine ganz andere Sprache als die stilisierten, starren Darstellungen des Mittelalters. Besichtigen Sie nach Möglichkeit auch die übrigen Ausstellungen des Museo Civico, zu dem die Kapelle gehört, um die archäologischen Funde und die große Gemäldegalerie kennen zu lernen.

Südlich des Museums erstrecken sich Padovas drei Hauptplätze, die Piazze della Frutta, delle Erbe und dei Signori. Auf allen dreien findet täglich ein Markt statt. Zwischen der Piazza della Frutta und der Piazza delle Erbe steht der imposante **Palazzo della Ragione**, ein mächtiger Bau aus dem 13. Jahrhundert, der einst als Ratssaal diente. Das riesige Holzpferd in der Halle entstand 1466, vermutlich für ein Turnier. Sehenswert sind außerdem die zweitälteste **Universität** Italiens, an der Galileo Galilei 20 Jahre lang lehrte, und das neoklassizistische **Caffè Pedrocchi**. Der orientalische und mittelalterliche Dekor im ersten Stock zog im 19. Jahrhundert vor allem Intellektuelle an, die sich hier zu ihren Disputen trafen. Wenn Sie weiter nach Süden gehen, erreichen Sie die dem hl. Antonius geweihte **Basilica di San Antonio**, kurz Il Santo genannt. Sie zählt zu Italiens bedeutendsten Wallfahrtsstätten und ist stets voller Pilger. Die wunderbaren Basreliefs und Skulpturen von Donatello und Jacopo Sansovino geraten darüber leider fast in Vergessenheit.

Seite 157: Das Baptisterium der Kathedrale von Padova

Büro der Touristeninformation
Stazione Ferroviaria (049) 875 20 77 April–Okt. Mo–Sa 9–19.30 Uhr, So 8.30–12.30 Uhr; sonst Mo–Sa 9.20–17.45 Uhr, So 9–12 Uhr

Cappella degli Scrovegni (Scrovegni-Kapelle) und Museo Civico
Piazza Eremitani 8 (049) 820 45 50 Feb.–Okt. 9–19 Uhr; sonst 9–18 Uhr teuer

Palazzo della Ragione
Piazza delle Erbe (049) 820 50 06 Feb.–Okt. 9–19 Uhr; sonst 9–18 Uhr mittel

Caffè Pedrocchi
Via VIII Febbraio 15 (049) 820 50 05 Räume im 1. Stock: Mo–Fr 9.30–12.30 und 15.30–18.30 Uhr, Sa und So 9.30–12.30 und 15.30–19 Uhr; Bar: tägl. 8–23 Uhr preiswert

Basilica di San Antonio
Piazza del Santo (049) 824 28 11 April–Okt. 6.30–19.45 Uhr; sonst 6.30–19 Uhr frei

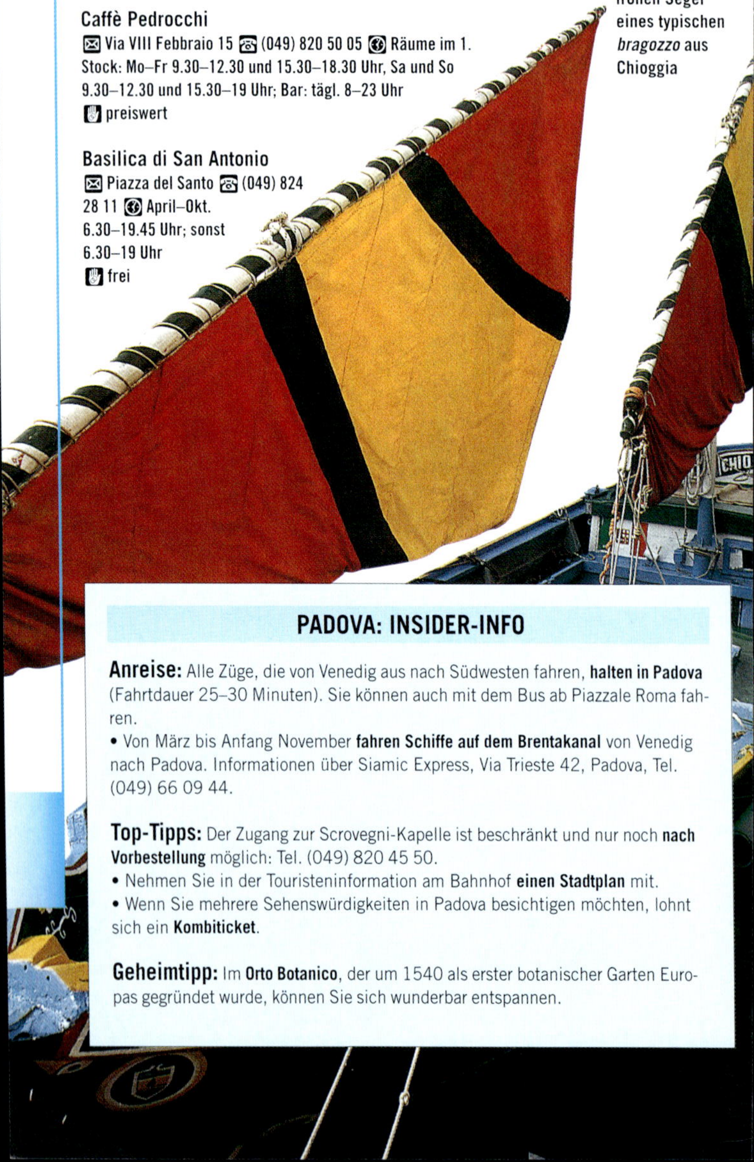

Die farbenfrohen Segel eines typischen *bragozzo* aus Chioggia

PADOVA: INSIDER-INFO

Anreise: Alle Züge, die von Venedig aus nach Südwesten fahren, **halten in Padova** (Fahrtdauer 25–30 Minuten). Sie können auch mit dem Bus ab Piazzale Roma fahren.

- Von März bis Anfang November **fahren Schiffe auf dem Brentakanal** von Venedig nach Padova. Informationen über Siamic Express, Via Trieste 42, Padova, Tel. (049) 66 09 44.

Top-Tipps: Der Zugang zur Scrovegni-Kapelle ist beschränkt und nur noch **nach Vorbestellung** möglich: Tel. (049) 820 45 50.

- Nehmen Sie in der Touristeninformation am Bahnhof **einen Stadtplan** mit.
- Wenn Sie mehrere Sehenswürdigkeiten in Padova besichtigen möchten, lohnt sich ein **Kombiticket**.

Geheimtipp: Im **Orto Botanico**, der um 1540 als erster botanischer Garten Europas gegründet wurde, können Sie sich wunderbar entspannen.

Chioggia

Der geschäftige Seehafen Chioggia bietet sich für einen Tagesausflug an. Auf dem Weg können Sie den Lido und Pellestrina besuchen.

Chioggia liegt auf dem Festland am Südrand der Lagune mit Blick aufs Meer. Seit alters verdienen die Menschen ihren Lebensunterhalt hier mit den Fischen, die sie mit den für Chioggia typischen flachen, farbenprächtig angestrichenen und bis zu zwölf Meter langen *bragozzi* einbringen.

Fähren aus Venedig legen am Nordende des Corso del Popolo an. Die eleganten Arkaden in Chioggias Hauptstraße bergen zahlreiche Läden und Cafés. Die Altstadt, in der viele kleine Gässchen zum Wasser hinunterführen, erstreckt sich über zwei Inseln, die der Canale Vena trennt. Besichtigen Sie unbedingt den **Granaio** (Kornspeicher) aus dem 14. Jahrhundert und die Kirche **San Domenico**, die auf einer eigenen kleinen Insel steht und über eine Brücke erreichbar ist. Das **Museo Storico della Laguna (Historisches Lagunenmuseum)** informiert über die Geschichte der Lagune.

Boote am Canale Vena in Chioggia

Anreise

Fahren Sie am Lido vom Gran Viale Santa Maria Elisabetta jenseits des *pontile* mit der Buslinie 11 zur Fähre in Alberoni. Sie pendelt zwischen dem Lido und Pellestrina, wo die Fähre nach Chioggia startet. Sie können auch am Lido ein Fahrrad mieten und auf Pellestrina von einem Anleger zum anderen radeln. Da die Busse stündlich fahren, können Sie zwischendurch aussteigen.

Büro der Touristeninformation

Campo Marconi (041) 550 09 11 Do, So 19.30–23.30 Uhr, Fr, Sa 9–13 und 19.30–23.30 Uhr

San Domenico

Isola di San Domenico 8.30–12 und 14.30–17.30 Uhr frei

Museo Storico della Laguna

Campo Marconi (041) 550 09 11 siehe Touristeninformation preiswert

Verona

Verona liegt am Ufer des Adige und ist mit dem Zug leicht erreichbar. Der für die Gegend typische rötliche Kalkstein und zahlreiche römische Baudenkmäler prägen das Stadtbild, das so ganz anders wirkt als jenes von Venedig.

An den Ufern des Adige leuchten Veronas rötliche Mauern

Seit dem 14. Jahrhundert wurde die Stadt von Fremdherrschern regiert, ab 1866 gehörte sie zum neu gegründeten Königreich Italien. Immerhin blieben in Verona zahlreiche Bauten aus der römischen Epoche und dem Mittelalter erhalten. Heute blüht der Handel, was man nicht zuletzt an den zahlreichen Designerboutiquen im Stadtzentrum erkennen kann. Verona verdankt seinen Wohlstand allerdings in erster Linie den Industriebetrieben.

Die meisten Touristen gehen auf direktem Weg zur Piazza Brà, dem größten Platz der Stadt. In der Tat eignet er sich gut als Ausgangspunkt für eine Besichtigungstour. Beherrschendes Element der Piazza ist die **Arena** aus dem 1. Jahrhundert, eines der drei größten römischen Amphitheater der Welt. Letztlich blieb die Arena erhalten, weil es rund um Verona genügend Marmorsteinbrüche gab und man die Steine des Theaters nicht für neue Bauwerke benötigte. Sie können zum oberen Rand hinaufklettern und über die Stadt oder hinunter in die Arena blicken, in der einst Gladiatoren kämpften und Seeschlachten nachgestellt wurden. Heute finden hier alljährlich die berühmten Opernfestspiele statt (► 163). Die Via Mazzini, eine Fußgängerzone mit Geschäften und Cafés, führt von der Arena ins Herz der Stadt, das an der **Piazza delle Erbe** schlägt. Loggien, Stadthäuser und freskenverzierte Renaissancebauten säumen den Platz, auf dem bereits seit dem Mittelalter die Händler allmorgendlich ihre Waren feilbieten. Viele Touristen pilgern von hier aus zur Via Cappello, in der die **Casa di Giulietta (Juliahaus)** mit dem allerdings erst 1928 angebauten Balkon steht. Shakespeares Werk *Romeo und Julia* stützt sich auf zwei Familien – die Cappelli und die Montecchi – aus Vicenza, die wohl tatsächlich lebten.

Hinter der Piazza delle Erbe liegt die **Piazza dei Signori** mit dem angrenzenden Hof des **Mercato Vecchio**. In dem prachtvollen Gebäudekomplex mit Loggia und Treppe spielte sich einst das städtische Leben ab. Der **Palazzo della Ragione** aus dem 12. Jahrhundert trennt die Piazza delle Erbe von der Piazza dei Signori. Zu ihm gehört die 1462 erbaute **Torre dei Lamberti**. Am Ostrand der Piazza befinden sich die **Skaligergräber**. Die gotischen Grabmäler wurden für Mitglieder jener Dynastie errichtet, die im Mittelalter über Verona herrschte. Die historisch größte Bedeutung kam Cangrande zu, der Dante bei sich aufnahm und auch andere Künstler unterstützte. Weiter nördlich erheben sich der **Duomo (Kathedrale)** und **Sant'Anastasia**, Veronas größte, zwischen 1290 und 1481 erbaute Kirche. Nicht weit von hier spannt sich der wieder aufgebaute römische **Ponte Pietra** über den Adige. Die Brücke, die während des Zweiten Weltkrieges massiv bombardiert wurde, führt zu den Ruinen des römischen Theaters, in dem während der Sommermonate Theater- und Ballettaufführungen sowie Konzerte stattfinden.

Am Fluss entlang können Sie nach **Castelvecchio** laufen, wo sich die mittelalterliche Festung der Skaliger erhebt. Sie beherbergt heute das Museo Civico d'Arte, Veronas städtische Kunst-

Die Arena während der sommerlichen Opernfestspiele

Oper in Verona

Veronas Arena bildet die perfekte Kulisse für die Opernfestspiele, die alljährlich Ende Juni bis Ende August stattfinden. Häufig werden die Festspiele als reine Touristenveranstaltung kritisiert. Dennoch finden Inszenierung, Musiker und Schauspieler stets großen Beifall. Tickets sollten Sie lange im Voraus buchen. Am besten rufen Sie persönlich an. Der Vorverkaufsschalter befindet sich in der Via dietro Anfiteatro 6/B (Tel. (045) 800 51 51) und ist Mo–Fr 9–12 und 15.15–17.45 Uhr, Sa 9–12 Uhr sowie im Juli und August an Vorstellungstagen 10–21 Uhr und an den übrigen Tagen 10–17.45 Uhr geöffnet. Website: www.arena.it.

sammlung. Vielleicht noch eindrucksvoller als die Bilder ist jedoch das Gebäude selbst mit Wehrgängen und Treppen, die sich rund um den grasbewachsenen Innenhof gruppieren und schöne Blicke auf den Fluss freigeben. Mit Sicherheit lohnt sich auch ein Spaziergang zur Kirche **San Zeno**. Die romanische Basilika, die 1117 an der Stelle eines älteren Sakralbaus entstand, gilt als eine der schönsten Norditaliens. Basreliefs aus Marmor rahmen das kostbare Bronzeportal ein, darüber prangt eine als Glücksrad gestaltete Fensterrose. Das Triptychon von Andrea Mantegna (1431–1506) über dem Hauptaltar zeigt *Maria im Kreise von Heiligen*.

Büro der Touristeninformation
✉ Via degli Alpini 9, Piazza Brà und Stazione Porta Nuova ☎ (045)45 806 86 80 und (045) 800 08 61
🕒 tägl. 9–19 Uhr

Arena
✉ Piazza Brà ☎ (045) 800 32 04 🕒 Di–So 9–19 Uhr; während der Festspiele (Juli/Aug.) 9–15.30 Uhr ✋ mittel

Casa di Giulietta
✉ Via Cappello 23 ☎ (045) 803 43 03
🕒 Di–So 8–19 Uhr ✋ mittel

Torre dei Lamberti
✉ Piazza dei Signori, Cortile Mercato Vecchio
☎ (045) 803 27 26 🕒 Di–So 9.30–19 Uhr ✋ preiswert

Duomo
✉ Piazza del Duomo 🕒 Mo–Sa 13.30–16 Uhr, täglich zum Gebet ✋ preiswert

Sant'Anastasia
✉ Corso Sant'Anastasia 🕒 tägl. 10–13 und 15–18 Uhr
✋ preiswert

Reiterstandbild auf dem Grabmal eines Skaligers

Castelvecchio und Museo Civico d'Arte
✉ Corso Castelvecchio 2 ☎ (045) 594 734 🕒 Castelvecchio: Sa–Do 9–19 Uhr; Museo Civico: Sa–Do 10–19 Uhr ✋ mittel

San Zeno
✉ Piazza San Zeno 🕒 tägl. 10–13 und 15–18 Uhr ✋ preiswert

VERONA: INSIDER-INFO

Anreise: Fahren Sie mit dem **Schnellzug** von Venedig nach Verona (ca. 1½ Stunden). Die Züge verkehren tagsüber meistens im Stundentakt.
• Vor dem Bahnhof Veronas fahren **Busse zum Stadtzentrum** ab. Das Ticket müssen Sie vor der Abfahrt im Bahnhof kaufen und im Bus entwerten.

Top-Tipp: Die **VeronaCard** gilt drei Tage und ermöglicht den Zugang zu Museen, Kirchen und Baudenkmälern. Sie ist in der Touristeninformation erhältlich.

Vicenza

Sehenswerte Bauten, Grünflächen und eine entspannte Atmosphäre kennzeichnen Vicenza. Die wohlhabende Stadt hat sich im Laufe der Jahre herausgeputzt, ohne ihren historischen Charme einzubüßen.

Gotische Architektur bestimmt das Zentrum der Stadt, die einst zu den Besitzungen Venedigs gehörte. Den Mittelpunkt des *centro storico* bildet die Piazza dei Signori mit Palladios eindrucksvoller **Basilika**, seinem ersten größeren Bauwerk, und der ebenfalls von ihm errichteten **Loggia del Capitaniato**. Die eleganten zweistöckigen Arkaden der Basilika umschließen den alten Palazzo della Ragione, der bis zu Palladios Eingriff abzusacken drohte. Gleich dahinter findet bereits seit dem Mittelalter auf der Piazza delle Erbe ein Markt statt. Vicenzas wichtigste Museen, das **Museo Civico** mit Arbeiten von Tiepolo und Tintoretto und die **Gallerie di Palazzo Montanari** mit Genrebildern von Longhi in einem prachtvollen Barockpalast, lohnen den Besuch. Die meisten Touristen besichtigen jedoch zuerst das **Teatro Olimpico** (das **Olympische Theater**). Der Entwurf für dieses älteste geschlossene Theatergebäude Europas, das 1585 eingeweiht wurde, stammt von Palladio. Er starb vor der Vollendung seines Bauwerkes, doch die eindrucksvolle Perspektivbühne mit der Kulisse der antiken Stadt Theben geht auf seine Zeichnungen zurück. Obgleich sie nur 15 Meter tief und zwei Meter hoch ist, wirkt die Kulisse unglaublich tief und weiträumig. Von Palladio erbaute Villen liegen am Rand der Stadt. Die berühmte Villa Capra (auch **La Rotonda** genannt) ist leicht zu erreichen.

Anreise

Vom Bahnhof Santa Lucia fahren stündlich Züge nach Vicenza (Fahrtdauer 55 Minuten). Busse verbinden den Bahnhof Vicenzas mit dem Stadtzentrum.

Von außen wirkt das Teatro Olimpico viel unscheinbarer als von innen

Palladio

Nur wenige Architekten beeinflussten die Nachwelt so stark wie Andrea Palladio, der 1508 in Padova zur Welt kam. Der Sohn eines Steinmetzes erhielt zunächst eine Ausbildung zum Bildhauer. 1525 zog er nach Vicenza, wo er den Grafen Trissino kennen lernte. Dieser gehörte einer Gruppe von Humanisten an, die die klassische Kultur neu beleben wollten. Trissino schickte den jungen Mann nach Rom, wo er die klassischen Altertümer studieren und sich mit den Schriften des großen römischen Architekten Vitruv vertraut machen sollte. 1549 erhielt Palladio den Auftrag, das Rathaus Vicenzas neu zu bauen. Seine kühnen Entwürfe verhalfen ihm zum Durchbruch. Zugleich verfasste er sein Hauptwerk, die *Quattro Libri dell'Architettura*. Als Palladio 1580 starb, hatte er die europäische Architektur grundlegend geprägt. Die Landhäuser und Kirchen, die im 18. Jahrhundert in Großbritannien nach seinem Vorbild entstanden, beeinflussten ihrerseits die Baukunst in den Vereinigten Staaten.

Palladios Villa Capra (La Rotonda) in Vicenza inspirierte die Baukunst in aller Welt

Büro der Touristeninformation
Piazza Matteoti 12 · (0444) 320 854 · Mo–Sa 9–13 und 14.30–18 Uhr

Basilika
Piazza dei Signori · (0444) 323 681 · Di–So 9–17 Uhr · mittel

Museo Civico
Piazza Matteoti · (0444) 21 348 · Juni–Aug. Di–So 9–19 Uhr; sonst Di–So 9–17 Uhr · mittel

Gallerie di Palazzo Montanari
Contra'Santa Corona 25 · (800) 578 875 · Fr–So 10–18 Uhr · mittel

Teatro Olimpico
Piazza Matteoti 11 · (0444) 222 800 · Juni–Aug. Di–So 9–19 Uhr; sonst 9–17 Uhr · mittel

La Rotonda, Villa Capra
Via Rotonda 29 · (0444) 321 793 · Mitte März–Okt. Di–Do 10–12 und 15–18 Uhr · 8 · mittel

Rechte Seite: Vor Santa Maria Zobenigo

Spaziergänge & Touren

1 RUND UM SAN MARCO

Spaziergang

LÄNGE: 2,5 Kilometer
DAUER: 1 1/2 Stunden
START: Piazza San Marco ✚ 199 F3
ZIEL: Ponte dell'Accademia ✚ 198 A2

Auf diesem Spaziergang durch die ruhigeren Straßen von San Marco lernen Sie Plätze und Straßen, Kirchen und Kanäle kennen.

1–2

Lassen Sie auf der **Piazza San Marco** (➤ 48f) die **Basilica di San Marco** (➤ 50ff) rechts liegen, und gehen Sie unter der **Torre dell'Orologio** (➤ 60f) durch zu den **Mercerie** (➤ 61). Folgen Sie den Mercerie bis zur Kreuzung mit der Via 2 Aprile. Links steht die Kirche **San Salvador**. Diese hübsche venezianische Renaissancekirche aus dem frühen 16. Jahrhundert birgt zwei prachtvolle Gemälde von Tizian, eine *Verkündigung* und eine *Verklärung Christi*, sowie schöne Skulpturen und das große Grabmal von Caterina Cornaro, der Königin von Zypern.

2–3

Gehen Sie die Calle dell'Ovo entlang, und biegen Sie hinter dem nächsten Kanal links ab in die Calle dei Fabbri. Gehen Sie weiter bis zur Calle del Magazen, wenden Sie sich nach rechts und abermals nach rechts, um den Campo San Luca zu erreichen.

Auf der gegenüberliegenden Seite des Platzes führt die Salizzada San Luca zum Campo Manin. Biegen Sie links ab, und folgen Sie den Schildern zur **Scala del Bòvolo**, einer prächtigen Wendeltreppe, die sich an einer Ecke des Palazzo Contarini emporwindet. Sie wurde 1499 erbaut und mit dem venezianischen Dialektwort für »Schnecke« belegt.

Der Weg führt über zahlreiche Brücken

3–4

Gehen Sie die Calle delle Locande hinunter bis zur Calle dei Fuseri. Biegen Sie rechts ab, und überqueren Sie die Brücke. Sie befinden sich nun in der eleganten Frezzeria, in der einst *frezzi* (Pfeile) hergestellt wurden. Folgen Sie der Straße bis zur Salizzada San Moisè, die von San Marco zur Accademia führt. Biegen Sie rechts ab, und laufen Sie weiter bis zur Kirche **San Moisè**, einem der üppigsten Barockbauten der Stadt.

4–5

Überqueren Sie den Kanal, und gehen Sie die Calle Larga 22 Marzo hinunter. Biegen Sie an der dritten (sehr schmalen) Straße beim Schild »La Fenice« rechts ab, und folgen Sie ihm über den Campo San Fantin bis zu der Stelle, an der früher das Opernhaus **La Fenice** stand. Im Januar 1996 brach dort unter bis heute ungeklärten Umständen ein Feuer aus, das nicht gelöscht werden konnte. Das Opernensemble ist während der Übergangszeit im Palafenice auf der Insel Tronchetto untergebracht.

Am Wegrand laden Bars und Cafés zum Rasten ein

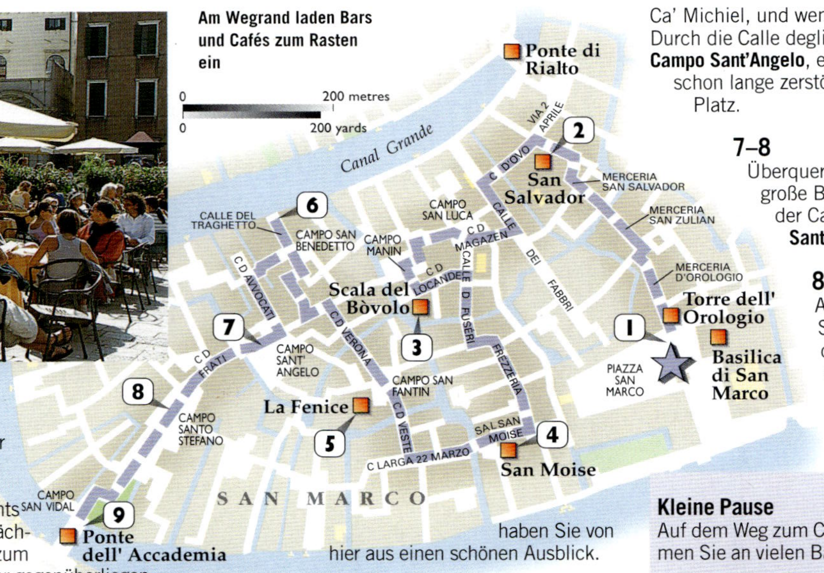

5–6

Überqueren Sie den Campo San Fantin, und folgen Sie der Calle della Verona. Biegen Sie hinter der Brücke in die dritte Straße links und die erste rechts ab. Wenden Sie sich an der nächsten T-Kreuzung nach rechts zum Campo San Benedetto. Auf der gegenüberliegenden Seite des Platzes beginnt die **Calle del Traghetto**, eine Sackgasse, an deren Ende früher ein *traghetto,* eine Fähre, über den Kanal fuhr. Heute haben Sie von hier aus einen schönen Ausblick.

6–7

Gehen Sie zurück zum Campo San Benedetto, biegen Sie rechts ab, überqueren Sie den Rio di Ca' Michiel, und wenden Sie sich nach links. Durch die Calle degli Avvocati gelangen Sie zum **Campo Sant'Angelo**, einem großen, nach einer schon lange zerstörten Kirche benannten Platz.

7–8

Überqueren Sie den Platz und die große Brücke dahinter. Folgen Sie der Calle dei Frati zum **Campo Santo Stefano** (➤ 61f).

8–9

Am anderen Ende des Campo Santo Stefano verengt sich der Platz und beschreibt am Blumenstand eine leichte Kurve nach rechts. Von hier aus schauen Sie genau auf die Accademiabrücke.

Kleine Pause

Auf dem Weg zum Campo Santo Stefano kommen Sie an vielen Bars vorbei.

Wann?

Gleich nach dem Frühstück, ehe es zu voll wird.

2 FAHRT AUF DEM CANAL GRANDE

Tour

LÄNGE: ca. 3,8 Kilometer
DAUER: etwa 40 Minuten
START: Piazzale Roma ✚ 190 B1 oder Ferrovia Santa Lucia ✚ 190 C2
ZIEL: Vallaresso (San Marco) ✚ 199 E2 oder San Zaccaria ✚ 200 B3

Die Fahrt mit dem *vaporetto* Linie 1 auf dem Canal Grande gehört als absolutes Muss zu jeder Venedigreise, denn schneller und preisgünstiger können Sie die Stadt kaum von ihrer besten Seite kennen lernen. Prachtvolle *palazzi* säumen das Ufer der Hauptverkehrsader Venedigs, und die zahlreichen Haltestellen bieten die Gelegenheit, die Gebäude vom Boot aus in Ruhe zu betrachten. Außerdem können Sie die Venezianer beobachten, die ihre Alltagsgeschäfte mit dem *vaporetto* erledigen.

1–2

Steigen Sie am Piazzale Roma oder etwas weiter abwärts auf der gegenüberliegenden Seite an der Stazione Santa Lucia ein. Bereits seit 1846 befindet sich hier eine *vaporetto*-Haltestelle, die heutige stammt aus den Fünfzigerjahren. Gleich neben dem Anleger liegt der Ponte degli Scalzi

Der Canal Grande bei der Piazza San Marco

(1934), eine der drei Brücken über den Canal Grande. Am gegenüberliegenden Ufer erhebt sich die Kuppelkirche **San Simeone Piccolo**, die 1738 nach dem Vorbild des römischen Pantheons erbaut wurde. Auf der linken Seite steht die Kirche **San Geremia**. Sie birgt die Reliquie der hl. Lucia. Hinter San Geremia zweigt der **Canale di Cannaregio** (➤ 86) ab, der vor dem Bau des Eisenbahndamms die wichtigste Einfallsroute bildete.

2–3

Das Boot hält wenig später bei **San Marcuola**, einer Kirche aus dem 18. Jahrhundert, deren Name sich aus denen der beiden eher unbekannten Heiligen Hermagor und Fortunatus zusammensetzt. Da beim Bau das Geld ausging, blieb die Fassade unvollendet. Am rechten Ufer liegt der venezianisch-byzantinische **Fondaco dei Turchi**, der im 19. Jahrhundert leider unsachgemäß restauriert wurde. Zur Zeit der Reppublica diente er den türkischen Kaufleuten als Hauptsitz. Gleich daneben steht der **Deposito dei Megio**, ein flaches, zinnengekröntes Gebäude mit einem prächtigen Markuslöwen über dem

Hauptportal. Im 15. Jahrhundert lagerte man hier Getreide. Am linken Ufer erhebt sich der **Palazzo Vendramin-Calergi**, ein Renaissancebau von Mauro Coducci, der im Winter das städtische Kasino beherbergt. In diesem Haus starb 1883 der Komponist Richard Wagner. Gegenüber ragen die beiden Obelisken auf dem Dach des **Palazzo Belloni Battagia** in den Himmel. Longhena baute ihn 1650 für die neureiche Familie Belloni, die sich damit Zugang zur höheren Gesellschaft verschaffte. Wenig später folgt die *vaporetto*-Haltestelle **San Stae** an der 1709 im Barockstil erbauten gleichnamigen Kirche.

3–4

Am rechten Ufer taucht nun die **Ca' Pesaro** (➤ 116) auf, Longhenas 1652 erbautes Meisterwerk, links erhebt sich wenig später die **Ca' d'Oro** (➤ 90f), Venedigs berühmtester gotischer *palazzo*. Während das Boot neue Fahrgäste aufnimmt, können Sie in aller Ruhe die ***pescheria*** (➤ 110), den Fischmarkt, am anderen Ufer be-

Touristengondeln mit Gesangsbegleitung nahe der Salute

Die Ca' Pesaro, ein prächtiger Barockpalast von Baldassare Longhena

trachten. Daran schließen sich die lang gezogenen **Fabbriche Nuove** an, die Sansovino 1555 als Markthallen entwarf. Auf der linken Seite kommt nun der **Fondaco dei Tedeschi**, die ehemalige Hauptniederlassung der deutschen Kaufleute mit Lagerräumen und Unterkünften (heute Hauptpost), in Sicht. Kurz vor dem **Ponte di Rialto** (➤ 108f) legt das Boot am linken Ufer an.

Von der Rialtobrücke, einem Wahrzeichen Venedigs, blickt man über den Kanal

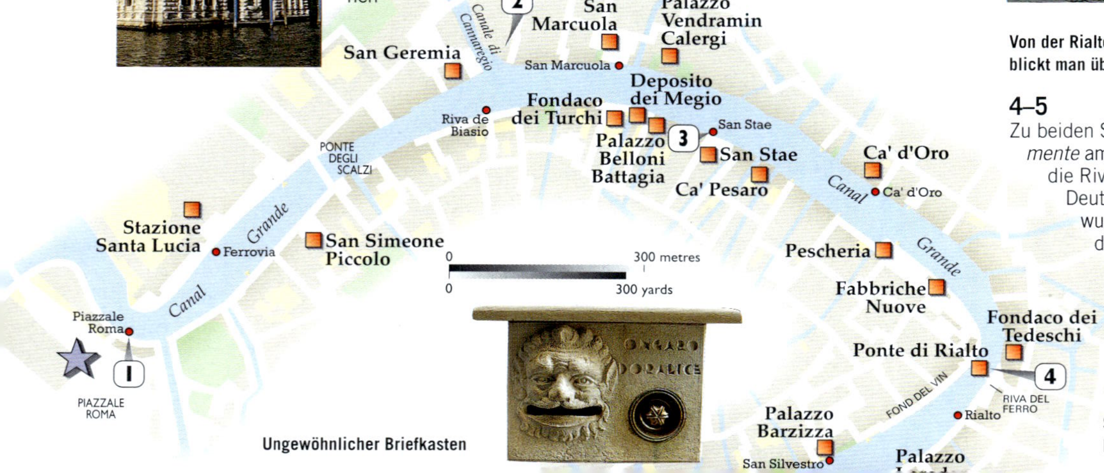

Ungewöhnlicher Briefkasten

4–5

Zu beiden Seiten der Rialtobrücke führen *fondamente* am Kanal entlang. Links erstreckt sich die Riva del Ferro, an der früher aus Deutschland stammendes Eisen entladen wurde, rechts zieht sich die **Fondamenta del Vin** (➤ 109) mit Restaurants und Cafés hin. Am linken Ufer stehen

Steintafel an einer Hausmauer

gegenüber der Haltestelle San Silvestro die Palazzi Farsetti und Loredan, zwei im 13. Jahrhundert erbaute Häuser, in denen heute die Stadtverwaltung sitzt. Häufig sind hier Diplomaten- und Polizeiboote vertäut. Übersehen Sie nicht den blumengeschmückten **Palazzo Barzizza** an der Haltestelle San Silvestro, der als einer der wenigen *palazzi* am Kanal seine Fassade aus dem 13. Jahrhundert behalten hat. Hinter Sant'Angelo pendelt bei San Tomà einer der ältesten und meistgenutzten ***traghetti*** (Gondelfähren) Venedigs.

Blick von der Terrasse des Guggenheim-Museums auf die Accademiabrücke

5–6

Bei San Tomà steigen sehr viele Passagiere ein und aus, sodass Sie zwischenzeitlich in aller Ruhe den **Palazzo Mocenigo** auf der linken Seite bewundern können, in dem Lord Byron mit seiner Geliebten wohnte (➤ 15). Der Canal Grande beschreibt nun einen großen Bogen, La Volta genannt. Rechts grenzt die Ca' Foscari an den imposanten **Palazzo Giustinian** (➤ 145), in dem Wagner 1858 den zweiten Akt von *Tristan und Isolde* komponierte. Ein wenig dahinter blickt die barocke **Ca' Rezzonico** (➤ 134) auf den **Palazzo Grassi** (18. Jahrhundert).

6–7

Hinter der Haltestelle Ca' Rezzonico sehen Sie am rechten Ufer die schönen gotischen Fassaden des **Palazzo Loredan** und des **Palazzo Querini**, in dem das britische Konsulat untergebracht ist. Das Boot steuert nun die **Accademia** (➤ 126ff) mit der gleichnamigen Brücke an. Die Venezianer hängen sehr an der 1932 erstmals erbauten Holzbrücke und ersetzten sie, als sie 1984 baufällig geworden war, durch eine Kopie.

Die *pescheria* liegt direkt am Ufer des Canal Grande

7–8

Gleich hinter der Brücke liegt der **Campo San Vio**, einer der wenigen Plätze direkt am Canal Grande. Die Fassade des **Palazzo Barbarigo** erkennt man unschwer an den nicht übermäßig geschmackvollen Mosaiken aus dem 19. Jahrhundert. Es folgt der flache Palazzo Venier dei Leoni mit der **Collezione Peggy Guggenheim** (➤ 130f). Am linken Ufer ragt der mächtige **Palazzo Corner della Ca' Grande** empor, den Sansovino 1545 für die schwerreiche Familie Cornaro erbaute. Der gotische **Palazzo Dario** am gegenüberliegenden Ufer, den Sie von der *vaporetto*-Haltestelle Santa Maria del Giglio ausgiebig betrachten können, wirkt anmutig, trotz seiner abenteuerlichen Geschichte, die mit Mord, Bankrott und Selbstmord verknüpft wird. Auf der linken Seite säumen Luxushotels wie der **Palazzo Pisani-Gritti** und das **Europa e Regina** den Kanal, rechts wacht die große Pestkirche **Santa Maria della Salute** (➤ 134f) über die Einfahrt zum San-Marco-Becken.

Kleine Pause
Natürlich eignet sich der Rialto für eine Pause, doch ergattern Sie vermutlich keinen der vorderen Sitzplätze, wenn Sie wieder einsteigen.

Wann?
Am besten mehrfach, um den Kanal zu verschiedenen Tageszeiten kennen zu lernen.

8–9

Unterhalb der Kirche befindet sich die Spitze Dorsoduros mit der **Dogana di Mare**, dem Zollamt der Republik. Das heutige Gebäude stammt aus dem Jahre 1676 und ist leicht an der Wetterfahne in Gestalt der Fortuna zu erkennen. Zwischen den Haltestellen Salute und Vallaresso überquert das Boot den Kanal. Beim Landungssteg liegt **Harry's Bar** (➤ 62). Auf der linken Seite folgen die **Giardini ex Reali**, danach geht es weiter zur **Piazzetta San Marco** (➤ 60) und der **Basilica di San Marco** (➤ 50ff).

Eine goldene Weltkugel ziert die Dogana di Mare am Canal Grande

3 VON DER FRARI ZU DEN ZATTERE

Spaziergang

LÄNGE: 3,5 Kilometer
ZEIT: 2½ Stunden
START: Santa Maria Gloriosa dei Frari 197 F5
ZIEL: Fondamenta delle Zattere ai Gesuati 197 F1

Erkunden Sie einige versteckte Winkel in Dorsoduro, und lernen Sie die ruhigen Wohngebiete in einem der ältesten Viertel Venedigs kennen. Der Weg führt durch das Herz des *sestiere* zu den Zattere, einer langen Uferpromenade mit Blick auf die Insel Giudecca.

1–2

Vom Eingang der **Frari** (➤ 112f) wenden Sie sich nach rechts und gehen über den Campo San Rocco zur **Scuola Grande di San Rocco** (➤ 114f), wo Sie nach links in die Calle della Scuola abbiegen und die Brücke überqueren. Halten Sie sich an der T-Gabelung rechts, überqueren Sie auch hier die Brücke, und setzen Sie den Weg durch die Calle Vinanti fort, bis Sie zur Linken einen Kanal sehen. Gehen Sie über die zweite Brücke auf der linken Seite und dann weiter durch die Calle della Misericordia bis zu einer weiteren Brücke. Biegen Sie dahinter links auf die Fondamenta del Rio Nuovo ab, folgen Sie dem Kanal bis zur Fondamenta Foscarini Malcanton, und gehen Sie dann rechts an den Fondamente entlang bis zur Kirche **San Nicolò dei Mendicoli** (Tel. (041) 275 03 82, geöffnet Mo–Sa 10–12 und 16–18 Uhr, So 16–18 Uhr). San Nicolò, eine der ältesten und stimmungsvollsten Kirchen Venedigs, wurde bereits im 7. Jahrhundert gegründet und bewahrte bis heute ihre venezianisch-byzantinische Form und die Fassadenloggia aus dem 12. Jahrhundert. Kompakte Säulen bilden im Innern zu beiden Seiten der Apsis eine Kolonnade. Der Name der Kirche bezieht sich vermutlich auf die *mendicoli* (Bettler), die sich hier einst zahlreich aufhielten. Filmliebhaber kennen die Kirche vielleicht aus Nicolas Roegs Streifen *Wenn die Gondeln Trauer tragen* (1970).

Sonnenlicht erhellt Stein und Wasser in Dorsoduro

2–3

Das heutige Arbeiterviertel, in dem Sie sich nun befinden, wurde als eines der ersten Gebiete in

Venedig besiedelt. In diesem Viertel wohnen viele Hafenarbeiter, denn die Stazione Maríttima, an der griechische Fähren und schnittige Passagierdampfer anlegen, ist nur einen Steinwurf entfernt. Gehen Sie am Kanal entlang zurück bis zur übernächsten Brücke, überqueren Sie diese, und besichtigen Sie die Kirche **Angelo Raffaele** (Tel. (041) 522 85 48, geöffnet Do–Di 9–12 und 16–18 Uhr) mit schönen Tafelbildern von Guardi an der Orgelbalustrade. Gehen Sie rechts um die Kirche herum und über den angrenzenden Platz zur Kirche **San Sebastiano** (Tel. (041) 275 04 62, geöffnet tägl. 10–17 Uhr). 1555 bis 1570 gestaltete Veronese, der hier auch beigesetzt wurde, den Innendekor der Kirche.

3–4
Überqueren Sie die Brücke vor der Kirche, und gehen Sie links an der Fondamenta San Sebastiano entlang. Biegen Sie an der dritten Brücke rechts auf den Campo dei Carmini ab, an dem die Kirche **Santa Maria dei Carmini** (➤ 133) und die benachbarte **Scuola Grande** (➤ 133) stehen.

4–5
Hinter der Scuola verbreitert sich die Straße und mündet in den Campo **Santa Margherita** (➤ 133).

5–6
Verlassen Sie den Campo Santa Margherita rechts über den Rio Terrà Sant'Aponal und abermals rechts über den Rio Terrà. Dahinter spannt sich neben der Gemüsebarke der **Ponte dei Pugni (Brücke der Fäuste)** über den Kanal. Biegen Sie hinter der Brücke links zum **Campo San Barnaba** ab.

6–7
Die Fassade von San Barnaba diente als Kulisse in dem Film *Indiana Jones und der letzte Kreuz-*

Oben: Detail einer Tür in Dorsoduro
Rechts: Vormittags besuchen Einkäufer und Touristen den Campo Santa Margherita

Kleine Pause
Am Campo Santa Margherita bieten sich zahlreiche Bars und Cafés mit Tischen im Freien für die Pause an.

Wann?
Beginnen Sie den Rundgang um 15.30 Uhr, wenn Venedig von der Siesta erwacht. Die Kirchen und Läden sind dann geöffnet, die Straßen belebt, und an den Zattere können Sie den Aperitif einnehmen, während Sie den schönen Ausblick genießen.

An den breiten Zattere macht der Spaziergang Spaß

zug (1989). Gehen Sie unter dem *sottoportego* auf der gegenüberliegenden Seite des Kanals durch, und folgen Sie der belebten Straße, einer der Hauptverkehrsadern durch Dorsoduro, über eine Brücke und an der Calle della Toletta entlang. Nach kurzer Zeit stehen Sie am Rio di San Trovàso.

7–8

Überqueren Sie die Brücke, und gehen Sie nach rechts an der *fondamenta* entlang. Am anderen Ufer steht die Kirche **San Trovàso**, deren Name sich aus denen der Heiligen San Protasio und San Gervasio zusammensetzt. Rasten Sie am **Squero di San Trovàso** (➤ 132), einer der letzten Gondelwerften der Stadt. Wenig später erreichen Sie die Zattere mit ihrem herrlichen Ausblick auf den **Canale della Giudecca**. Von hier aus können Sie bis zur **Dogana** (➤ 174) laufen oder links an der **Gesuati-Kirche** (➤ 135) vorbei zur **Accademia** (➤ 126ff) zurückkehren.

An der Gesuati-Kirche kämpft der hl. Georg mit dem Drachen

4 DURCH CASTELLO ZUR BIENNALE

Spaziergang

LÄNGE: 3,8 Kilometer
DAUER: 2 Stunden, mit Pausen länger
START: *vaporetto* -Haltestelle Arsenale ✚ 201 D2
ZIEL: Riva dei Sette Martiri ✚ 202 A3

Dieser Spaziergang führt durch den Osten Castellos, ein freundliches, ruhiges Wohngebiet mit historischen Kirchen, Parks, Bootswerften und Läden. Das dicht besiedelte Arbeiterviertel wirkt völlig anders als das Venedig, das die meisten Touristen kennen lernen.

1–2

Biegen Sie am *pontile* des Arsenale rechts ab, gehen Sie am Ufer entlang und über den Rio dell'Arsenale zum Campo San Biagio. Von der Brücke aus blickt man den Kanal hinunter auf die Tore des **Arsenale** (➤ 78f) aus dem 15. Jahrhundert. Die enge Verbindung zur Schifffahrt ist noch an vielen Stellen zu erkennen: **San Biagio** etwa, einst die Pfarrkirche der griechischen Gemeinde, dient heute als Seefahrerkirche. Auch das **Museo Storico Navale** (➤ 79) befindet sich in der Nähe. Wenn Sie weiter am Kanal bleiben, kommen Sie zu einer zweiten Brücke. Am anderen Ufer beginnt die Via Giuseppe Garibaldi.

2–3

Folgen Sie der Via Giuseppe Garibaldi, der breitesten Straße Venedigs, die 1808 durch Aufschüttung eines Kanals entstand. Zahlreiche *alimentari* (Lebensmittelläden), Marktbuden, preisgünstige Bars und Restaurants säumen die Hauptgeschäftsstraße Castellos. Im ersten Haus auf der rechten Seite wohnten im späten 15. und beginnenden 16. Jahrhundert die italienischen Entdecker Giovanni und Sebastiano Caboto. Kurz dahinter liegt der Eingang zu den **Giardini Pubblici** (➤ 79), unschwer erkennbar an einer Statue Garibaldis, des großen Vorkämpfers der italienischen Einheit im 19. Jahrhundert. Am Ende der Via Giuseppe Garibaldi beginnt der Rio di Sant'Anna; die dort vertäute Gemüsebarke bietet besonders gute und frische Ware.

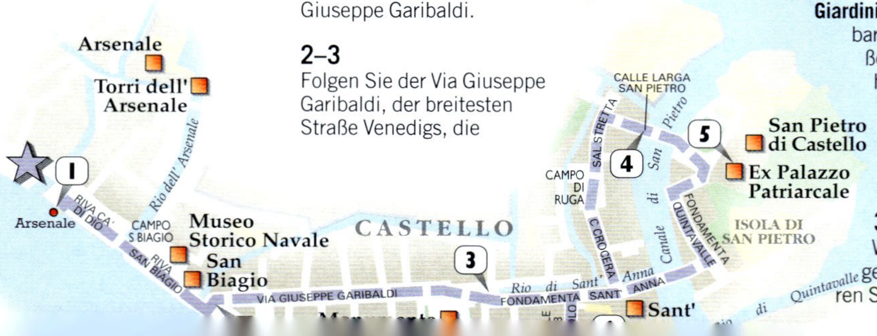

3–4

Wenden Sie sich nach rechts, und folgen Sie dem Rio Sant'Anna, überqueren Sie die letzte Brücke, und gehen Sie

Der schiefe Glockenturm von San Pietro

anschließend durch die Calle Crocera zum Campo di Ruga. Auf der anderen Seite des Platzes beginnt die Salizzada Stretta. Die zweite Seitenstraße rechts führt zum Canale di San Pietro. Von der dortigen Brücke aus können Sie die Bootswerften am Kanal beobachten und dann weiter zur **Isola di San Pietro** laufen, die zu den ältesten Teilen Venedigs gehört und einst ihr geistliches Zentrum bildete.

4–5

Der Name »Castello« bezieht sich auf die Festung, die einst auf der Insel stand. Zu einem sehr frühen Zeitpunkt siedelten Menschen auf **San Pietro** (Tel. (041) 523 89 50, geöffnet Mo–Sa 10–17 Uhr, So 13–17 Uhr), im 8. Jahrhundert wurde hier ein Bistum gegründet. 1451 setzte man hier den ersten Bischof von Venedig ein. San Pietro blieb die Kathedrale der Stadt, bis 1807 San Marco diese Funktion übernahm. Die heutige Kirche wurde 1557 geweiht, erinnert jedoch nur entfernt an Palladios großartigen Entwurf. Im Innern steht im rechten Seitenschiff die Hauptsehenswürdigkeit, der Marmorthron des hl. Petrus, der in Antiochia aus einem arabischen, mit Koranversen verzierten Grabstein gehauen wurde. Draußen erhebt sich der frei stehende, schiefe Glockenturm, um den herum Ende Juni das Patronatsfest stattfindet. Sie können auch den Kreuzgang des leer stehenden **Bischofspalastes (Ex Palazzo Patriarcale)** besichtigen, in dem heute Wäsche und Netze zum Trocknen hängen.

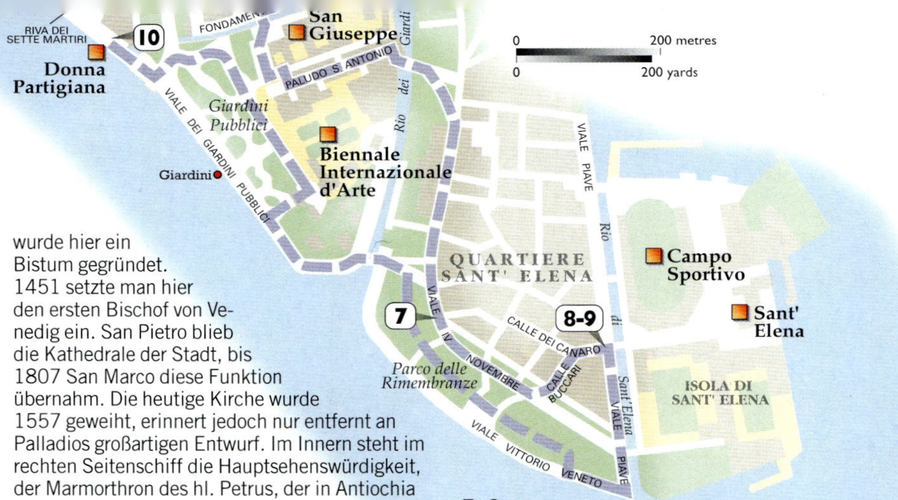

5–6

Biegen Sie hinter dem Turm links ab, und folgen Sie der Fondamenta Quintavalle bis zur gleichnamigen Brücke. Überqueren Sie die Brücke, und gehen Sie, an der ehemaligen Annakirche vorbei, die Fondamenta Sant'Anna hinunter. Links zweigt die Calle Tiepolo ab und kreuzt wenig später den Secco Marina.

6–7
Über den Corte del Magazen gelangen Sie zur Fondamenta San Giuseppe. Biegen Sie rechts ab, überqueren Sie den Kanal, und passieren Sie die Kirche San Giuseppe. Hinter dem Platz folgen Sie dem zickzackförmigen Weg zum Paludo Sant'Antonio. Überqueren Sie nun den Rio dei Giardini, und halten Sie sich rechts, wo der Viale IV Novembre beginnt.

7–8
Nun befinden Sie sich auf der Insel mit dem **Quartiere Sant'Elena**, das während der österreichischen Besatzung als Truppenübungsplatz diente. An diese Zeit erinnert nur noch der **Parco delle Rimembranze**. Folgen Sie dem *viale* durch die Gärten, biegen Sie links in die Calle Buccari und anschließend rechts zum Rio di Sant'Elena ab.

Die ausdrucksvolle Skulptur der Donna Partigiana

Marineoffiziere in Uniform

8–9
Am gegenüberliegenden Ufer des Kanals steht die gotische Kirche **Sant'Elena** (13. Jahrhundert), die für die sterblichen Überreste der hl. Helena, der Mutter Konstantins des Großen, erbaut wurde. Auch den **Campo Sportivo**, auf dem Venedigs Fußballmannschaft trainiert, können Sie von hier aus sehen.

9–10
Biegen Sie rechts ab, und gehen Sie am Ufer entlang, dann durch den Parco delle Rimembranze bis zum Rio dei Giardini und weiter in die **Giardini Pubblici**. Hier stehen zahlreiche Pavillons, die während der Biennale Internazionale d'Arte (➤ 42) als Ausstellungsfläche dienen. Die Biennale findet seit 1895 statt und gilt noch immer als eines der bedeutendsten Kunstforen der Welt.

Hinter dem *vaporetto*-Anleger liegt, ausgestreckt auf den Stufen, die Skulptur der **Donna Partigiana (Partisanin)**, ein Mahnmal zur Erinnerung an die vielen Frauen, die während des Zweiten Weltkrieges im Widerstand ums Leben kamen.

Kleine Pause
In der Via Giuseppe Garibaldi gibt es viele Bars und Cafés. Unweit des Fußballstadions serviert die **Osteria Sant'Elena** echte venezianische Hausmannskost (Calle Generale Chinotto 24, Tel. (041) 520 84 19).

Wann?
Wählen Sie einen Tag unter der Woche, dann ist in Castello am meisten los.

Praktisches

INFORMATION VORAB

Websites
www.enit.it/de
www.meetingvenice.it
www.venetia.it
www.viu.unive.it
www.virtualvenice.net

In Italien
Palazzina del Santi
Giardinetti Reali
San Marco
☎ (041) 522 51 50

In Deutschland
Staatl. Italienisches Fremdenverkehrsamt (ENIT)
Kaiserstraße 65
60329 Frankfurt/Main
☎ (0 69) 23 74 30
Fax (0 69) 23 28 94

REISEVORBEREITUNG

WICHTIGE PAPIERE

● Erforderlich
○ Empfohlen
▲ Nicht erforderlich

	Deutschland	Österreich	Schweiz
Pass/Personalausweis	●	●	●
Visum	▲	▲	▲
Weiter- oder Rückflugticket	▲	▲	▲
Impfungen (Tetanus und Polio)	▲	▲	▲
Krankenversicherung (► 186, Gesundheit)	●	●	●
Reiseversicherung	○	○	○
Führerschein (national)	●	●	●
Kfz-Haftpflichversicherung	●	●	●
Fahrzeugschein	●	●	●

REISEZEIT

Venedig

Hauptsaison / Nebensaison

	JAN	FEB	MÄRZ	APRIL	MAI	JUNI	JULI	AUG	SEPT	OKT	NOV	DEZ
Saison	Nebensaison	Nebensaison	Nebensaison	Hauptsaison	Hauptsaison	Hauptsaison	Hauptsaison	Hauptsaison	Nebensaison	Nebensaison	Nebensaison	
Temperatur	6°C	6°C	10°C	15°C	20°C	22°C	28°C	26°C	23°C	18°C	13°C	7°C
Wetter	Bedeckt	Bedeckt	Wechselhaft	Regnerisch	Wechselhaft	Sonnig	Sonnig	Sonnig	Wechselhaft	Verregnet	Verregnet	Wechselhaft

Sonnig · Bedeckt · Regnerisch · Wechselhaft · Verregnet

Die Tabelle zeigt die **monatlichen Durchschnittstemperaturen**.
Venedig ist – wie auch das übrige Norditalien – keineswegs so sonnenverwöhnt, wie manche behaupten. Das Klima richtet sich nach den jeweils relativ klar abgegrenzten Jahreszeiten; feucht kann es auf Grund der Lage der Stadt das ganze Jahr über sein. Januar und Februar sind oftmals kalt mit eisigen Winden aus den Alpen, März und April dagegen warm und sonnig mit heftigen Regenschauern. Im Mai und Juni herrschen ideale Temperaturen bei viel Sonne, Mitte Juni klettert das Thermometer oft auf über 30 °C. Im Juli und August wird es heiß, und der Schirokko, ein nordafrikanischer Wind, bringt dann zuweilen Regen und Gewitter. Auf den meist schönen September folgen drei Monate voll Regen, Wind, Nebel und mit einigen klaren, kalten Tagen.

In Österreich
Staatliches Italienisches
Fremdenverkehrsamt (ENIT)
Kärntnerring 4
1010 Wien
☎ (01) 505 43 74
Fax (01) 505 02 48

In der Schweiz
Staatliches Italienisches
Fremdenverkehrsamt (ENIT)
Uraniastr. 32
8001 Zürich
☎ (01) 211 79 17
Fax (01) 211 38 85

ANREISE

Mit dem Flugzeug: Der venezianische Flughafen **Marco Polo** liegt auf dem Festland, am Nordrand der Lagune. Hier landen Linienmaschinen, während Charterflüge in der Regel den Flughafen **Treviso** weiter im Norden ansteuern. **Direktflüge** verbinden alle großen europäischen Flughäfen mit Venedig. Passagiere aus nichteuropäischen Ländern müssen gegebenenfalls in Rom oder Mailand umsteigen.
Flugdauer: Von Hamburg und Frankfurt knapp $1\frac{1}{2}$ Stunden, von München knapp 1 Stunde.
Die **Ticketpreise** sind zwischen Oktober und März (Ausnahmen Weihnachten und Ostern) niedriger als im übrigen Jahr. Preisgünstige Angebote können Sie in Reisebüros oder über das Internet erfragen. Kaufen Sie Ihr Ticket sehr rechtzeitig, um vom Frühbucherrabatt zu profitieren.

Mit dem Zug: Venedig ist gut an das europäische Eisenbahnnetz angeschlossen, auch wenn hier keine Hochgeschwindigkeitszüge halten. Aus den Nachbarländern können Sie mit Umsteigen in Mailand oder Bologna bequem nach Venedig gelangen.

Mit dem Auto: Sie kommen zwar über den Brenner leicht mit dem Auto nach Venedig, sollten aber bedenken, dass Sie Ihren Wagen vor den Toren der Stadt lassen müssen, und eine entsprechend hohe Summe für den bewachten Parkplatz veranschlagen.

ZEIT

Zwischen Venedig und deutschen Städten gibt es keine Zeitverschiebung. Im März wird die Uhr um eine Stunde auf Sommerzeit vorgestellt, im Oktober wird sie, genau wie in Deutschland, wieder zurückgestellt.

WÄHRUNG

Währung: Italien gehört zu den elf Gründungsländern der Europäischen Währungsunion, die gemeinsam den **Euro** einführen. Ab 1. Januar 2002 werden Euro-Banknoten und -Münzen ausgegeben. Ende Juni 2002 endet die Gültigkeit der Lira (L, Plural Lire). Währungseinheiten der Münzen sind 1, 2, 5, 10, 20 und 50 Cent sowie 1 und 2 Euro. Banknoten gibt es zu 5, 10, 20, 50, 100, 200 und 500 Euro. Ein Euro entspricht 1936,27 Lire.

Reiseschecks: Banken und Wechselstuben (*cambio*) tauschen Reiseschecks ein.

Kreditkarten (MasterCard, Visa, American Express, Diners) werden in Venedig eher akzeptiert als in anderen Teilen Italiens. Kleinere Beträge können Sie aber in der Regel nicht mit Kreditkarte bezahlen.

Umtausch: Der Wechselkurs zwischen den Ländern der Europäischen Währungsunion ist festgelegt. Die Gebühren, die die einzelnen Banken für den Umtausch verlangen, sind aber sehr unterschiedlich. In der Regel fahren Sie am besten, wenn Sie Ihr Geld mit der EC-Karte am Geldautomaten (*bancomat*) abheben. In italienischen Banken herrschen sehr scharfe Sicherheitskontrollen.

ZEITUNTERSCHIED

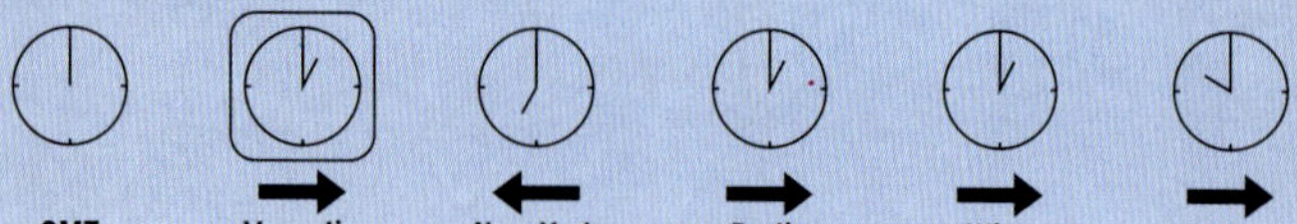

GMT	Venedig	New York	Berlin	Wien	Sydney
12 Uhr	13 Uhr	7 Uhr	13 Uhr	13 Uhr	22 Uhr

DAS WICHTIGSTE VOR ORT

KONFEKTIONSGRÖSSEN

Italien	Deutschland	
46	44	Anzüge
48	46	Anzüge
50	48	Anzüge
52	50	Anzüge
54	52	Anzüge
56	54	Anzüge
41	41	Schuhe
42	42	Schuhe
43	43	Schuhe
44	44	Schuhe
45	45	Schuhe
46	46	Schuhe
37	37	Hemden
38	38	Hemden
39/40	39/40	Hemden
41	41	Hemden
42	42	Hemden
43	43	Hemden
34	30	Kleider
36	32	Kleider
38	34	Kleider
40	36	Kleider
42	38	Kleider
44	40	Kleider
38	38	Schuhe
38	38	Schuhe
39	39	Schuhe
39	39	Schuhe
40	40	Schuhe
41	41	Schuhe

FEIERTAGE

1. Jan.	Neujahr
6. Jan.	Dreikönigstag
März/April	Ostern
25. April	Befreiungstag
1. Mai	Tag der Arbeit
29. Juni	St. Peter und Paul
15. Aug.	Mariä Himmelfahrt
1. Nov.	Allerheiligen
8. Dez.	Tag der Unbefleckten Empfängnis
25. Dez.	Weihnachten
26. Dez.	Stephanus

ÖFFNUNGSZEITEN

- Geschäfte
- Büros
- Banken
- Postämter
- Museen/Denkmäler
- Apotheken

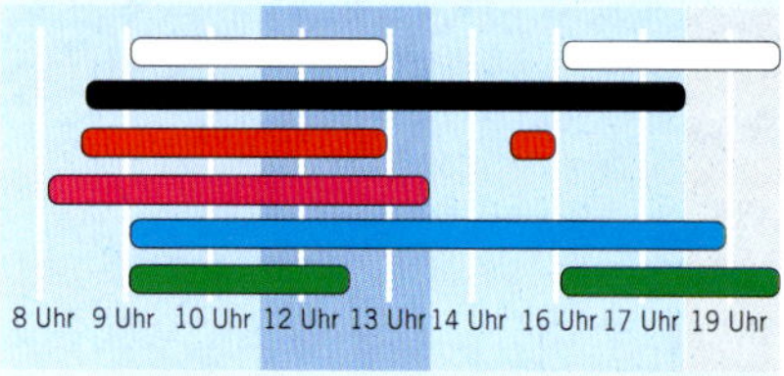

tagsüber · mittags · abends

Geschäfte: Viele Läden sind montagmorgens geschlossen, Lebensmittelgeschäfte außerdem häufig mittwochnachmittags. Geschäfte mit Artikeln für Touristen öffnen meist länger und auch am Sonntag.
Banken: Banken sind Mo–Fr 8.30–13 und 14.35–15.35 Uhr geöffnet; einige auch am Samstag.
Museen/Denkmäler: Museen haben sehr unterschiedliche Öffnungszeiten, viele bleiben montags geschlossen.
Apotheken: Viele Apotheken sind samstagnachmittags geschlossen. Es existiert jedoch ein Apothekennotdienst an Wochenenden, Feiertagen und nachts. An jeder Apotheke finden Sie einen entsprechenden Aushang.

NOTRUF 113

POLIZEI 113 (Polizia di Stato) oder 112 (Carabinieri)

FEUERWEHR 115

KRANKENWAGEN (041) 523 0000 (Ambulanzboot) oder 118

SICHERHEIT

Venedig ist eine relativ sichere Stadt für Urlauber. Trotzdem sollten Sie einige Vorsichtsmaßnahmen beherzigen:

- Tragen Sie keine größeren Mengen Bargeld bei sich.
- Lassen Sie Gepäck an öffentlichen Plätzen und in Menschenmengen, besonders am Rialto und bei San Marco, nicht unbeaufsichtigt.
- Benutzen Sie nachts die größeren Straßen, damit Sie sich bei Dunkelheit nicht im Gewirr der kleinen Gässchen verlaufen.
- Frauen ohne Begleitung sollten den Parkplatz Tronchetto bei Dunkelheit meiden.

Polizei:
☎ 113 von jedem Telefon

TELEFONIEREN

Die meisten Telefonzellen funktionieren nur mit Telefonkarten (*schede telefoniche*), die Sie in Postämtern, in *tabacchi* und an Zeitungskiosken erhalten. Vor dem ersten Benutzen müssen Sie die markierte Ecke abtrennen. Um ins Ausland zu telefonieren, müssen Sie die unten angegebene Ländervorwahl und anschließend die Rufnummer (ohne die Null der Vorwahl) wählen.

Internationale Vorwahlen:
Deutschland: 0049
Österreich: 0043
Schweiz: 0041

POST

Die Hauptpost Venedigs (San Marco 5554, Salizzada del Fondaco dei Tedeschi) ist Mo–Sa 8.15–19 Uhr geöffnet. Hier können Sie postlagernde Sendungen abholen und rund um die Uhr Telegramme und Faxe aufgeben. Briefmarken bekommen Sie in allen *tabacchi*.

ELEKTRIZITÄT

In Italien herrscht 220-Volt-Wechselstrom, die Steckdosen unterscheiden sich häufig von den in Deutschland üblichen. Packen Sie einen Adapter ein (im Haushaltswarenladen und Baumarkt erhältlich).

TRINKGELD

Sie müssen nicht überall Trinkgeld geben, und es werden keine hohen Summen erwartet. In etwa gilt:

Barkeeper	10–25 Cent
Stadtführer	nach Ermessen
Taxi	auf 50 Cent aufrunden
Zimmermädchen	2,50 Euro pro Tag

Die Tarife für den Gepäckträger sind einheitlich. Sie liegen bei 10 Euro für ein Gepäckstück, 15 Euro für zwei und 20 Euro für drei bis vier Gepäckstücke.

KONSULATE

Deutschland	Österreich	Schweiz
☎ (041) 523 76 75	☎ (041) 524 05 56	☎ (041) 522 59 96

GESUNDHEIT

Krankenversicherung: EU-Bürger sollten den Auslandskrankenschein E111 ihrer Krankenkasse mitnehmen und unbedingt eine Reisekrankenversicherung abschließen. Notfälle werden kostenlos in den Unfallambulanzen *(pronto soccorso)* der Krankenhäuser behandelt

Zahnarzt: Teuer, die Krankenkasse übernimmt die Kosten nur, wenn es sich um einen echten Notfall handelt. Suchen Sie in diesem Fall den Ambulatorio Odontostomalogico im Ospedale Civile auf (Castello 6777, Campo Santi Giovanni e Paolo, Tel. (041) 529 45 17).

Wetter: Hohe Temperaturen und Luftfeuchtigkeit sind in den Sommermonaten an der Tagesordnung. Tragen Sie entsprechende Kleidung, verwenden Sie Sonnenschutzmittel, und trinken Sie genug (1,5–2 Liter pro Tag).

Medikamente: Rezeptpflichtige und rezeptfreie Medikamente sowie Ratschläge bei kleineren Gesundheitsproblemen erhalten Sie in Apotheken. Eine Apotheke im Stadtgebiet ist immer rund um die Uhr geöffnet. Wenn Sie ein bestimmtes Medikament benötigen, sollten Sie Ihren Hausarzt vor der Abreise um den wissenschaftlichen Namen bitten oder den Waschzettel mitnehmen.

Trinkwasser: Wasser aus dem Hahn ist trinkbar. Brunnen ohne Trinkwasserqualität tragen die Aufschrift *Acqua non potabile.*

ERMÄSSIGUNGEN

Studenten: Venedigreisende im Alter von 14 bis 19 Jahren können sich einen Pass besorgen, der Ermäßigungen in Hotels, Restaurants, Geschäften und Museen gewährt. Der Pass kostet 5000 Lire und ist im Büro von *Rolling Venice* bei Arte e Storia, Corte Canal, Santa Croce, gegen Vorlage eines Reisedokumentes und zweier Fotos erhältlich (Tel. (041) 524 02 32, geöffnet Mo–Fr 9–12.45 und 15–18 Uhr).

Senioren: Gegen Vorlage des Personalausweises gewähren einige Museen reduzierte Eintrittspreise.

EINRICHTUNGEN FÜR BEHINDERTE

Gehbehinderte und Rollstuhlfahrer stoßen in Venedig wegen der zahlreichen Brücken und ungesicherten Kanäle auf erhebliche Probleme. Die Gegend um die Piazza San Marco, einige weitere *campi* und Abschnitte der Zattere sind relativ gut zugänglich. Auf einigen kostenlosen Touristenstadtplänen sind Routen für Rollstuhlfahrer eingezeichnet.

KINDER

Die Stadtstruktur Venedigs ist nicht sehr kinderfreundlich und für Kinderwagen äußerst ungeeignet. Im Allgemeinen mögen die Italiener Kinder jedoch gern. Die meisten Kinder sind fasziniert von der Lagunenstadt.

TOILETTEN

Der Toilettenstandard hat sich vor allem in Museen, Bars und Galerien verbessert.

ZOLL

Achten Sie darauf, dass Sie keine Artikel ausführen, die gegen das Artenschutzabkommen verstoßen. Prüfen Sie im Zweifelsfall die Zollbestimmungen Ihres Heimatlandes.

IMMER ZU GEBRAUCHEN

Ja/nein **sì/no**
Guten Tag **buon giorno**
Guten Abend **buona sera**
Bitte **per favore**
Danke **grazie**
Nichts zu danken **non c'è di che**
Entschuldigung **mi dispiace**
Auf Wiedersehen **arrivederci**
Wie geht es Ihnen? **Come sta?**
Wie viel kostet das? **Quanto costa?**
Ich möchte gerne … **Vorrei …**
Geöffnet **aperto**
Geschlossen **chiuso**
Heute **oggi**
Morgen **domani**
Montag **lunedì**
Dienstag **martedì**
Mittwoch **mercoledì**
Donnerstag **giovedì**
Freitag **venerdì**
Samstag **sabato**
Sonntag **domenica**

NACH DEM WEG FRAGEN

Ich habe mich verirrt **Mi sono perso/a**
Wo ist …? **Dove si trova …?**
der Bahnhof **la stazione**
ein Telefon **un telefono**
die nächste *vaporetto*-Haltestelle **il vaporetto più prossimo**
die Bank **la banca**
die Toilette **il gabinetto/il bagno**
Biegen Sie links ab **Volti a sinistra**
Biegen Sie rechts ab **Volti a destra**
Gehen Sie geradeaus **Vada diritto**
An der Ecke **all'angolo**
Die Straße **la strada**
Das Gebäude **il palazzo**
Der Platz **il campo**
Die Kreuzung **l'incrocio**
Wegweiser nach … **l'indicazioni per …**

IM NOTFALL

Hilfe! **Aiuto!**
Könnten Sie mir bitte helfen? **Mi potrebbe aiutare?**
Sprechen Sie Deutsch? **Parla tedesco?**
Ich verstehe nicht **Non capisco**
Bitte rufen Sie rasch einen Arzt **Mi chiami presto un medico, per favore**

IM RESTAURANT

Ich möchte einen Tisch reservieren **Vorrei prenotare un tavolo**
Einen Tisch für zwei Personen, bitte **Un tavolo per due, per favore**
Bringen Sie uns bitte die Speisekarte? **Ci porta la lista, per favore?**
Was ist das? **Che cosa è questo?**
Eine Flasche/ein Glas … **Una bottiglia di/un bicchiere di …**
Die Rechnung, bitte! **Il conto per favore!**

ÜBERNACHTEN

Haben Sie ein Einzel-/Doppelzimmer? **Ha una camera singola/doppia?**
Mit Doppelbett/zwei Betten **con letto matrimoniale/due letti**
Mit/ohne Bad/Toilette/Dusche **con/senza vasca/gabinetto/doccia**
Ist das Frühstück inklusive? **E'inclusa la prima colazione?**
Ist das Abendessen inklusive? **E'inclusa la cena?**
Gibt es einen Zimmerservice? **C'è il servizio in camera?**
Kann ich das Zimmer sehen? **E' possibile vedere la camera?**
Ich nehme dieses Zimmer **Prendo questa**
Ich habe reserviert **Ho fatto una prenotazione**

ZAHLEN

0	**zero**	11	**undici**	30	**trenta**	200	**duecento**
1	**uno**	12	**dodici**	40	**quaranta**	300	**trecento**
2	**due**	13	**tredici**	50	**cinquanta**	400	**quattrocento**
3	**tre**	14	**quattordici**	60	**sessanta**	500	**cinquecento**
4	**quattro**	15	**quindici**	70	**settanta**	600	**seicento**
5	**cinque**	16	**sedici**	80	**ottanta**	700	**settecento**
6	**sei**	17	**diciassette**	90	**novanta**	800	**ottocento**
7	**sette**	18	**diciotto**	100	**cento**	900	**novecento**
8	**otto**	19	**diciannove**	101	**cento uno**	1000	**mille**
9	**nove**	20	**venti**	110	**centodieci**	2000	**duemila**
10	**dieci**	21	**ventuno**	120	**centoventi**	10 000	**diecimila**

SPEISEKARTE

acciuga/alici Anchovis
acqua Wasser
affumicato geräuchert
aglio Knoblauch
agnello Lammfleisch
al forno aus dem Ofen
alla griglia gegrillt
antipasti Vorspeisen
aragosta Hummer
arrosto Braten
asparagi Spargel
baccalà Stockfisch
birra Bier
bollito gekochtes Fleisch
branzino Seebarsch
brodo Brühe
burro Butter
cacciagione Wild
caffè corretto/ -macchiato Kaffee mit Likör/ Schnaps oder wenig Milch
caffè freddo Eiskaffee
caffelatte Milchkaffee
caffè lungo schwacher Kaffee
caffè ristretto sehr starker Kaffee
calamaro Tintenfisch
canestrelli Kammmuscheln
cappero Kaper
carciofo Artischocke
carne Fleisch
carota Karotte
casalingo hausgemacht
cassata Eiscreme mit Früchten
cavolfiore Blumenkohl
cavolo Kohl
ceci Kichererbsen
cena Abendessen
cetriolino Gewürzgurke
cetriolo Gurke
cicoria Zichorie
cioccolata Schokolade
cipolla Zwiebel
coniglio Hase
contorni Beilagen/ Gemüse
coperto Gedeck
cotoletta Kotelett
cozze Miesmuscheln
crema Vanillepudding
crudo roh
digestivo Digestif
dolci Kuchen/ Nachtisch
dorate Brasse
erbe aromatiche Kräuter
fagioli Bohnen
fagiolini grüne Bohnen
fegato Leber
finocchio Fenchel
formaggio Käse
fragole Erdbeeren
frittata Omelett
fritto gebraten, frittiert
fritto misto gemischter frittierter Fisch
frizzante mit Kohlensäure
frulatto verquirlt
frutta Obst
frutti di mare Meeresfrüchte
funghi Pilze
gamberetti Garnelen
gelato Eiscreme
ghiaccio Eis
granceola Seespinne
insalata Salat
insalata di pomodoro Tomatensalat
insalata mista gemischter Salat
insalata verde grüner Salat
IVA Mehrwertsteuer
latte Milch
liquore Likör
macedonia Obstsalat
maiale Schweinefleisch
manzo Rindfleisch
melone Melone
merluzzo Kabeljau
miele Honig
minestra Suppe
molluschi Meeresfrüchte
olio Öl
oliva Olive
ostrica Auster
pancetta Bauchspeck
pane Brot
panna Sahne
parmigiano Parmesan
passata passiert oder mit Sahne aufgeschlagen
pasta sfoglia Blätterteig
pastasciutta Nudelgericht
patate Kartoffeln
patate fritte Pommes frites
peperoncino Peperoni
peperone Paprikaschote
pere Birne
pesca Pfirsich
pesca noce Nektarine
pesce Fisch
pesce spada Schwertfisch
petto Brust
piselli Erbsen
polenta Maisbrei, im Veneto oft an Stelle von Pasta
pollame Geflügel
pollo Hühnchen
polpetta Frikadelle
pomodori Tomaten
porto Portwein
pranzo Mittagessen
prezzemolo Petersilie
primo piatto erster Gang
prosciutto cotto gekochter Schinken
prosciutto crudo roher Schinken
ragù Fleischsoße
ripieno gefüllt
riso Reis
salsa Soße
salsiccia Wurst
sarde Sardinen
secco trocken
secondo piatto zweiter Gang
senape Senf
seppie Tintenfisch
servizio compreso Service inklusive
sogliola Seezunge
specialità Spezialität
spinaci Spinat
spuntino Imbiss
succo di frutta Fruchtsaft
sugo Soße
tonno Thunfisch
torta Torte
triglia Seebarbe
trota Forelle
uovo al tegamino/ fritto Spiegelei
uva Trauben
verdure Gemüse
verdure cotte gekochtes Gemüse
vino bianco Weißwein
vino rosato Rosé
vino rosso Rotwein
vitello Kalbfleisch
vongole Venusmuscheln
zucchero Zucker
zucchini Zucchini
zuppa Suppe

Cityplan

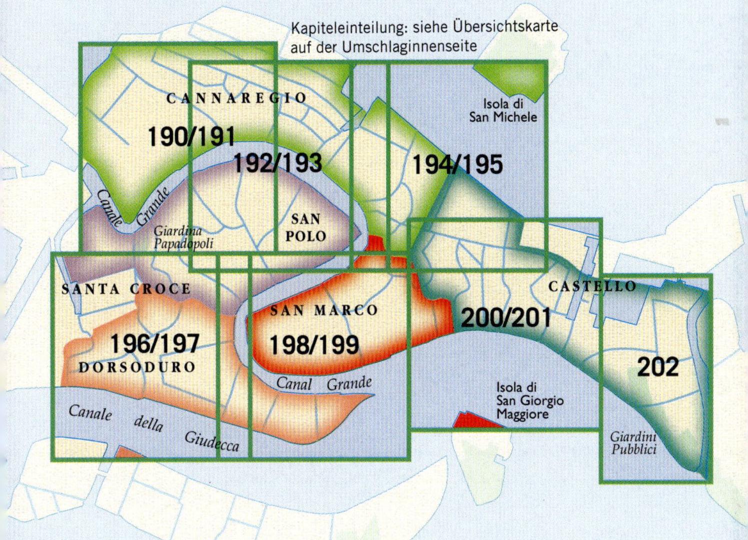

Legende

- Straße
- Arsenale-Mauer
- *traghetto*-Strecke
- *vaporetto*-Anlegeplatz
- Park
- Wichtiges Gebäude
- Sehenswürdigkeit (im Text)
- Information

0 50 100 150 200 250 Meter
0 50 100 150 200 250 Yards

Die Straßennamen sind auf diesem Plan in italienischer Sprache eingetragen. Die Dialektbezeichnungen auf den Straßenschildern können sich davon gegebenenfalls unterscheiden.

A
B
C
5
4
3
2
1
SACCA DI S GIROLAMO
Santa Maria delle Penitenti
Canale Colambola
Canale
CORTE GIUSTINIANA
CALLE FERAU
C D FORNER
FONDAMENTA CASE NUOVE
CAMPIELLO DELLE COOPERATIVE
FONDAMENTA
Tre Archi
FONDAMENTA DI SAN GIOBBE
FONDAMENTA DI CANNAREGIO
Canale di Cannaregio
CALLE GONELLA
CAMPIELLO DELLE BECCARIE
CALLE DELLE BECCARIE
C D MAGAZEN
CORTE BRACCIO NUDO
SOTT D BARBIER
Palazzo Surian Belotto
CALLE D MADONNA
C D SCARLATTO
C CIODI
CLLO CA'PESARO
CALLE D CANNE
PONTE DEI TRE ARCHI
C LARGA D LAVANDER
CALLE DEI TINTOR
C D SC
COLORI
C D VERDE
C D SAON
CALLE CORDA
CAMPO DEI LUGANEGHERI
CALLE BISCOTELLA
CALLA MADONNA
CALLE DELLA CERERIA
Rio de San Giobbe
CAMPO SAN GIOBBE
San Giobbe
FORDAMENTA
RIO TERRÀ D CREA
CAMPIELLO D PAZIENZA
CAMPO BOSELLO
CALLE BOSELLO
Rio della Crea
CALLE PRUILI DETTA DEI CAVALLETTI
CALLE CARMELITANI
Chiesa degli Scalzi
Stazione Santa Lucia
FOND
Ferrovia
LUCIA
Grande
SANTA
Ferrovia
PONTE DELLA LIBERTÀ
Piazzale Roma
Canale di S Chiara
FONDAMENTA DI S CHIARA
Piazzale Roma
FONDAMENTA
Canal
FONDAM S SIMEON PICCOLO
CALLE TRAGH DI SANTA LUCIA
CALLE BERGAMASCHI
S Nome di Gesù
CALLE VOLTO
FONDAMENTA DI S CHIARA
Piazzale Roma
Palazzo Emo-Diedo
FONDAMENTA CROCE
FOND DEI TOLENTINI
CALLE FORNO
FONDAMENTA MONASTERO
Autorimessa Comunale
Stazione Autobus
CORTE CASE NUOVE
CORTE TAGLIAPIETRA
CAMPO
Giardino Papadopoli
x Chiesa di S Andrea
CAMPO S ANDREA
196
PIAZZALE ROMA
SOTTO BATTOCCHIO
SANTA CROCE
CORTE D AMAI

D
E
F
191
5
4
3
2
1
192
197
CANNAREGIO
Le Cappuccine
Palazzo Michiel
IL GHETTO
Museo Hebraico
Tempio Israelitico
CAMPO GHETTO NUOVO
Palazzo Nani
Palazzo Savorgnan
Palazzo Venier
Guglio
Parco Savorgnan
Palazzo Lábia
CAMPO SAN GEREMIA
San Geremia
Palazzo da Mosto
Palazzo Querini
Palazzo Correr Contarini
Palazzo Gritti San Marcuola
San Marcuola
Palazzo Zeno
Riva de Biasio
Palazzo Marcello Toderini
Palazzo Giovanelli
Casa Correr
Fondaco dei Turchi
Palazzo Calbo-Crotta
Ferrovia
Palazzo Gritti
Palazzo Corner
Palazzo Dona-Balbi
S Zan Degola
Palazzo Foscari
Case Contarini
S Simeon Grande
San Simeon Piccolo
Palazzo Gradenigo
San Giacomo dell'Orio
Palazzo Soranzo-Cappello
Palazzo Grioni
Palazzo Giustinian
Scuola Grande di S Giovanni Evangelista
Palazzo Molin
Canale di Cannaregio
Canal
Rio di Sant' Alvise
Rio della Sensa
Rio di San Girolamo
Rio del Battello
Rio Torette
Rio di Ghetto Nuovo
Rio de Megio
Rio Fontego dei Turchi
Rio di San Zan Degola
Rio S Giacomo dell'Orio
Rio Marin
Rio di San Zuane
Rio di S Boldo
FONDAMENTA DI CANNAREGIO
FONDAMENTA PESCHARIA
FONDAMENTA VENIER
FONDAMENTA DEI ORMESINI
FONDAMENTA DELLA SENSA
FONDAMENTA DELLE CAPPUCCINE
FONDAMENTA SAN GIROLAMO
FONDAMENTA C COLETTI
RIO TERRA S LEONARDO
RIO TERRA LISTA DI SPAGNA
PONTE DEGLI SCALZI
PONTE D GUGLIE
CAMPO S SIMEON PROFETA
CAMPO N SAURO
RUGA BELLA
C RUGA VECCHIA
CAMPO SAN GIACOMO DELL'ORIO
CORTE ANATOMIA
CAMPO D STROPE
CAMPIELLO DEL CRISTO
CAMPO S AGOSTIN
CAMPO S BOLDO
CAMPO S MARCUOLA
CAMPO S GIOV DECOLLATO

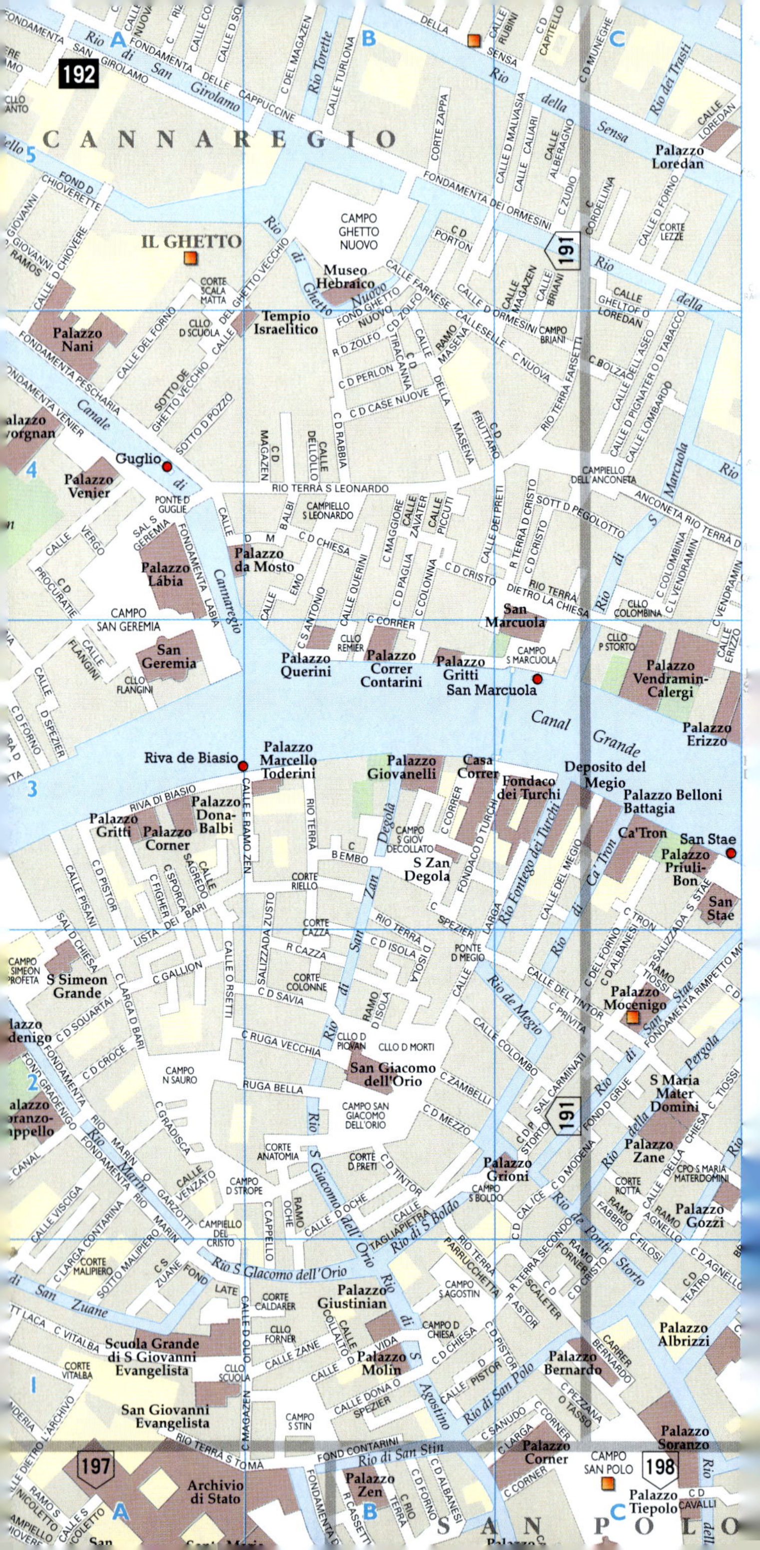
192
CANNAREGIO
IL GHETTO
Campo Ghetto Nuovo
Museo Hebraico
Tempio Israelitico
Palazzo Nani
Palazzo Savorgnan
Guglie
Palazzo Venier
Palazzo Lábia
Campo San Geremia
San Geremia
Palazzo da Mosto
Palazzo Querini
Palazzo Correr Contarini
Palazzo Gritti San Marcuola
San Marcuola
Palazzo Vendramin-Calergi
Palazzo Loredan
Canal Grande
Canale di Cannaregio
Rio della Sensa
Rio della Misericordia
Rio di San Girolamo
Fondamenta dei Ormesini
Rio Terrà S Leonardo
Palazzo Erizzo
Riva de Biasio
Palazzo Marcello Toderini
Palazzo Giovanelli
Casa Correr
Fondaco dei Turchi
Deposito del Megio
Palazzo Belloni Battagia
Ca' Tron
San Stae
Palazzo Priuli-Bon
Palazzo Gritti
Palazzo Corner
Palazzo Dona-Balbi
S Zan Degola
S Simeon Grande
Palazzo Mocenigo
San Giacomo dell'Orio
Campo San Giacomo dell'Orio
S Maria Mater Domini
Palazzo Zane
Palazzo Grioni
Palazzo Gozzi
Palazzo Giustinian
Palazzo Molin
Scuola Grande di S Giovanni Evangelista
San Giovanni Evangelista
Palazzo Bernardo
Palazzo Albrizzi
Palazzo Soranzo
Palazzo Corner
Campo San Polo
Palazzo Tiepolo
Palazzo Zen
Archivio di Stato
SAN POLO
191
197
198
A
B
C
1
2
3
4
5

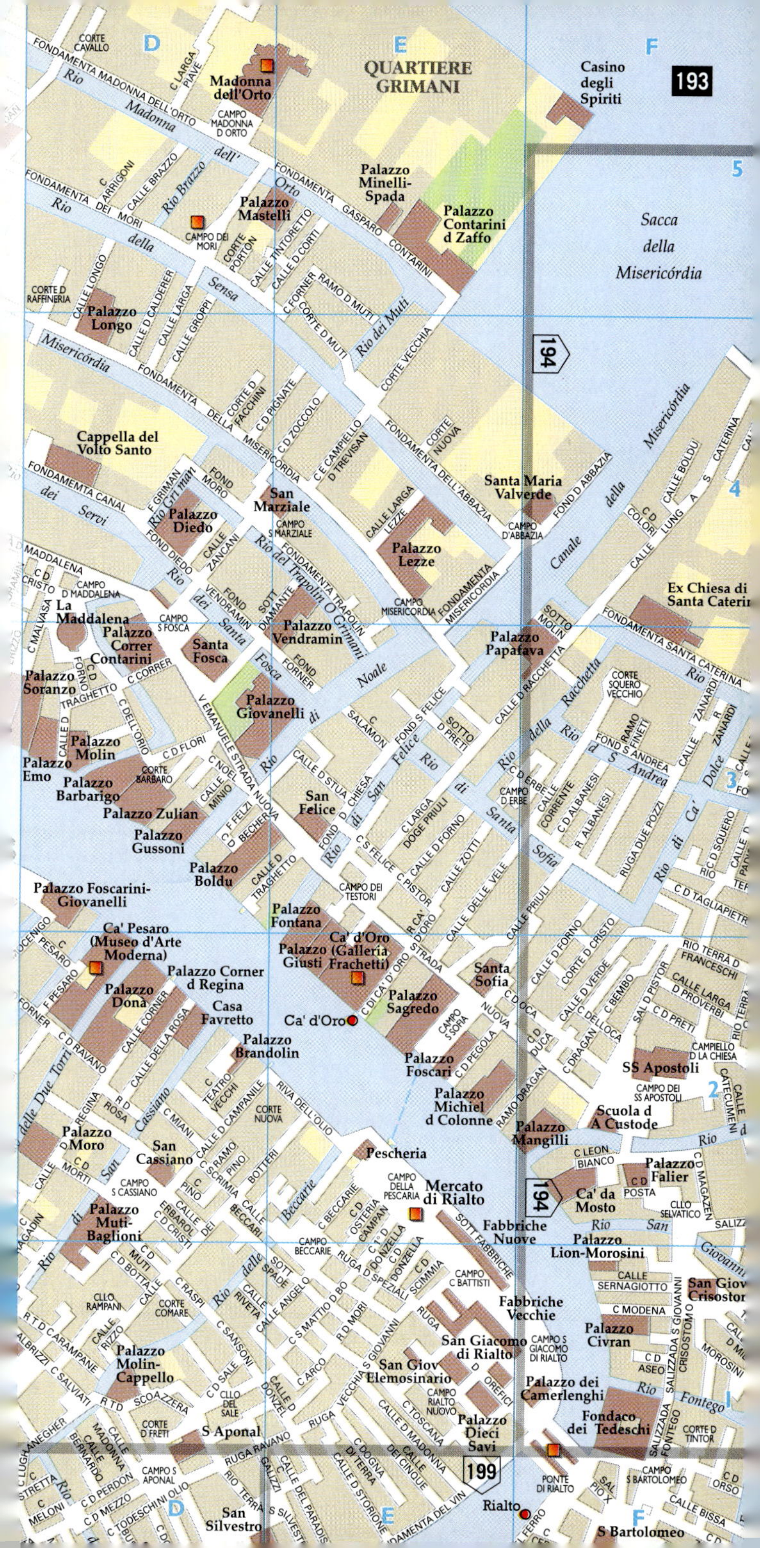

193
D
E
F
QUARTIERE GRIMANI
Madonna dell'Orto
Casino degli Spiriti
CORTE CAVALLO
FONDAMENTA MADONNA DELL'ORTO
Rio Madonna dell' Orto
CAMPO MADONNA D ORTO
C LARGA PIAVE
Palazzo Minelli-Spada
Palazzo Contarini d Zaffo
FONDAMENTA GASPARO CONTARINI
5
Sacca della Misericórdia
FONDAMENTA DEI MORI
Rio della Sensa
Palazzo Mastelli
CAMPO DEI MORI
C ARRIGONI
CALLE BRAZZO
Rio Brazzo
CORTE PORTON
CALLE TINTORETTO
CALLE D CORTI
C FORNER
RAMO D MUTI
CORTE D MUTI
Rio dei Muti
CORTE VECCHIA
CORTE D RAFFINERIA
CALLE LONGO
Palazzo Longo
CALLE D CALDERER
CALLE LARGA
CALLE GROPPI
194
Misericórdia
FONDAMENTA DELLA MISERICORDIA
CORTE D FACCHINI
C D PIGNATE
C D ZOCCOLO
C E CAMPIELLO D TREVISAN
FONDAMENTA DELL'ABBAZIA
CORTE NUOVA
Cappella del Volto Santo
FONDAMENTA CANAL
Rio dei Servi
F GRIMAN
Rio Griman
Palazzo Diedo
FOND MORO
San Marziale
CAMPO S MARZIALE
CALLE ZANCANI
Rio del Trapolin O Grimani
FONDAMENTA TRAPOLIN
CALLE LARGA LEZZE
Palazzo Lezze
Santa Maria Valverde
CAMPO D'ABBAZIA
FOND D ABBAZIA
Canale della Misericórdia
C D COLORI
CALLE BOLDU
LUNG A S CATERINA
4
MADDALENA
C D CRISTO
CAMPO D MADDALENA
La Maddalena
C MALVASIA
Palazzo Correr Contarini
CAMPO S FOSCA
Santa Fosca
Rio di Santa Fosca
FOND VENDRAMIN
SOTT DIAMANTE
Palazzo Vendramin
FOND FORNER
CAMPO MISERICORDIA
FONDAMENTA MISERICORDIA
Palazzo Papafava
SOTTO MOLIN
Ex Chiesa di Santa Caterina
FONDAMENTA SANTA CATERINA
Palazzo Soranzo
C FORNO
TRAGHETTO
C CORRER
Palazzo Giovanelli
Rio di Noale
C SALAMON
FOND S FELICE
SOTTO D PRETI
CALLE D RACCHETTA
Rio della Racchetta
CORTE SQUERO VECCHIO
RAMO FINETI
FOND S ANDREA
Rio d S Andrea
CALLE ZANARDI
Rio Dolce
3
Palazzo Molin
C DELL'ORIO
CALLE D
C D FLORI
C NOEL
V EMANUELE STRADA NUOVA
CALLE D STUA
Rio di San Felice
Rio di Santa Sofia
C D ERBE
CAMPO D ERBE
CALLE CORRENTE
C D ALBANESI
R ALBANESI
RUGA DUE POZZI
Rio di Ca' Dolce
Palazzo Emo
Palazzo Barbarigo
CORTE BARBARO
CALLE MINIO
Palazzo Zulian
San Felice
CHIESA
C LARGA DOGE PRIULI
CALLE D FORNO
Palazzo Gussoni
F FELZI
C D BECHER
FOND
C S FELICE
CALLE ZOTTI
C D SQUERO
RIO
Palazzo Boldu
CALLE D TRAGHETTO
CAMPO DEI TESTORI
C PISTOR
CALLE DELLE VELE
CALLE PRIULI
C D TAGLIAPIETRA
Palazzo Foscarini-Giovanelli
Palazzo Fontana
R CA' D'ORO
STRADA
CALLE D FORNO
CORTE D CRISTO
RIO TERRÀ D FRANCESCHI
Ca' Pesaro (Museo d'Arte Moderna)
C PESARO
F PESARO
Palazzo Giusti
Ca' d'Oro (Galleria Frachetti)
Santa Sofia
CALLE LARGA D PROVERBI
Palazzo Corner d Regina
Palazzo Donà
CALLE CORNER
CALLE DELLA ROSA
Casa Favretto
C DI CA' D'ORO
Palazzo Sagredo
NUOVA
C D OCA
C D VERDE
C BEMBO
SAL D PISTOR
C D PRETI
Ca' d'Oro
C D RAVANO
Palazzo Brandolin
CAMPO S SOFIA
C DELLOCA
C D DUCA
C DRAGAN
CAMPIELLO D LA CHIESA
Palazzo Foscari
C D PEGOLA
RAMO DRAGAN
SS Apostoli
CAMPO DEI SS APOSTOLI
CALLE CATECUMENI
2
Rio delle Due Torri
C D REGINA
R D ROSA
Rio di San Cassiano
C MIANI
C TEATRO VECCHI
CALLE D CAMPANILE
CORTE NUOVA
RIVA DELL'OLIO
Palazzo Michiel d Colonne
Palazzo Mangilli
Scuola d A Custode
Palazzo Moro
San Cassiano
C D MORTI
C RAMO PINO
C SCRIMIA
BOTTERI
Pescheria
C LEON BIANCO
Palazzo Falier
C D MAGAZEN
CAMPO S CASSIANO
C PINO
CALLE ERBAROL
C D CRISTI
CALLE BECCARIE
Rio delle Beccarie
C BECCARIE
C D OSTERIA CAMPAN
CAMPO DELLA PESCARIA
Mercato di Rialto
SOTT FABBRICHE
Ca' da Mosto
C D POSTA
CLLO SELVATICO
Rio San Giovanni
Palazzo Muti-Baglioni
C AGADIN
CALLE
CAMPO BECCARIE
RUGA D SPEZIALI
C D DONZELLA
C D SCIMMIA
CAMPO C BATTISTI
Fabbriche Nuove
Palazzo Lion-Morosini
SALIZZ
C D MUTI
C D BOTTA
C RASPI
Rio delle Spade
SOTT SPADE
CALLE ANGELO
C S MATTIO D BO
R D MORI
RUGA
Fabbriche Vecchie
CALLE SERNAGIOTTO
San Giov Crisostomo
CLLO RAMPANI
CORTE COMARE
C SANSONI
CALLE RIVETA
C ARCO
RUGA VECCHIA S GIOVANNI
San Giacomo di Rialto
CAMPO S GIACOMO DI RIALTO
C MODENA
Palazzo Civran
SALIZZADA S GIOVANNI CRISOSTOMO
R T D CARAMPANE
C RIZZO
Palazzo Molin-Cappello
C SALVIATI
ALBRIZZI
R T D
SCOAZZERA
C D SALE
CLLO DEL SALE
CALLE D DONZEL
San Giov Elemosinario
C D OREFICI
CAMPO RIALTO NUOVO
C TOSCANA
CALLE D MADONNA
Palazzo Dieci Savi
Palazzo dei Camerlenghi
C D ASEO
Rio Fontego
Fondaco dei Tedeschi
SALIZZADA FONTEGO
CORTE D TINTOR
CORTE D FRETI
S Aponal
RUGA RAVANO
GALIZZI
CALLE D CINQUE
CALLE D DOGNA
CALLE D TERRA
CALLE D STORIONE
199
C LUGHANEGHER
CALLE BERNARDO
CALLE MADONNA
C D PERDON
CAMPO S APONAL
RIO TERRÀ S SILVESTRO
CALLE DEL PARADIS
FONDAMENTA DEL VIN
PONTE DI RIALTO
SAL PIO X
CAMPO S BARTOLOMEO
CALLE BISSA
C D ORSO
Rio di San Apolinare
STRETTA
C MELONI
C D MEZZO
C TODESCHINI OLIO
D
San Silvestro
E
Rialto
F
S Bartolomeo

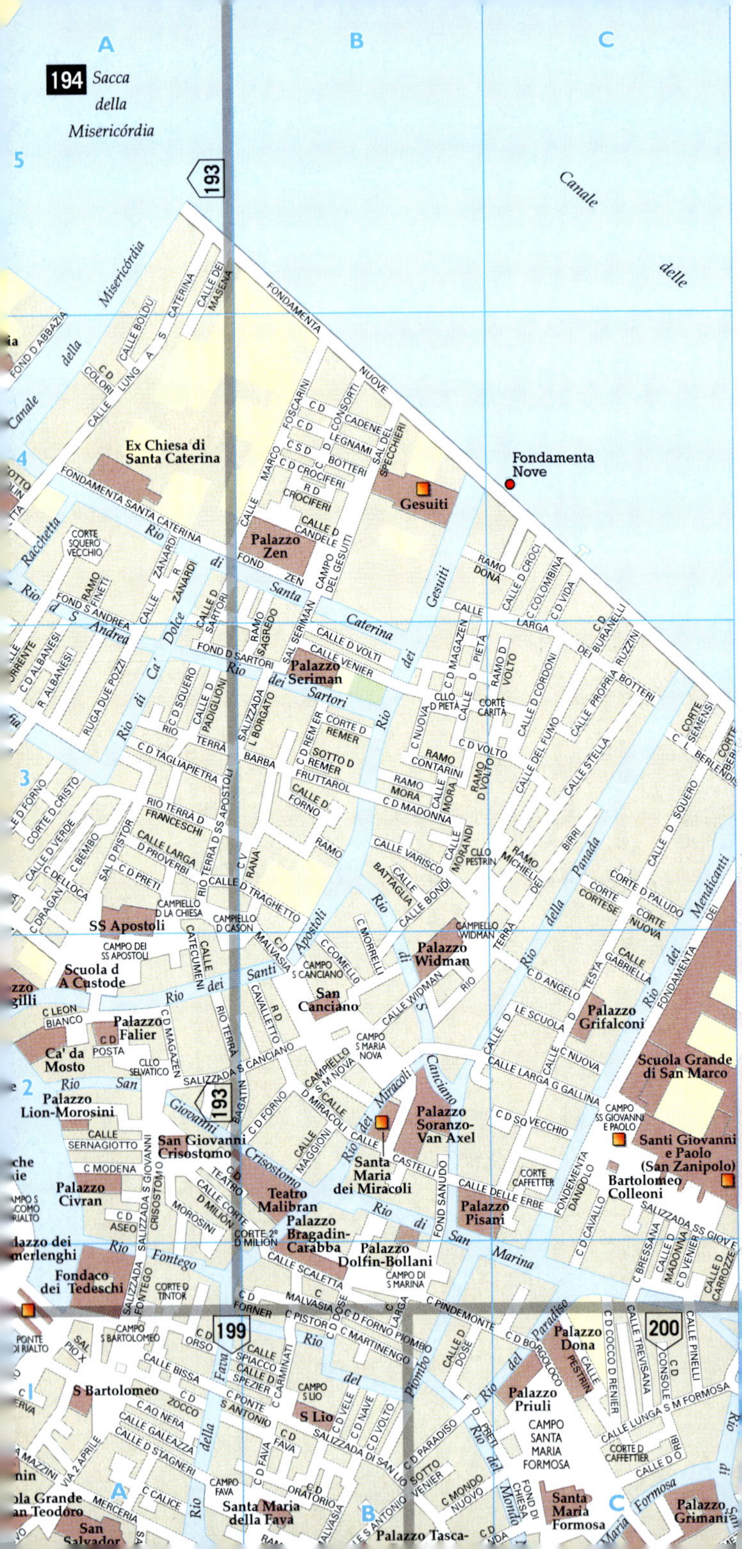

A
B
C
194
Sacca della Misericórdia
193
Canale delle
Misericórdia
Canale della
Ex Chiesa di Santa Caterina
Fondamenta Nove
Gesuiti
Palazzo Zen
Palazzo Seriman
Rio di Santa Caterina
Rio dei Gesuiti
Rio dei Sartori
Rio di Ca' Dolce
Rio di S Andrea
SS Apostoli
Scuola d A Custode
Palazzo Widman
San Canciano
Rio dei Santi Apostoli
Palazzo Grifalconi
Scuola Grande di San Marco
Palazzo Falier
Ca' da Mosto
Palazzo Lion-Morosini
San Giovanni Crisostomo
Palazzo Soranzo-Van Axel
Santa Maria dei Miracoli
Santi Giovanni e Paolo (San Zanipolo)
Bartolomeo Colleoni
Palazzo Civran
Teatro Malibran
Palazzo Bragadin-Carabba
Palazzo Pisani
Palazzo Dolfin-Bollani
Fondaco dei Tedeschi
Rio di San Marina
Rio della Panada
Rio dei Mendicanti
199
200
Palazzo Dona
Palazzo Priuli
S Bartolomeo
S Lio
Campo Santa Maria Formosa
Santa Maria della Fava
Santa Maria Formosa
Palazzo Grimani
San Salvador
Palazzo Tasca-
Rio del Piombo
Rio del Paradiso
Rio della Fava

D
E
F
Cimitero
195
Isola di San Michele
5
4
3
2
1
Fondamenta Nuove
FONDAMENTA NUOVE
Ospedale
S Lazzaro dei Mendicanti
MENDICANTI
Ospedale Civile
Santa Maria del Piantο
CALLE DELLE CAPPUCCINE
CALLE TORRELLI
Ospedaletto
CALLE NICOLÒ MAZZA
Rio di Santa Giustina
FONDAMENTA DI SANTA GIUSTINA
BARBARIA DELLE TOLE
C D CAFFETTIER
CALLE CAVALLI
CALLE ZEN
Palazzo Morosini
CALLE OSPEDALE
Palazzo Muazzo
C MUAZZO
Rio di San Giovanni Laterano
Rio della Tetta
Palazzo Cappello
CALLE S FRANCESCO
201
CAMPO SAN FRANCESCO DELLA VIGNA
San Francesco della Vigna
Ex Chiesa S Giustina
CAMPO S GIUSTINA
Palazzo Gritti o d Nunziatura
CAMPO DELLA CONFRATERNITÀ
Rio del Fonte
Rio di S Francesco
Palazzo Contarini
San Lorenzo
SALIZZADA S GIUSTINA
CORTE D TERRAZZER
C D MORION
CALLE LARGA S LORENZO
BORGOLOCO S LORENZO
CAMPO SAN LORENZO
CORTE CAPPELLERA
C ZORZI

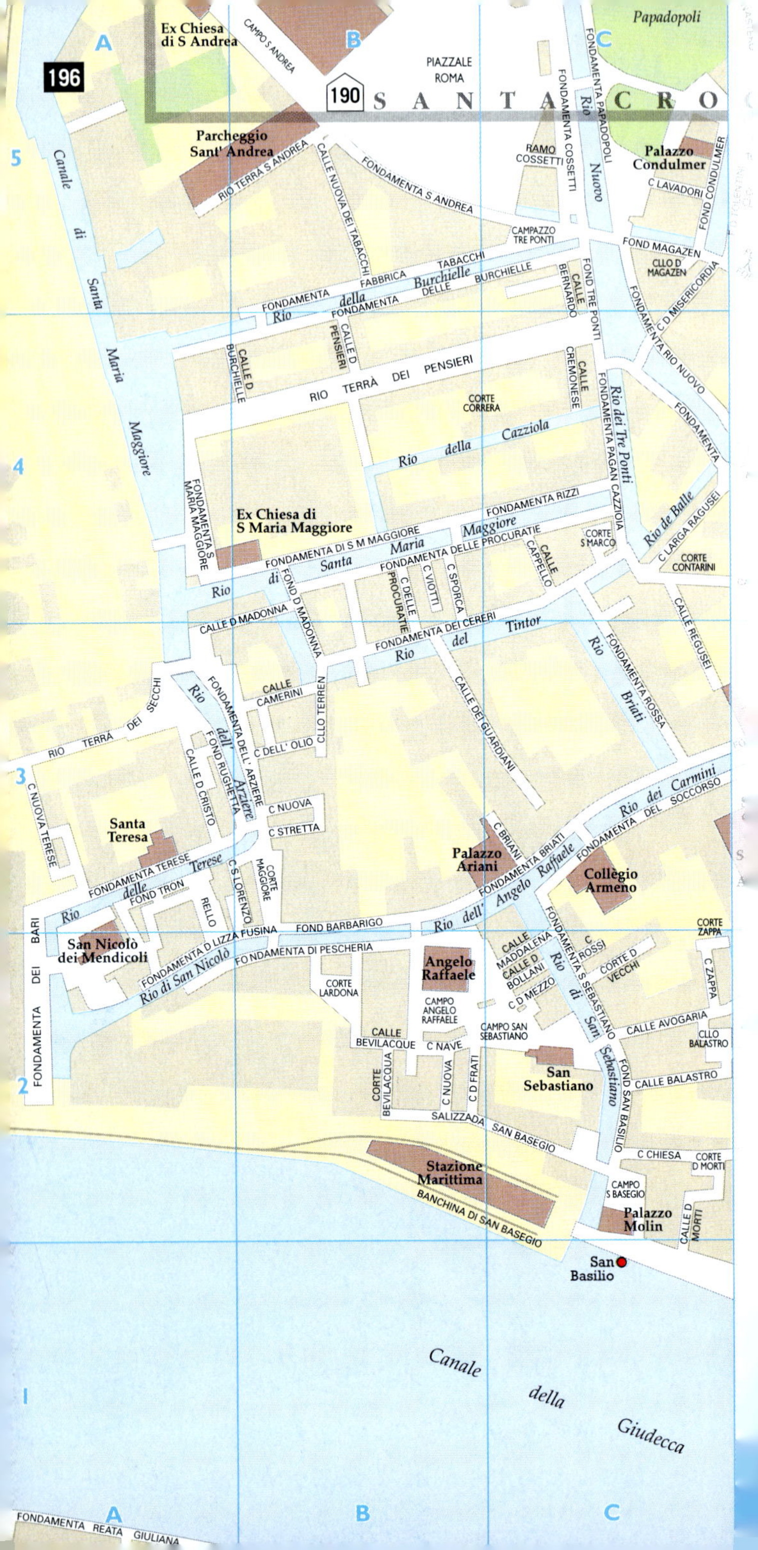

196
190
A
B
C
5
4
3
2
1
SANTA CROCE
Papadopoli
Ex Chiesa di S Andrea
CAMPO S ANDREA
PIAZZALE ROMA
Parcheggio Sant' Andrea
RIO TERRA S ANDREA
CALLE NUOVA DEI TABACCHI
FONDAMENTA S ANDREA
RAMO COSSETTI
FONDAMENTA COSSETTI
FONDAMENTA PAPADOPOLI
Rio Nuovo
Palazzo Condulmer
C LAVADORI
FOND CONDULMER
CAMPAZZO TRE PONTI
FOND MAGAZEN
CLLO D MAGAZEN
C D MISERICORDIA
FONDAMENTA RIO NUOVO
Canale di Santa Maria Maggiore
FONDAMENTA FABBRICA TABACCHI
Rio della Burchielle
FONDAMENTA DELLE BURCHIELLE
CALLE BERNARDO
FOND TRE PONTI
CALLE D PENSIERI
CALLE D BURCHIELLE
RIO TERRÀ DEI PENSIERI
CALLE CREMONESE
FONDAMENTA PAGAN
Rio dei Tre Ponti
CORTE CORRERA
Rio della Cazziola
FONDAMENTA
CAZZIOLA
Rio de Balle
C LARGA RAGUSEI
CORTE CONTARINI
FONDAMENTA RIZZI
Ex Chiesa di S Maria Maggiore
FONDAMENTA S MARIA MAGGIORE
FONDAMENTA DI S M MAGGIORE
Rio di Santa Maria Maggiore
FONDAMENTA DELLE PROCURATIE
CORTE S MARCO
CALLE CAPPELLO
C DELLE PROCURATIE
C VIOTTI
C SPORCA
FOND D MADONNA
CALLE D MADONNA
FONDAMENTA DEI CERERI
Rio del Tintor
CALLE REGUSEI
Rio Briati
FONDAMENTA ROSSA
CALLE CAMERINI
CLLO TERREN
C DELL' OLIO
CALLE DEI GUARDIANI
Rio dell' Arziere
FONDAMENTA DELL' ARZIERE
FOND RUGHETTA
RIO TERRÀ DEI SECCHI
CALLE D CRISTO
C NUOVA TERESE
C NUOVA
C STRETTA
Santa Teresa
Rio delle Terese
FONDAMENTA TERESE
FOND TRON
C S LORENZO
CORTE MAGGIORE
RELLO
Rio dei Carmini
FONDAMENTA DEL SOCCORSO
C BRIANI
Palazzo Ariani
FONDAMENTA BRIATI
Rio dell' Angelo Raffaele
Collègio Armeno
CORTE ZAPPA
C ZAPPA
FONDAMENTA DEI BARI
San Nicolò dei Mendicoli
FONDAMENTA D LIZZA FUSINA
Rio di San Nicolò
FOND BARBARIGO
FONDAMENTA DI PESCHERIA
CORTE LARDONA
Angelo Raffaele
CAMPO ANGELO RAFFAELE
CALLE MADDALENA
CALLE D BOLLANI
C D MEZZO
C ROSSI
CORTE D VECCHI
FONDAMENTA S SEBASTIANO
Rio di San Sebastiano
CALLE AVOGARIA
CLLO BALASTRO
CALLE BEVILACQUE
C NAVE
CAMPO SAN SEBASTIANO
San Sebastiano
CORTE BEVILACQUA
C NUOVA
C D FRATI
FOND SAN BASILIO
CALLE BALASTRO
SALIZZADA SAN BASEGIO
C CHIESA
CORTE D MORTI
Stazione Marittima
BANCHINA DI SAN BASEGIO
CAMPO S BASEGIO
Palazzo Molin
CALLE D MORTI
San Basilio
Canale della Giudecca
FONDAMENTA REATA GIULIANA

197
191
198
D
E
F
5
4
3
2
1
C E
DORSODURO
Istit Univ di Architettura
S Nicolò da Tolentino
Campo D Tolentini
Scuola Grande di S Giovanni Evangelista
San Giovanni Evangelista
Archivio di Stato
Palazzo Zen
San Rocco
Santa Maria Gloriosa dei Frari
Campo dei Frari
Scuola Grande di San Rocco
Campo San Rocco
Scuola dei Calegheri
Campo S Tomà
S Tomà
Palazzo Dolfin
Palazzo Arnaldi
Palazzo Gabrieli Dolfin
San Pantalon
Campo San Pantalon
Palazzo D Paolucci
Palazzo Civran-Grimani
Palazzo Balbi
Palazzo Contarini d Figure
Palazzo Giustinian
Palazzo Foscarini
Ex Chiesa di Santa Margherita
Campo Santa Margherita
Scuola dei Varotari
Ca' Foscari
Palazzo Giustinian
Palazzo Morolin
Scuola Grande dei Carmini
Campo dei Carmini
Palazzo Nani
Palazzo Grassi
Santa Maria dei Carmini
Istituto Superiore d' Arte Applicata
Ca' Rezzonico (Museo del Settecento Veneziano)
San Samuele
Ex Chiesa di San Samuele
Palazzo Contarini-Michiel
Ca' Rezzonico
Palazzo Malipiero
San Barnaba
Campo San Barnaba
Palazzo Stern
Palazzo Moro
Ca' del Duca
Palazzo Loredan
Palazzo Falier
Palazzo Contarini d Scrigni
Palazzo Giustinian Lolin
Palazzo Gambara
Ospedale Giustinian
Palazzo Bollani
Palazzo Brandolin
Ognissanti
Gallerie dell'Accademia
San Trovaso
Campo San Trovaso
Palazzo Nani
Palazzo Giustinian
Palazzo Clary
Squero di San Trovaso
Santa Maria d Visitazione
S Agnese
Campo S Agnese
Gesuati
Zattere
La Giudecca
Zattere
Ponte Lungo
Fondamenta delle Zattere Ponte Lungo
Fondamenta delle Zattere ai Gesuati
Rio delle Meneghette
Rio del Gaffaro
Rio del Malcanton
Rio Nuovo
Rio di Ca' Foscari
Rio S Pantalon
Rio della Frescada
Rio dei Frari
Rio di Santa Margherita
Rio di San Barnaba
Rio Malpaga
Rio della Toletta
Rio dell' Avogaria
Rio delle Eremite
Rio Ognissanti
Rio di San Trovaso
La Volta
Rio Terrà della Scoazzera
Rio Terrà Canal
Rio Terrà S Tomà
Fondamenta Rezzonico
Fondamenta Gherardini
Fond dello Squero
Calle Lunga San Barnaba
Calle dei Cerchieri
Campo Squero
Calle Nuova
Calle Larga Foscari
Fond Foscarini
Fondamenta Minotto
Fondamenta Gaffaro
Sal S Pantalon
Sal S Rocco
Fond Ognissanti
Fondamenta Bontini
Fondamenta Priuli
Campo Carità
Campo Calbo
Corte Badoer

198
192
197
SAN POLO
SAN MARCO
Canal Grande
Palazzo Zen
Campo San Polo
Palazzo Tiepolo
San Polo
Palazzo Morolin
Campo dei Frari
Rio dei Frari
Scuola dei Calegheri
Campo S Tomà
S Tomà
San Tomà
Palazzo Dolfin
Palazzo D Paolucci
Palazzo Civran-Grimani
Palazzo Centani
Palazzo Pisani Moretta
Palazzo Barbarigo della Terrazza
Palazzo Tiepolo
Palazzo Persico
Palazzo Grimani
Palazzo Layard
Palazzo Bernardo
Palazzo Querini
Palazzo Dona d Madonnetta
Palazzo Dona
Palazzo Businello
Palazzo Barzizza
Palazzo Papadopoli
San Silvestro
Palazzo Tron
Palazzo Grimani
Palazzo Benzon
Palazzo Volpi
Palazzo Corner-Spinelli
Sant' Angelo
S Benedetto
Palazzo Garzoni
Palazzo Fortuny
Cinema Rossini
Palazzo Mocenigo
Palazzo Balbi
Palazzo Contarini d Figure
Palazzo Morolin
La Volta
Orotorio dell' Annunziata
Campo Sant' Angelo
Palazzo Grassi
Ex Chiesa di San Samuele
San Samuele
Chiesa di Santo Stefano
Teatro La Fenice
Palazzo Malipiero
Ca' Rezzonico
Campo Santo Stefano
Palazzo Loredan
S Maurizio
S Maria del Giglio
Ca' del Duca
Palazzo Morosini
Palazzo Falier
Ex Chiesa di San Vidal
Palazzo Pisani
Palazzo Contarini d Scrigni
Palazzo Giustinian Lolin
Palazzo Franchetti
Palazzo Cavalli Franchetti
Palazzo Barbaro
Palazzo Gambara
Accademia
Casa Stecchini
Palazzo Corner della Ca' Grande
Giglio
Palazzo Pisani-Gritti
Gallerie dell'Accademia
Palazzo Contarini d Zaffo
Palazzo Loredan
Palazzo Barbarigo
Palazzo Venier dei Leoni (Collezione P Guggenheim)
Palazzo Barbaro
Palazzo Genovese
Palazzo da Mula
Palazzo Centani
Palazzo Dario
Palazzo Salviati
Ex Abbazia
San Gregorio
Rio Pietro
S Agnese
Campo S Agnese
Gesuati
Ex Ospedale degli Incurabili
Spirito Santo
Fondamenta delle Zattere allo Spirito Santo
Fond delle Zattere ai Saloni
A
B
C
1
2
3
4
5

D
E
F
193
199
194
200
Rialto
Rialto
Rialto
Ponte di Rialto
Campo S Bartolomeo
S Bartolomeo
S Lio
Campo S Lio
Palazzo Dolfin-Manin
Palazzo Bembo
Scuola Grande di San Teodoro
San Salvador
Santa Maria della Fava
Palazzo Loredan
Palazzo Dandolo
Palazzo Farsetti
Palazzo Tasca Papa Fava
San Luca
Campo S Luca
Campo Manin
Merceria
Rio di San Salvador
Rio della Fava
Rio de Scoacamini
Rio dei Fuseri
Rio dei Barcaroli
Rio di S Moisè
Rio della Zecca
Rio di San Zulian
San Zulian
Campo San Zulian
Palazzo Contarini del Bovolo
Ateneo Veneto
San Fantin
Campo S Fantin
S Gallo
Bacino Orseolo
Torre dell' Orologio
Piazzetta dei Leoncini
Basilica di San Marco
Procuratie Vecchie
Procuratie Nuove
Piazza San Marco
Campanile
Ala Napoleonica
Caffè Florian
Museo Civico Correr
Museo Archeologico
Piazzetta San Marco
Biblioteca Marciana
Zecca
Molo
Giardini Ex Reali
San Moisè
Campo S Moise
Calle Larga XXII Marzo
Capitaneria di Porto
Harry's Bar
Palazzo Giustinian
Palazzo Tiepolo
Palazzo Treves de' Bonfili
Fondamenta D Farine
Vallaresso (San Marco)
Palazzo Ferro-Fini
Palazzo Contarini-Fasan
Grande
Bacino San di Marco
Salute
Campo D Salute
Fondamenta Dogana alla Salute
Punta della Dogana
Santa Maria della Salute
Dogana di Mare
Seminario Patriarcale
Fondamenta delle Zattere ai Saloni
Rio della Salute
Calle D Squero
1
2
3
4
5

200
194
195
199
199
A
B
C
A
B
C
5
4
3
2
1
Dolfin-Bollani
Campo di S Marina
Marina
C Pindemonte
C d Borgoloco
Rio del Paradiso
Palazzo Dona
Calle Pestrin
C d Cocco d Renier
Calle Trevisana
C d Console
Calle Pinelli
Calle Ospedale
Barbaria delle Tole
Palazzo Morosini
R 2° Brusa
C Muazzo
C d Caffettier
Calle d Forno
Palazzo Muazzo
Rio di San Giovanni Laterano
Palazzo Priuli
Campo Santa Maria Formosa
Calle Lunga S M Formosa
Corte d Caffettier
Calle d Orbi
Rio di San Severo
C d Madonnetta
Rio della Tetta
Palazzo Cappello
San Lorenzo
Calle Larga S Lorenzo
Borgoloco S Lorenzo
Campo San Lorenzo
C di San Lorenzo
Santa Maria Formosa
Palazzo Grimani
Rio di Santa Maria Formosa
Palazzo Tasca-Papa Fava
C d Banda
Cllo Querini
Palazzo Malipiero Trevisan
Calle d Mezzo
Fondamenta di San Severo
Questura
Rio di San Lorenzo
Palazzo Querini-Stampalia
Ruga Giuffa
Calle d Arco
Palazzo Soranzo
Rio del Mondo Nuovo
Calle Querini
Corte Nuova
C d Magazen
Calle d Mercanti
Palazzo Zorzi
Sal Zorzi
Sotto Preti
Calle d Preti
Calle del Lion
C Moruzzi
Calle d Rimedio
Campo San Giovanni Novo
San Giovanni in Oleo
Rio di San Giovanni Novo
C d Corona
Calle Pianton
Corte Rotta
Palazzo Priuli
Fond Osmarin
Fond dell' Osmarin
Rio di San Provolo
Calle d Madonna
C d Magazen
Museo di Dipinti Sacri
San Giorgio degli Greci
Calle d Figher
Calle Sagrestia
Calle d Chiesa
C S Provolo
Larga San Marco
Calle Canonica
Palazzo Trevisan
Palazzo Patriarcale
Museo Diocesano d'Arte Sacra
Campo SS Filippo e Giacomo
Saliz S Provolo
Campo S Provolo
Piazzetta dei Leoncini
Basilica di San Marco
Rio di Palazzo o della Paglia
Corte S Scolastica
Calle degli Albanesi
Calle delle Rasse
Fond d Vin
Rio del Vin
Corte Nuova
Campo San Zaccaria
San Zaccaria
Rio dei Greci
Calle Bosello
C Dietro la Pietà
Cllo d Vin
Calle d Vin
Ponte d Sospiri
Hotel Danieli (Palazzo Dandolo)
La Pietà S Maria di Visitazone
Calle d Pietà
Rio della Pietà
Casa Navagero
Piazzetta San Marco
Palazzo Ducale
Palazzo d Prigioni
Ponte di Rialto
Riva degli Schiavoni
San Zaccaria
San Zaccaria
San Zaccaria
Biblioteca Marciana
Molo
Canale di San Marco
Isola di San Giorgio Maggiore
Campo San Giorgio
San Giorgio
San Giorgio Maggiore

D
E
F
5
4
3
2
1
195
202
Celestia
Ex Chiesa S Giustina
Palazzo Gritti o d Nunziatura
San Francesco della Vigna
Palazzo Contarini
San Giorgio degli Schiavoni
Scuola di San Giorgio degli Schiavoni
San Antonin
CASTELLO
San Giovanni in Bràgora
Palazzo Erizzo
San Martino
Arsenale
Torri dell'Arsenale
Ca' di Dio
Museo Storico Navale
San Biagio
Rio di S Francesco
Rio del Fonte
Rio della Celestia
Rio di S Ternita
Rio delle Gorne
Rio di S Martino
Rio Ca' di Dio
Rio de Sant' Agostin
Rio d Arsenale
Canale delle Galeazze
Arsenale Vecchio
Darsena
Canale dell' Arsenale
RIVA DEGLI SCHIAVONI
RIVA CA' DI DIO
RIVA SAN BIAGIO
RIVA DEI S
CAMPO DELLA TANA
CAMPO S MARTINO
CAMPO BANDIERA E MORO
CAMPO S ANTONIN
CAMPO D CELESTIA
CAMPO S TERNITA
CAMPO SAN FRANCESCO DELLA VIGNA
CAMPO DELLA CONFRATERNITA
CAMPO S GIUSTINA
CAMPO D GATTE
CAMPIELLO DUE POZZI
CAMPIELLO D PIOVAN
CAMPO DELL'ARSENALE
CAMPO SAN BIAGIO
CAMPO FIANCOLA CHIESA D S BIAGIO
SALIZZADA S GIUSTINA
CALLE S FRANCESCO
CALLE D FURLANI
FOND D FURLANI
CALLE DELL'ARCO
CALLE DELL'OLIO
CALLE DEGLI SCUDI
PISCINA S MARTINO
FONDAMENTA DI FRONTE
FONDAMENTA D MADONNA
FONDAMENTA DELL' ARSENALE
CORTE NUOVA
C SACCA
VIA
FONDAMENT

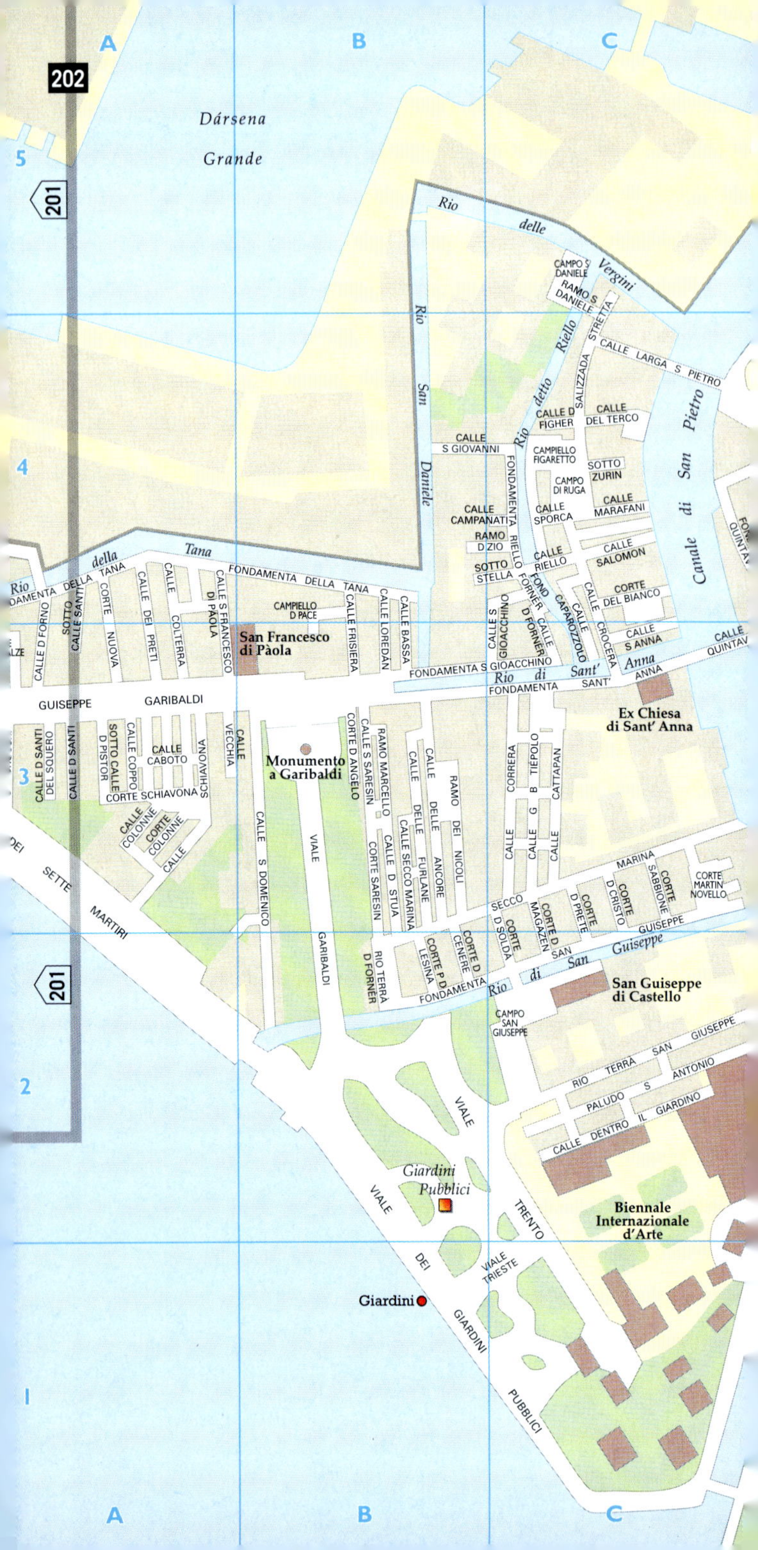
202
201
A
B
C
5
4
3
2
1
Dársena Grande
Rio delle Vergini
Rio San Daniele
Rio detto Riello
Canale di San Pietro
Rio della Tana
Rio di Sant' Anna
Rio di San Guiseppe
CAMPO S DANIELE
RAMO S DANIELE
STRETTA
SALIZZADA
CALLE LARGA S PIETRO
CALLE D FIGHER
CALLE DEL TERCO
CALLE S GIOVANNI
CAMPIELLO FIGARETTO
SOTTO ZURIN
CAMPO DI RUGA
CALLE MARAFANI
CALLE CAMPANATI
CALLE SPORCA
FONDAMENTA RIELLO
RAMO D ZIO
SOTTO STELLA
CALLE RIELLO
CALLE SALOMON
CORTE DEL BIANCO
FONDAMENTA DELLA TANA
CAMPIELLO D PACE
San Francesco di Pàola
CALLE S FRANCESCO DI PÀOLA
CALLE FRISIERA
CALLE LOREDÁN
CALLE BASSA
CALLE S GIOACCHINO
FOND D FORNER
CALLE FORNER
CALLE CAPAROZZOLO
CALLE CROCERA
CALLE S ANNA
CALLE QUINTAVALLE
FONDAMENTA S GIOACCHINO
FONDAMENTA SANT' ANNA
Ex Chiesa di Sant' Anna
CALLE D FORNO
SOTTO CALLE SANTI
CORTE NUOVA
CALLE DEI PRETI
CALLE COLTERRA
GUISEPPE GARIBALDI
CALLE D SANTI DEL SQUERO
CALLE D SANTI
SOTTO CALLE D PISTOR
CALLE COPPO
CALLE CABOTO
CALLE SCHIAVONA
CORTE SCHIAVONA
CALLE VECCHIA
CALLE COLONNE
CORTE COLONNE
Monumento a Garibaldi
CORTE D ANGELO
CALLE S SARESIN
RAMO MARCELLO
CALLE DELLE FURLANE
CALLE DELLE ANCORE
RAMO DEI NICOLI
CALLE CORRERA
CALLE G B TIÈPOLO
CALLE CATTAPAN
CALLE S DOMENICO
VIALE GARIBALDI
CORTE SARESIN
CALLE D STUA
CALLE SECCO MARINA
SECCO MARINA
CORTE D SOLDA
CORTE D MAGAZEN
CORTE D PRETE
CORTE D CRISTO
CORTE SABBIONE
CORTE MARTIN NOVELLO
CORTE P D LESINA
CORTE D CENERE
RIO TERRÀ D FORNER
FONDAMENTA SAN GUISEPPE
San Guiseppe di Castello
CAMPO SAN GUISEPPE
VIALE DEI SETTE MARTIRI
RIO TERRÀ SAN GUISEPPE
PALUDO S ANTONIO
CALLE DENTRO IL GIARDINO
Giardini Pubblici
VIALE
VIALE TRENTO
VIALE TRIESTE
VIALE DEI GIARDINI PUBBLICI
Giardini
Biennale Internazionale d'Arte

Abbildungsnachweis

Die Automobile Association dankt den folgenden Fotografen und Agenturen für ihre Hilfe bei der Herstellung dieses Buches:

Vorder- und Rückseite des Umschlags: (o) Corbis; (u) AA Photo Library/Dario Miterdiri; (m) AA Photo Library/Clive Sawyer

THE ANTHONY BLAKE PICTURE LIBRARY 26 (o), 26 (m), 27 (m). ART DIRECTORS AND TRIP PHOTO LIBRARY 3 (iii), 60 (mr), 91 (m), 93, 97 (m), 108, 160. BRIDGEMAN ART LIBRARY 7 (m) Tourist in venezianischer Gondel, 1860 (S/W-Foto) Venedig, Italien/Nationalmuseum Warschau, Polen; 8 Leichengondel auf dem Weg nach San Michele in Isola, Vice (S/W-Foto) Privatsammlung; 11 (o) Venedigkarte von Odoardo Fialetti, 16.–17. Jh., Dekan und Schüler des Eton College, Windsor, GB; 13 (o) Leonardo Loredan (1436–1521), Doge von Venedig 1501–21, um 1501 (Öl auf Holz) von Giovanni Bellini (um 1430–1516) National Gallery, London, GB; 16 (o) Venedig: Regatta auf dem Canal Grande von Canaletto (Giovanni Antonio Canal) (1697–1768), National Gallery, London, GB; 21 (u) Der Liebesgarten, um 1465–70 (Öl, Tempera und Gold auf Holz) von Antonio Vivarini (um 1415–76/84), National Gallery of Victoria, Melbourne, Australia Felton Bequest; 49 (o) Einsturz des Campanile am 14. Juli 1902 (S/W-Foto), Collezione Naya-Bohm, Venedig, Italien; 72/73 Riva Degli Schiavoni, 1724–30 von Canaletto (Giovanni Antonia Canal) (1697–1768), Kunsthistorisches Museum, Wien, Österreich; 90 (m) Die Ca' D'Oro, Venedig von Friedrich Nerly (1807–78), Mallet & Son Antiques Ltd., London, GB; 113 Himmelfahrt Mariens von Tizian (Tiziano Vecellio) (um 1488–1576), Santa Maria Gloriosa dei Frari, Venedig, Italien/Francesco Turio Bohm; 3 (i), 121 Madonna mit Kind mit den Heiligen Franziskus, Johannes dem Täufer, Hiob, Dominikus, Sebastian und Ludwig (Altarstück San Giobbe), um 1487 (Öl auf Holz) von Giovanni Bellini (um 1430–1516), Galleria dell'Accademia, Venedig, Italien; 124 (ml) Die hl. Ursula erreicht das belagerte Köln, aus dem Ursulazyklus, 1498 (Öl auf Leinwand) von Vittore Carpaccio (um 1460/65–1523/26), Galleria dell'Accademia, Venedig, Italien; 126 (u) Der Sturm von Giorgione (Giorgio da Castelfranco) (1476/78–1510), Galleria dell'Accademia, Venedig, Italien; 127 Das Wunder der heiligen Kreuzreliquie, 1500 (Öl auf Leinwand) von Gentile Bellini (um 1429–1507), Galleria dell'Accademia, Venedig, Italien; 128/129 Gastmahl im Hause des Levi, 1573 von Veronese (Paolo Caliari) (1528–88), Galleria dell'Accademia, Venedig, Italien. BRUCE COLEMAN COLLECTION 20 (u). PETER DAVIES 46 (m), 47 (u). MARY EVANS PICTURE LIBRARY 10/11, 12/13, 141 (ol), 14 (ur), 15 (o), 98 (o). EYE UBIQUITOUS 163. GETTY ONE/STONE 17 (u). HULTON GETTY ARCHIVE 131. IMAGES COLOUR LIBRARY 17 (o), 19 (o), 19 (u), 20 (m), 30 (m). JAMES DAVIS TRAVEL PHOTOGRAPHRY 152. JOHN HESELTINE ARCHIVE 12, 27 (u), 29 (ml), 29 (mr), 94/95, 140, 148, 151. REX FEATURES LTD 18 (u). ROBERT HARDING PICTURE LIBRARY 57. THE RONALD GRANT ARCHIVE 15 (u). PICTURES COLOUR LIBRARY 2 (i), 5, 107 (m), 109, 165. POWERSTOC/ZEFA 49 (u), 161, 162. WORLD PICTURES 146 (m), 166.

Alle übrigen Bilder befinden sich im Besitz des Bildarchivs von AA (AA PHOTO LIBRARY) und wurden von Simon McBride angefertigt, ausgenommen 185 (o) von Jim Holmes; 9 (u), 10 (u), 11 (u), 13 (u), 28 (o), 28 (m), 29 (ol), 30 (o), 46 (l), 48 (m), 52, 59, 74, 75, 80, 81, 92 (u), 92/93, 95, 114, 123 (u), 124 (u), 185 (l) von Dario Miterdiri; 2 (iv), 2 (v), 6 (m), 6 (u), 7 (u), 8 (u), 9 (m), 22, 23 (o), 24 (m), 25 (o), 25 (u), 46 (u), 50 (m), 54/55, 55, 60 (ml), 62 (u), 67, 70 (m), 76 (u), 85, 104, 106 (m), 110/111, 111 (u), 115 (u), 116 (o), 125 (o), 130 (u), 133, 134 (o), 141 (u), 142 (m), 144 (m), 146/147, 164, 171 (ol) von Clive Sawyer; 24 (u) von Anthony Souter; 185 (r) von Barrie Smith.

Abkürzungen der Positionsangaben: (o) oben; (u) unten; (l) links; (r) rechts; (m) Mitte.

spirallo REISEFÜHRER

Leserbefragung

Ihre Ratschläge, Urteile und Empfehlungen sind für uns sehr wichtig. Wir bemühen uns, unsere Reiseführer ständig zu verbessern. Wenn Sie sich ein paar Minuten Zeit nehmen, diesen kleinen Fragebogen auszufüllen, könnten Sie uns sehr dabei helfen.

Wenn Sie diese Seite nicht herausreißen möchten, können Sie uns auch eine Kopie schicken, oder Sie notieren Ihre Hinweise einfach auf einem separaten Blatt.

Bitte senden Sie Ihre Antwort an:
Spirallo Reiseführer, Falk Verlag, Postfach 31 51, D-73751 Ostfildern
E-Mail: spirallo@mairs.de

Über dieses Buch …
spirallo Reiseführer VENEDIG

Wo haben Sie das Buch gekauft? ______________________________

Wann? Monat / Jahr

Warum haben Sie sich für einen Titel dieser Reihe entschieden? ______________

Wie fanden Sie das Buch?

Hervorragend ☐ Genau richtig ☐ Weitgehend gelungen ☐ Enttäuschend ☐

Können Sie uns Gründe angeben?

Bitte umblättern …

Hat Ihnen etwas an diesem Führer ganz besonders gut gefallen?

Was hätten wir besser machen können?

Persönliche Angaben

Name ____________________

Adresse ____________________

Zu welcher Altersgruppe gehören Sie?
Unter 25 ☐ 25–34 ☐ 35–44 ☐ 45–54 ☐ 55–64 ☐ Über 65 ☐

Wie oft im Jahr fahren Sie in Urlaub?
Seltener als einmal ☐ Einmal ☐ Zweimal ☐ Dreimal oder öfter ☐

Wie sind Sie verreist?
Allein ☐ Mit Partner ☐ Mit Freunden ☐ Mit Familie ☐

Wie alt sind Ihre Kinder? _____

Über Ihre Reise …

Wann haben Sie die Reise gebucht? Monat / Jahr

Wann sind Sie verreist? Monat / Jahr

Wie lange waren Sie verreist? ____________________

War es eine Urlaubsreise oder ein beruflicher Aufenthalt? ____________________

Haben Sie noch weitere Reiseführer gekauft? ☐ Ja ☐ Nein

Wenn ja, welche? ____________________

Herzlichen Dank dafür, dass Sie sich die Zeit genommen haben, diesen Fragebogen auszufüllen.

Cannaregio & San Michele

Erste Orientierung

Der Name des Canale di Cannaregio bezieht sich entweder auf *canne*, das Schilf, das hier an den Ufern wuchs, oder der Wasserlauf galt früher als *Canal Regio*, als »Königskanal«, weil er zu den Hauptkanälen Venedigs gehörte. Bis zum Bau des Eisenbahndamms, der die Stadt seit 1846 mit dem Festland verbindet, war der Kanal das Haupteinfallstor zur Stadt. Er führt vom nördlichen Teil der Lagune geradewegs durch den nördlichsten *sestiere* und mündet schließlich in den Canal Grande, der seinerseits die Südgrenze des Stadtbezirks bildet. Der *sestiere* endet im Westen am Bahnhof Santa Lucia. Gen Osten liegt eines der ältesten Viertel Venedigs, während sich im Norden die *fondamente* (Kais) erstrecken. Sie weisen den Weg zu den Inseln im Norden, darunter San Michele mit dem Friedhof der Stadt.

Cannaregio blickt auf eine lange Geschichte zurück und wartet mit schönen *palazzi* und Kirchen auf. Im Osten steht Santa Maria dei Miracoli, ein Schmuckstück der Renaissance. An eine ganz andere Zeit erinnert die Ca' d'Oro,

Mit der Gondel kann man die ruhigen Kanäle Cannaregios am besten erforschen